문학의 도시, 런던

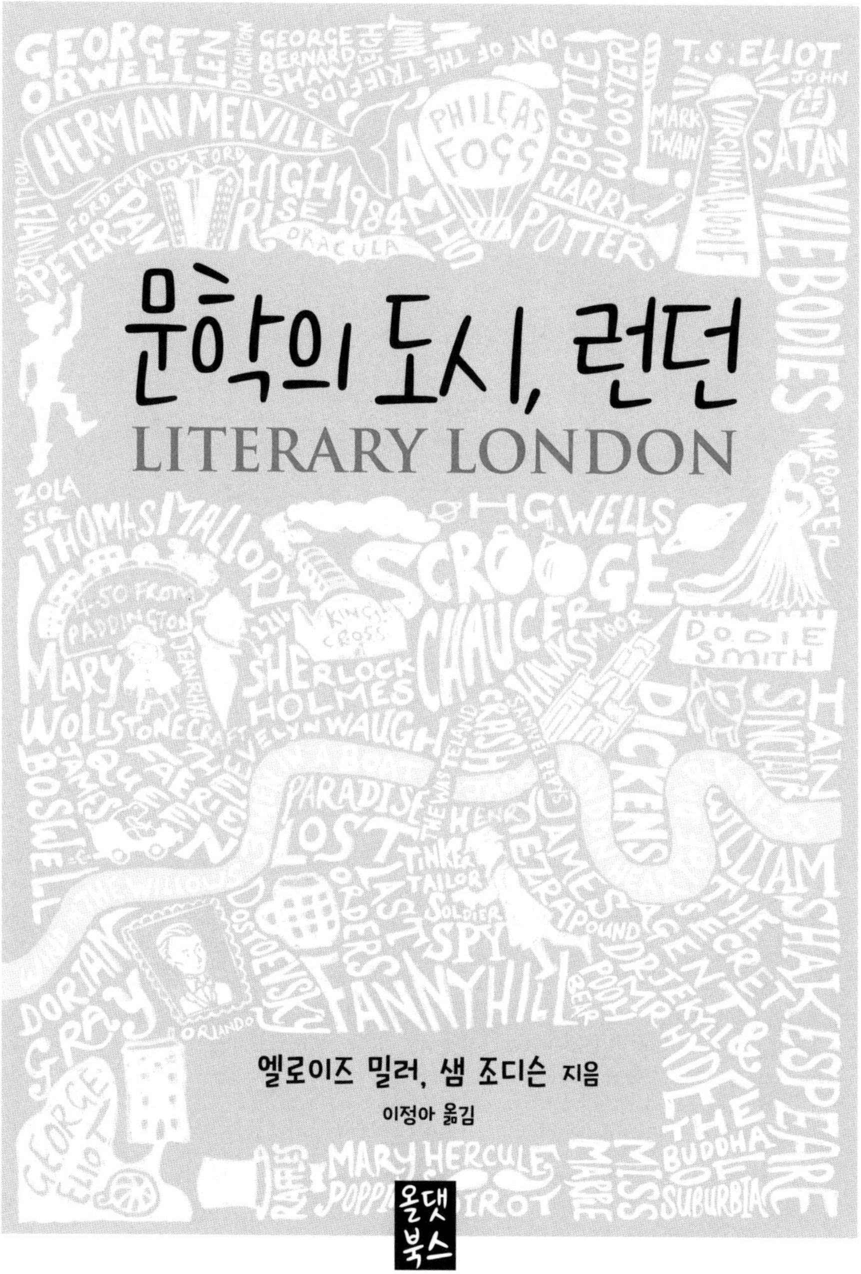

문학의 도시, 런던

LITERARY LONDON

엘로이즈 밀러, 샘 조디슨 지음

이정아 옮김

올댓북스

First published in Great Britain in 2016 by Michael O'Mara Books Ltd.
Jacket design and inside illustrations by James Nunn

폴리에게

CONTENTS

서문

런던은 세계에서 손꼽히는 문학의 도시다. 거리마다 사연이 넘쳐나고, 건물마다 역사가 배어 있다. 술집과 클럽은 작가들로 북적거리고 자주 이들의 창작물의 산실이 돼주기도 한다.

윌리엄 셰익스피어, 존 밀턴, 바이런 경, 찰스 디킨스, 버지니아 울프, 도리스 레싱……셜록 홈스, 조지 스마일리, 존 폴스태프 경, 곰돌이 패딩턴. 영문학의 가장 유명하고 가장 많은 사랑을 받는 작가들은 전부 런던을 거쳐 갔다. 그리고 그들이 자주 가던 곳들의 대부분은 지금까지도 자리를 지키고 있다. 이 책은 바로 이런 곳들을 가는 방법을 알려줄 것이다.

우리는 런던 최고의 문학적 명소의 위치를 설명해줄 뿐만 아니라 우리가 미처 몰랐던 뒷이야기와 영감의 순간들 그리고 작가들이 친분을 맺는 과정까지 전해주고자 한다. 또한 런던과 문단의 한결같은 특징인 불화, 입씨름, 다툼, 방탕 등도 곁들여 들려준다. 우리는 오스카 와일드를 따라 런던의 상류층 살롱에서 만끽하는 환희부터 클래펌 기차역의 승강장에서 '죄수복을 입고 수갑을 차는' 굴욕까지 더듬어본다. 또한 줄리언 매클래런 로스와 피츠로비아를 돌아다니다가 브릭레이어즈 암스에 들러 딜런 토머스와 술잔을 기울인다. 에드먼드 스펜서, 토머스 스턴스 엘리엇, 조지프 콘래드와 가만히 템스 강을 생각해본다……바이런이 알베말 스트리트에서 출판업자를 위협하는 것을 본 우리는 몇 년 후 같은 출판업자가 이 시인의 사망 소식을 듣고 물의를 일으킬 만한 그의 일기들을 태워버리는 장면을 지켜보며 몸서리를 친다…….

이야깃거리는 무궁무진하다. 우리의 가장 훌륭한 문학작품들의 원천이자 영감의 장소이며 주제가 돼준 런던의 중요성은 아무리 강조해도 지나치지 않다. 아울러 런던이라는 도시가 없었다면 영문학이 어떤 모습일지는 더더욱 상상이 안 간다. 결국 모든 영문학은 14세기가 끝나갈 무렵에 초서가 펜을 들어 《캔터베리 이야기》를 쓰기 시작한 바로 그 순간에 생겨난 게 아닐까 싶다.

그때 이래로 영문학사의 모든 순간을 담아내기란 불가능할 것이다. 그렇다 보니 이 책은 태생적으로 불완전하고 개인적이며 주관적인 안내서가 될 수밖에 없다. 어쩌면 매력을 더하고자 했던 우리의 바람과 달리 별난 책이 될지도 모른다.

우리는 광범위한 정보를 담기보다는 재밌는 안내서를 만들고자 했다. 따라서 백과사전적 지식보다는 흥미에 중점을 뒀다. 모든 거리 이름과 도로교차점 그리고 모든 책과 시와 인물들을 나열하기보다 우리에게 가장 유익하고 즐거운 이야기들을 담았다.

이 책에는 또한 유용한 주소들도 많이 소개되어 있어서 관련 정보와 지도를 통해 각양각색의 여러 유명작가들과 등장인물들이 오갔던 거리를 찾아 몇날 며칠이고 즐겁게 답사하고 들뜬 마음으로 산책할 수 있을 것이다. 우리는 독자들이 이 책을 처음부터 끝까지 런던의 다채롭고 붐비는 삶과 영감어린 힘이 담긴 이야기로 즐기며 저마다 유용한 정보를 얻어 멋진 여행을 떠나길 바란다.

《문학의 도시, 런던》은 시대순과 장르별로 에드먼드 스펜서와 윌리엄 셰익스피어부터 닐 게이먼과 윌 셀프에 이르기까지, 낭만파 작가들과 일기작가들부터 모더니스트와 공상 과학 소설을 쓰는 미래파까지 훑어 나간다. 따라서 이 책을 처음부터 끝까지 읽는 독자들은 고적한 습지대였던 먼 옛날의 런던부터……종말 이후를 그린 여러 작가들이 예측한 런던의 모습까지 대략적으로 살펴볼 수 있을 것이다. 다만 흥미를 높이기 위해 연도순보다는 주제별로 내용을 엮어서 연대기적 특성은 약한 편이다. 우리는 하나도 빠뜨리지 않는 데 집중하기보다는 어느 유명한 작가의 말대로 런던이 지겨운 사람은 왜 인생이 지겨워진 사람인지를 보여주고 싶었을 뿐이다.

엘로이즈 밀러와 샘 조디슨

1

창건자와
불멸의 작가들

Beginners and Immortals

처음에 런던은 늪지대였다. 가까이에 드넓은 강이 굽이쳐 흐르고 주변에 야트막한 언덕밖에 없는 허허벌판이었다. 그런 곳에 언제부터 사람들이 살기 시작했을까? 정확히는 모르지만 오래전인 것은 분명하다. 2010년에 현재의 복스홀 브리지(Vauxhall Bridge) 근처인 템스 강 진흙 속에서 기원전 4천5백 년 무렵의 커다란 목조건물의 잔해가 발견되었다. 따라서 최소한 6천 년 전부터 런던 지역에 사람들이 거주해왔음을 추정해볼 수 있다. 하지만 이 지역이 브리타니아(Britannia, 현재의 브리튼 섬을 가리키는 고대 로마시대 때의 명칭-옮긴이)의 수도가 됐을 때인 서기 100년까지의 상황은 여전히 불분명하다. 그 이후로도 수년간 암흑기가 있었다. 로마시대의 런던에 관한 정보가 별로 없는 데다 로마의 통치가 막을 내린 후에도 이 도시가 버려졌을 것으로 추측할 뿐 무슨 일이 있었는지에 대해서는 더더욱 알려진 게 없다. 그다음으로 괜찮은 단서는 9세기의 《앵글로색슨 연대기(Anglo-Saxon Chronicle)》에 나온다. 해당 사료에 따르면 앨프레드 대왕이 서기 886년에 런던을 '재창건'했다고 한다.

앨프레드 왕은 빵을 태워먹은 일화로만 유명한 게 아니다.(앨프레드 왕이 데인족과 전투를 벌이다가 크게 패해 어느 농가로 피신한 적이 있었다. 왕인지 꿈에도 모르던 농부의 아내가 소젖을 짜러 나가면서 앨프레드 왕에게 빵이 타지 않도록 잘 지켜보라고 당부했지만 집안일에 무지한데다 전투 생각에 정신이 팔려 있던 앨프레드 왕이 빵을 태워먹어 농부의 아내에게 크게 혼쭐이 났다고 한다-옮긴이). 성벽을 쌓아 방비를 강화하고, 도로를 새로 계획했으며, 종교학자들에게 몇몇 위대한 라틴어 원전들을 고대 영어로 번역하도록 명하는 등 초창기 문학의 후원자 역할도 톡톡히 해냈다. 그럼에도 그 시대에는 이렇다 할 문학작품이 별로 없었으며 그나마도 시간의 안개 속에 사라져버렸다.

상황이 이렇다 보니 중세 시대에 더 큰 관심이 갈 수밖에 없다. 그러나 이 시기에도 초창기 런던과 관련된 내용의 대부분은 지나가는 말로 언급될 뿐이다. 윈체스터 출신의 수도사였던 디바이저스의 리처드(Richard of Devizes, 디바이저스는 잉글랜드 남부의 윌트셔 주에 위치한 지역-옮긴이)의 경우가 그 단적인 예다. 리처드는 12세기 말쯤에 런던 지역을 돌아다녀본 뒤 다른 이들에게 권할 만한 일이 못된다며 다음과 같이 썼다. "런던에 올 사람들은 잘 들어라! 경고하노니, 이 세상 곳곳에 존재하는 온갖 해악과 악독을 이 도시에서 전부 발견하게 될 것이다." 그는 이어 '여자 같은 남색가들'과 '음탕한 악극단 여배우들'을 비롯해 런던 지역에서 경험할 수 있는 온갖 재밋거리들을 길게 소개해놓았다. 그다지 유쾌한 사실은 아니지만, 런던에 거주하는 유대인들의 대학살과 관련해 '홀로코스트'라는 단어를 처음으로 쓴 인물도 바로 리처드였다.

이후 14세기 무렵에 윌리엄 랭런드(William Langland, 1332-86)가 등장했다. 성인이 된 랭런드는 런던에 정착해 콘힐 지역의 '빈둥거리는 자'이자 '게으름뱅이'가 되었다. 하지만 랭런드에 대한 정보는 그가 쓴 《농부 피어스의 꿈(The Vision of Piers Plowman)》에 나온 것이 전부다. 이 시의 내용이 비현실적이고 실제의 삶보다 꿈과 풍자와 신비로운 그리스도교적 탐색에 초점을 맞췄다는 점을 감안할 때 그의 생애와 관련해 확실한 게 전혀 없다고 볼 수 있다. 환상적인 이 작품은 1370년에서 1390년 사이의 어느 쯤에 집필된 것으로 여겨진다. 따라서 중세 영어로 쓴 또 하나의 위대한 시이자 영어를 변화시켜 영원한 형체를 갖춰놓았다고 평가받는 《캔터베리 이야기(The Canterbury Tales)》와 동시대 작품에 속한다.

제프리 초서(Geoffery Chaucer, 1343-1400)가 14세기 말엽에 캔터베리 성지로 향하는 순례자들이 들려주는 이야기 형식의 장편 연작시를 만들어낸 곳도 바로 런던이었다. 결정적으로 초서는 당시의 지배적인 문학 언어였던 프랑스어나 라틴어 대신에 자신이 쓰는 런던 사투리에 기초한 중세 영어의 방언으로 시 작품들을 써서 이후 통일된 표본을 세우는 데 기여했다.

초서는 또한 여관에서 이야기가 시작되는 런던 문학의 또 다른 유용한 양식을 제시했다. 《캔터베리 이야기》는 버러 하이스트리트

(Borough High Street)의 태버드(Tabard) 여관에서 시작한다. 19세기 말에 헐려서 그렇지 이 여관은 실제로 존재했던 곳이다. (오늘날, 이 여관 자리에는 '카피프린츠[Copyprints]'라는 이름의 인쇄소가 들어서 있다. 1478년에 윌리엄 캑스턴[William Caxton, 1422-91 영국에 처음으로 인쇄술을 들여온 인쇄업자이자 출판업자-옮긴이] 덕분에 영국 최초로 상업 출판사에서 출간된 작품의 정신적 고향에 어울리는 업체인 것 같다.)

초서의 수다스러운 순례자들은 곧 태버드를 나와 켄트로 떠나지만 이야기가 진행되는 내내 런던의 모습이 반복적으로 언급된다. '런던 맥주'를 '죽 들이마심'과 같은 표현이 나오고, '세인트 폴 대성당'에서 (사제에게 사후에 매일 미사를 통해) '명복을 빌어달라고 바치는 헌금'을 구하는 일로 잡담이 오고가고, 치프사이드와 서더크에 위치한 여관들의 이름이 등장한다. 또한 수녀원장 마담 에글런타인이 쓰는 프랑스어에는 런던 사투리가 섞여 있다. "그녀는 스트랫퍼드 앳 바우에서 배운 방식대로 프랑스어를 우아하고 유창하게 구사했다."(원문에는 "파리 방식의 프랑스어를 알지 못해서"라는 부분도 포함되어 있다. 여기서 스트랫퍼드 앳 바우[Stratford atte Bowe]는 런던에서 가까운 곳에 위치한 수녀원 학교로 보는 게 일반적이다-옮긴이)

사실, 초서도 1343년경에 런던에서 태어났을 가능성이 크다. 그 자신이 런던 토박이였던 셈이다. 그의 아버지와 할아버지는 내로라하는 포도주상인이었는데 할아버지는 1313년에 알드게이트의 집 근처에서 살해당했다. 당시 알드게이트 지역은 날이 저물면 절도와 강간과 살인이 판치는 악명 높은 곳이었다. 다행히 초서는 목숨을 잃지 않고 알드게이트 하이 스트리트 2번지에서 오랫동안 살았다. 그는 도시가 공격을 당했을 때 군대를 주둔하게 해준다는 조건으로 왕실로부터 사용료를 면제받고 쌍둥이 탑의 문루에서 지냈다.(따라서 1381년 '농민 봉기[2장 참조]' 당시 와트 타일러와 성난 그의 추종자들이 시골에서 수도로 밀고 올라와 초서의 거처 바로 아래를 지나갈 때 군대가 이 탑을 이용했을 것으로 추정된다.)

초서는 바쁜 사람이었다. 왕의 신하로 일했고, 외교관과 공무원을 역임했으며, 왕실의 공사를 감독하는 업무도 맡았다. 또한 4개의 법학원 중 한 곳에서 법을 공부하기도 했는데 이런 상황에서 어떻게 짬을 내어《캔터베리 이야기》를 썼는지 모를 일이다(특히 1374년부터 에드워드 3세가 그에게 남은 평생 동안 매일 '1갤런(4.5리터)의 포도주'를 하사했다는 점을 고려하면 더 그렇다). 하지만 초서는 용케 시간을 내어 한없이 야한 농담과 더없이 아름다운 수천 개의 시구를 지어냈다. 그는 거의 죽는 날까지 계속해서《캔터베리 이야기》를 집필했다.

초서는 말년을 서머싯에서 보냈지만 1399년에 다시 런던으로 돌아와 웨스트민스터 사원과 아주 가까운 곳에 살았다. 그러다가 1400년 말에 영국의 시인으로서 최초로 (웨스트민스터 사원 내) 시인의 구역에 묻혔다. 초서가 살았던 시대의 다른 역사적 건물들은 거의 남아 있지 않다. 그나마 그 시절의 분위기가 가장 많이 담긴 장소가 세인트 폴 대성당(이마저도 초서가 알던 건물은 런던 대화재 때 소실되었다)과 세인트 보톨프 교회다(이 건물 또한 개조를 거쳤지만 1천 년 넘게 같은 자리를 지키고 있다). 종교적 색채가 조금 덜한 곳을 접하고 싶다면 서더크의 버러 하이스트리트 77번지로 넘어가보라. 그곳에 런던에 딱 하나 남은, 마차들이 머물던 여관인 조지(the George)가 있는데, 초서의 태버드 여관이 있던 장소와도 가까워서 더욱 마음에 들 것이다.

> "내가 나고 자란 런던이라는 도시는 너무나 소중하고 감미롭다. 그래서 나는 이 세상의 어떤 곳보다 이 도시에 대한 애정이 각별하다."
>
> 제프리 초서, 〈사랑의 유언〉

킹스린(King's Lynn, 잉글랜드 동해연안의 항구도시) 출신으로 신앙심이 깊은 신비주의자였던 마저리 켐프(Margery Kempe, 1373-1438)는 술에 관심이 별로 없었다. 그녀는 자서전이자 신비적 소설의 성격을 띤 위대한 저서 《마저리 켐프의 서(The Book of Margery Kempe)》에 자신의 여러 순례기와 신과 나눈 대화, 그리고 같잖은 자들과 벌인 언쟁을 기록했다. 켐프 역시 런던을 몇 차례 방문했다. 초라한 차림새의 가난한 여행자였던 첫 번째 방문 때에는 다행히도 독실한 미망인들이 따뜻하게 대해줬다. 그 덕분에 그녀는 곧바로 런던 지역을 돌아다니며 수많은 '악담가들, 거짓말쟁이들, 욕쟁이들'과 '사악한 사람들'을 상대로 '대담하고 강경한' 발언을 쏟아낼 수 있었다. 그와 같은 강성 발언들은 분명 '수많은 사람들에게 아주 큰' 도움이 됐을 것이다. 켐프는 나중에 런던을 다시 찾아 '오랫동안' 머무를 때 '여러 훌륭한 인물들의 환대'를 받았다. 중세의 잉글랜드 지역을 두루 다니면서 수시로 겪은 수모와 비난에 비하면 반가운 반전이었다.

켐프의 뒤를 이어 런던과 연관된 또 하나의 위대한 산문 작품을 남긴 이는 토머스 맬러리(Thomas Malory)다. 확실히 입증된 것은 아니지만 맬러리를 《아서왕의 죽음(Le Morte D'Arthur)》을 쓴 저자로 보는 게 일반적이다. 그런데 맬러리는 런던에 상주했던 인물은 아니다. 그는 젊었을 때 워릭셔 근방에 살면서 소를 훔치고 강간과 살인 같은 중죄를 저질러서 1460년대에 런던의 뉴게이트 감옥에서 몇 년 동안 옥살이를 했다. 학자들의 견해에 따르면, 맬러리는 1471년에 사망하기 전에 검과 기사도를 그린 이 위대한 작품을 썼다고 한다.

당시 맬러리가 쓴 아서왕의 전설이 인기를 끌기는 했어도 가장 고차원적인 문학 형태는 여전히 시였다. 따라서 에드먼드 스펜서(Edmund Spenser, 1552-99)가 엘리자베스 여왕에게 바치는 웅장한 찬가인 《선녀여왕(The Faerie Queen)》도 당연히 시 작품이다.

"달콤한 템스 강이여, 부드럽게 흘러라"라고 노래한 것으로 유명한 스펜서는 어른이 된 후로 대부분 런던이 아닌 지역에서 살았다. 사실 《선녀여왕》도 1590년에서 1596년 사이의 어느 쯤에 아일랜드에서 집필했을 가능성이 높다. 하지만 그는 런던의 이스트 스미스필드에서 태어났고, (당시 런던 성벽 내에 있었던) 머천트 테일러스 스쿨(Merchant

Taylors' School, 유명한 사립학교-옮긴이)에서 공부했으며, 자신의 책을 출간하고 홍보하기 위해 런던을 찾기도 했다.

스펜서가 눈을 감은 곳 또한 런던이었다. 엘리자베스 1세가《선녀여왕》에 대한 포상으로 그에게 남은 일생 동안 연간 50파운드라는 거금(16세기 기준)을 하사했는데도 에드먼드 스펜서는 (벤 존슨의 표현처럼 '빵이 부족'해서) 죽는 날까지 가난에 허덕였다. 추측하건대, 실제로 포상금이 한 번도 지급되지 않았거나 그가 흥청망청 낭비하는 삶을 살았던 듯싶다. 어느 쪽이 사실이든, 스펜서는 마흔일곱의 나이에 초서가 묻힌 시인의 구역에 안장됐다.

(스펜서와 동시대 인물이자) 머천트 테일러스 스쿨의 또 다른 동문은 토머스 키드(Thomas Kyd, 1558-94)다. 그가 쓴 최초의 복수비극《스페인의 비극(The Spanish Tragedy)》은 1592년에 초연됐다. 키드는 1593년에 당대의 배우들에게 인기 있는 거주지였던 노튼 폴게이트나 쇼어디치 쯤에서 동료 극작가인 크리스토퍼 말로(Christopher Marlowe)와 함께 하숙을 했다. 그러던 어느 날 런던 당국이 말로와 같이 쓰던 하숙방을 수색해 불온한 문학작품을 적발한 뒤 키드를 체포해 잔인하게 고문했다.

당시 런던에서는 당국을 비방하는 소책자들이 나돌고 있었다. 그런데 이들 소책자의 서명란에 말로의 희곡에 등장하는 가장 유명한 인물인 '탬벌레인'의 이름이 찍혀 있었다. 이런 서명과 그 내용 때문에 연극계로 감시의 눈이 쏠렸고 말로에게 체포영장까지 발부됐다. 그러나 정작 말로는 그로부터 12일 후에 감옥이 아닌 술집에서 (싸움에 휘말린 끝에) 목숨을 잃었다. 키드 또한 석방됐지만 심신을 해친 탓에 이듬해에 사망했다. 키드의 어머니는 런던 시의 세인트 메리 교회(치프사이드 82번지에 있었으나 런던 대화재 때 소실되었다. 현재 그 자리에는 얼라이언스 앤 레스터 은행 사무실이 들어서 있다)에 아들을 묻었다.

(어느 유명한 동시대 작가의 비유를 들어 표현하자면) 크리스토퍼 말로의 촛불은 짧게 타올랐지만 찬란하게 빛났다. 말로는 (1587년-93년까지) 희곡을 쓴 6년 동안 《탬벌레인 대왕(Tamburlain the Great)》과 《포스터스 박사(Doctor Faustus)》 같은 불후의 고전을 탄생시키며 새롭고 대담한 문학의 시대에 중대한 발자취를 남겼다. 말로는 최초로 무운시를 사용한 작가 중 하나인 데다 문학적 재능이 뛰어나 동료 작가들에게 존경을 받았다(동료 작가들 중에는 말로의 작품에서 100여 개 이상의 시구를 빌려와 자신의 희곡에 쓴 사람도 있었다).

말로는 끊임없이 논쟁의 중심에 섰던 인물로 왕실이나 종교에 대해 도를 넘는 의견들을 거듭 쏟아냈다(그는 무신론자였을지도 모른다). 또한 《에드워드 2세(Edward II)》에서 주인공 에드워드와 그의 신하인 피어스 개버스턴의 로맨스를 그린 것 때문에 영국 최초로 동성 간의 사랑 이야기를 쓴 극작가가 돼버렸다. 결국 그가 칼에 눈을 찔리는 일을 당한 것도 이런 식으로 문제를 일으켰기 때문이라는 게 일반적인 견해다.

말로는 죽은 후에 뎃퍼드의 세인트 니콜러스 교회에 묻혔다. 그의 묘지에는 묘비도 없이 벽면에 그에게 바치는 기념 명판만 붙어 있었다. 그러나 몸은 비록 이름 없는 묘지에 묻혔어도 말로의 유산은 길이 남았다. 그의 삶 또한 새로운 문학 작품들에 영감을 주어 앤터니 버지스(Anthony Burgess, 1917-93)의 《뎃퍼드의 망자(Dead Man in Deptford)》 같은 책들이 나왔다. 특히 버지스의 작품은 말로의 사망 이후 그에 대한 신화가 얼마나 많이 등장했는지 단적으로 보여주는 사례다.

버지스의 소설 역시 말로가 살았던 시대의 런던을 엿볼 수 있는 좋은 자료가 돼준다. 1580년대와 90년대의 런던은 정말이지 특별해서 누구나 흥미를 느낄 수밖에 없을 것이다. 1400년대에 5만 명 정도였던 런던의 인구는 16세기 말쯤에 20만 명 남짓으로 치솟은 데다 계속해서 큰 폭으로 늘어나고 있었다. 당시 런던을 방문했던 어느 스위스 사람은 "사람에 치여 걸어 다닐 수가 없다"고 딱 잘라 말했을 정도였다. 극작가이자 소책자 집필자였던 토머스 데커(Thomas Dekker, 1572-1632)는 《런던의 일곱 가지 대죄(The Seven Deadly Sins of London)》라는 제목의 소책자에 런던의 소음과 혼잡을 다음과 같이 생생하게 묘사했다.

> "수레와 마차들이 어찌나 우레와 같은 소음을 내는지 세상이 마치 바퀴를 달고 달리는 것 같다. 길목마다 남자, 여자, 아이들 할 것 없이 떼로 몰려다니다 보니 서로 밀치락달치락하다가 집을 무너뜨릴까 봐 집집마다 보강용 기둥이 설치돼 있다. 게다가 한쪽에서는 망치를 두들겨대고, 다른 쪽에서는 (통 제조업자들이 내는 소음으

로) 통들이 윙윙거리고, 또 다른 쪽에서는 그릇들이 부딪는 소리와 커다란 물잔들이 비스듬히 굴러가는 소리……장사꾼들은 마치 홍겨운 춤을 추듯 다리를 쉴 새 없이 움직이며 한시도 가만있지 않는다……"

데커는 다작으로 유명한 저자였다. 또한 연기가 자욱하고 역병이 들끓는 가운데서도 찬란할 정도로 활기가 넘치는 런던을 그렸다는 점에서 디킨스의 선배로 간주되기도 한다. 그는 빚 때문에 (왕좌 재판소의 판결에 따라) 서더크에서 7년이나 꼬박 감옥살이를 했지만 창작 열의는 시들지 않았던 모양이다. 데커는 셰익스피어 시대의 런던 생활상을 가장 잘 담아낸 작가로 꼽힌다. 《구두장이의 휴가(The Shoemaker's Holiday)》 같은 그의 희곡 작품들에는 평범한 런던 사람들의 삶이 담겨 있다. 반면에 소책자 《멋진 그 해(The Wonderful Year)》는 (엘리자베스 1세의 서거와 제임스 1세의 즉위뿐만 아니라) 역병이 덮친 런던의 상황을 신문기사처럼 생생하게 전해준다. 또한 《지옥 뉴스(Newes from Hell)》와 《런던의 일곱 가지 대죄》에서는 런던을 비판했을 뿐만 아니라 생기가 넘쳐흐르는 거리의 일상을 정겹게 그려냈다.

근대 초기의 런던에서 주목받았던 것은 이런 거리 풍경만이 아니다. 인구가 밀려들어 북적거리고 활기가 넘쳤던 수도를 관통하며 흐르는 템스 강 또한 중요한 곳이었다. 다만 이 시기의 템스 강은 스펜서의 주장처럼 그렇게 감미로운 곳이 아니었다. 사실상 쓰레기와 오물 때문에 강물이 제대로 흐르지 못할 정도였다. 그럼에도 분명 템스 강은 대단한 볼거리였다. 당시는 지금보다 강폭이 넓어 양쪽 강둑에 죽 계단과 층계참이 설치되어 거룻배와 나룻배들(아마 셰익스피어는 평상시에 이들 배를 타고 서더크에 있는 극장에 갔을 것이다)로 붐볐다……때때로 강이 완전히 꽁꽁 얼 때면 (버지니아 울프가 《올랜도(Orlando)》에서 떠올렸던 것처럼) 빙판 위에 빙상 시장이 열렸다. 댄스파티는 물론이고 음식물을 파는 좌판들이 완비된 터라 1564년에 열린 유명한 행사 때에는 엘리자베스 1세가 직접 참석하기도 했다. 당시 템스 강의 유일한 다리였던 런던 브리지에는 가끔 반역자들의 썩어가는 머리가 쇠꼬챙이에 꽂혀 내걸리곤 했다.

런던 브리지를 건너면 문제의 지역으로 명성이 자자한 서더크와 뱅크사이드가 나왔다. 작가들과 지식인들이 즐겨 찾던 이 지역에는 곰 놀리기(맹견들을 풀어 쇠사슬에 묶인 곰을 공격하게 하는 잔혹한 놀이-옮긴이)꾼들과 소매치기, 매춘부, 노상강도들이 출몰할 뿐만 아니라 (무자비하기로 악명 높았던 클링크 감옥 같은) 튼튼한 감옥이 여섯 개나 있었고 수많은 여관들이 자리하고 있었다. 동시에 호황을 누리는 상업지구이기도 해서 각종 시장과 여행자들과 상인들로 북적거렸다. 당연히 터를 잡고 몇 년씩 사는 부자들도 많았다. 그중에서도 존 폴스타프(John Falstaff)는 1450년대에 이곳에 대저택을 지어서 100년이 훌쩍 지난 후에 셰익스피어가 빌려 쓸 수 있도록 좋은 이름까지 남겨줬다.(셰익스피어가 1596년경에 쓴 《헨리 4세》와 1597년-99년 경에 쓴 《윈저의 즐거운 아낙

네들》에 '폴스타프'라는 이름의 인물이 등장한다-옮긴이)

런던 성벽의 안쪽 지역에 극장을 짓지 못하게 했던 근엄한 청교도들 덕분에 서더크는 극장의 본거지가 되었다. 성벽 내에 극장이 없다 보니 런던의 초기 연극들은 여관의 마당에서 상연됐다(이 대목에서 또 한 번 회랑이 있는 서더크의 조지 여관이 당시 얼마나 훌륭한 공연장 구실을 했을지 짐작이 간다). 그러나 제대로 된 극장에 대한 갈증은 날로 커져만 갔다. 1574년에 극단 단장인 제임스 버비지(James Burbage, 1530-97)가 연극 공연을 허가받았으나 소리 높여 반대하는 성직자들의 기세에 눌려 시내를 도망치듯 떠나야 했다. (어느 항의 서한의 내용은 이랬다. "잘 알다시피 역병의 원인은 죄악이고 죄악의 근원은 연극입니다. 고로 역병의 원인은 연극입니다.") 결국 (당시에는 런던 바로 외곽 지역이지만 현재는 Zone 1에 속하는) 리버티 오브 쇼어디치로 간 버비지는 1576년에 형제의 도움과 더불어 성직자들의 관할권에서 벗어난 덕분에 가까스로 잉글랜드 최

템스 강의 뱃사공이었던 존 테일러(John Taylor, 1578–1653)는 자칭 '강의 시인'이었다. 그가 쓴 《대마 씨 예찬(The Praise of Hemp-Seed)》이라는 작품을 보면 대마 씨를 향한 테일러의 열정은 현대의 어느 활동가의 열정 못지않다. "대마 씨는 옷과 음식과 고기와 배를 주고 기쁨과 이윤과 재판과 채찍질도 주노라." 테일러는 종이 배를 타고 런던에서 퀸스보로까지 가려 하는 등 아주 기괴한 행동들을 많이 했는데, 이 또한 대마 씨가 선사한 기쁨의 결과가 아니었을까 싶다.

초의 상설 극장을 세울 수 있었다. '더 시어터(The Theatre)'라는 의미심장한 이름의 이 극장은 현재 커튼 로드 86-89번지에 갈색 명판으로만 남아 옛 영광을 후손에게 전하고 있다.

1천 명 가량이 들어갈 수 있던 더 시어터가 큰 성공을 거두면서 이듬해에는 그 옆에 커튼(Curtain) 극장이 들어섰다. 이후 1587년에 필립 헨슬로(Philip Henslowe)가 서더크에 로즈(Rose) 극장을 세우면서 무게중심이 템스 강 남쪽으로 옮겨갔다. 버비지의 극장도 결국 뒤따라갔다. 1598년에 쇼어디치에 있던 극장 부지의 임대기간이 만료되자 버비지의 아들들은 극장의 목재를 강 건너로 옮겨와 로즈 극장과 가까운 파크 스트리트에 새로운 극장을 세웠다. 더 시어터에서 글로브(Globe)로 이름을 바꾼 이 극장에서 몇 년 후에《햄릿》,《오셀로》,《맥베스》같은 불후의 명작들이 초연되었다. (셰익스피어는 글로브 극장의 둥그런 모양을 빗대 '우든 오[wooden O]'라는 애칭을 붙여줬다.)

1613년 6월, 셰익스피어의 마지막 작품인《헨리 8세》의 공연 중에 대포가 발사됐을 때 짚으로 이은 지붕에 불꽃이 튀었다. 이 사고로 글로브 극장은 완전히 타버렸지만 놀랍게도 3천 명의 관객들은 누구도 화를 당하지 않았다(딱 한 사람이 다치긴 했는데 바지에 불이 붙은 순간 용케 맥주를 들이부었다고 한다). 지붕에 기와를 올려 새로 지은 글로브 극장은 훗날 청교도들이 결국 자기들 마음대로 런던 시내에서 모든 극장들을 폐쇄시킨 1642년까지 꾸준히 공연을 이어나갔다.

이후 글로브 극장은 다세대 주택으로 바뀌어 끝내 사라지고 말았

다. 남은 주춧돌들도 묻혀버렸지만 오늘날 파크 스트리트에 가면 돌에 색을 칠해 표시해둔 덕분에 묻힌 자리를 볼 수 있다. (셰익스피어 시대에 뚜껑이 없는 하수구였던) 로즈 앨리 근처의 모퉁이를 돌면 로즈 극장의 유적을 볼 수 있다. 이들 주춧돌은 1989년에 해당 구역에 사무실을 짓기 위해 터를 닦다가 발견됐다. 당시 발굴 작업이 시작되면서 공기에 노출된 탓에 오래된 오크나무 들보가 썩어 들어갔다. 그래서 요즘에는 해당 장소를 물속에 잠기게 해두었다(오크나무는 물에 잠겨 있을 때 더 잘 보존된다). 로즈 극장의 담이었던 자리를 따라 빨간색 불빛으로 윤곽을 살려놓아서 그런지 가보면 분위기가 있으면서도 왠지 으스스하다(종종 이곳에서 낭독회가 열리기도 한다).

현대인들은 다행히 겪지 않아도 되는 셰익스피어 시대의 실상 중 한 가지가 바로 악취였다. 가장 싼 표를 사서 극장에 들어간 사람들은 딱히 용변을 볼 데가 없었다……그래서 바닥에 볼일을 봤다. 당시 이런 사람들을 가리켜 널리 쓰던 속어가 '악취를 풍기는 사람들(stinkards)'이었다. 그러나 유명한 평론가 해럴드 블룸에 따르면, 이와 같은 속물근성에도 이 시기야말로 영국 역사상 처음이자 마지막으로 극장이 진정으로 민주적이었던 때였다. ('하급석 관객'이 구입해서 '움푹 팬 1층 바닥'에서 보는) 입석 자리부터 좌석이 있는 회랑까지 자리별로 표 값을 책정해 누구나 표를 살 수 있었고 지위고하를 막론하고 모두 한데 모여 관람했기 때문이다. 아마 그때 이후로는 그렇게 활기 넘치는 광경은 두 번 다시 펼쳐지지 않았을 것이다. 스티븐 고슨(Stephen Gosson, 1554-1624)은 《다섯 가지 조치에서 틀렸음이 입증된 연극(Playes Confuted in Five Actions)》에서 연극 관람 문화를 생생하게 그렸다.

> "런던의 극장에서 젊은이들이 유행처럼 하는 행동은 이렇다. 제일 먼저 안마당으로 들어가 갈가마귀처럼 모든 회랑을 죽 훑어본 다음 저쪽에서 먹잇감을 발견하면 날아가서 가장 매력적인 상대에게 바짝 붙어……그들에게 사과를 건네주고, 상대의 옷차림을 갖고 희롱하며 시간을 보내며, 이상한 행사에 대해 이러쿵저러쿵 이야기를 늘어놓다가, 연극이 끝나면 조금 친해졌다고 자기 집으로 데려가거나 살며시 함께 여관으로 들어간다."

서더크는 고슨이 살아 있을 때부터 그 이후까지 계속해서 유흥의 중심지로 성장했다. 절정기였던 제임스 1세 시대의 런던에는 20여 개의 극장이 있어 골라서 갈 정도였다. 하지만 극장이 유일한 오락의 장소는 아니었다. 성벽 안쪽에 자리한 몇몇 유명한 여관들과 술집들은 (배우들의 숙소뿐만 아니라) 극장 구실도 했다. 대표적으로 (비숍스게이트에서 약간 떨어진 곳에 위치한) 더 불(The Bull), (그레이스처치 스트리트에 있는) 크로스 키즈 인(the Cross Keys Inn), (러드게이트 힐 근처에 자리한) 벨 새비지(the Bell Savage), 그리고 (그레이스처치 스트리트 인근에 위치한) 벨 인 야드(the Bell Inn Yarde) 가 있었다.

당연히 극작가들 또한 술집을 즐겨 찾았다. (파크 스트리트 34번지에 자리한) 앵커 뱅크사이드(the Anchor on Bankside)는 셰익스피어가 자주 찾던 술집 중 한곳이었다. 이 술집은 런던 대화재 때도 살아남았지만(일기작가 새뮤얼 피프스는 거기서부터 큰불이 번지는 걸 보았다고 했다) 1676년에 재건축됐다. 따라서 지금 찾아가보면 비록 나무 기둥이 남아 있어 옛 정취를 떠올리게 해주긴 하지만 그 시절을 고스란히 느끼기는 힘들 것이다.

애석하게도, 극작가들과 배우들이 자주 찾던 또 다른 술집, 머메이드 태번(the Mermaid Tavern)은 볼 만한 게 아무것도 남아 있지 않다. 대화재 때 사실상 완전히 타버린 수십 개(어쩌면 수백 개)의 술집 중 한 곳이기 때문이다. 세인트 폴 대성당의 동쪽 구역이자 프라이데이 스트리트와 브레드 스트리트가 만나는 지점에 있었던 머메이드 태번은 존 던(John Donne, 1572-1631), 벤 존슨(Ben Jonson, 1572-1637), 존 플레처(John Fletcher, 1579-1625) 같은 쟁쟁한 인사들이 매월 첫 번째 금요일에 만나 술을 마시는 친목 모임 '사이렌 신사회(Fraternity of Sireniacal

Gentlemen)'의 본거지였다……(일부 학자들은 셰익스피어도 이 모임에 포함시키는 경향이 있으나 이는 지나치게 편의적인 해석이다.) 근처에 있는 (작은) 술집 마이터(Mitre)는 벤 존슨의 《바솔로뮤의 장날(Bartholomew Fair)》에서도 언급된 바 있다. 그리고 이 술집에는 엘리자베스 여왕이 어느 5월제 때 그 주위를 돌며 춤을 추었다고 전해지는 나무가 보존돼 있다.

《바솔로뮤의 장날》은 런던을 다룬 벤 존슨의 위대한 희곡 작품이다. 그는 스미스필드에서 매년 열리는 (시장 가판대와 오락 거리들이 즐비한) 여름 축제를 배경으로 소매치기, 깡패, 강직한 법 집행관, 청교도, 포주 등을 등장시켜 근대 런던의 생활상을 파노라마처럼 담아냈다. 1614년에 초연된 이 작품은 17세기 거의 내내 큰 인기를 끌었다. 새뮤얼 피프스(Samuel Pepys)는 이 연극을 너무나 좋아한 나머지 1661년에만 네 번이나 관람했다고 한다.

벤 존슨과 관련해 런던에서 가장 유명한 장소는 (시티 오브 런던에 있는) 순교자 세인트 마그너스 교회다. 이 교회는 그가 1594년에 앤 루이스와 결혼식을 올린 장소이자 두 아이의 죽음을 기록해 둔 곳이다. 6개월의 메리 존슨은 1593년에, 일곱 살의 벤저민 존슨은 1603년에 가래톳흑사병으로 사망했다. 이에 존슨은 부모라면 누구든 가슴아파할 다음과 같은 시를 썼다. "잘 가라, 나의 오른손이자 기쁨이었던 내 아이야…… 평안히 쉬어라, 그리고 누군가 묻거든 말해주려무나, 여기에 벤 존슨의 최고의 시 작품이 누워 있다고."

1597년 여름 무렵, 벤 존슨은 필립 헨슬로가 이끄는 로즈 극장의 극단인 애드미럴스 멘(Admiral's Men)의 전속 배우가 되었다. 또한 같은 해에 토머스 내시(Thomas Nashe, 1567-1601)와 공동으로 희곡을 집필했다. 《개들의 섬(The Isle of Dogs)》이라는 제목의 이 작품은 현재 복사본이 조금도 남아 있지 않은 탓에 대략 추측만 할 수 있을 뿐이다. 당시 희곡 내용에 몹시 화가 난 엘리자베스 1세는 '외설과 반역 행위' 죄를 물어 벤 존슨을 서더크 왕실 재판소 감옥에 가두었다(내시는 가까스

유독 벤 존슨만 동료 극작가들을 익명으로 공격하길 좋아했던 것은 아니다. 존슨의 공격을 받은 이들 가운데 상당수가 곧바로 반격에 나섰다. 그 결과 인신공격이 도를 넘어서면서 1590년대의 런던에서는 향후 '극장 전쟁'(나중에 토머스 데커는 '포이토마키아[Petomachia, 그리스 신화의 거인족과 올림포스 신들의 싸움을 일컫는 기간토마키아{gigantomachia}에서 따온 말–옮긴이]'라고 불렀다)으로 알려지게 되는 사태까지 벌어졌다. 존 마스턴(John Marston)은 〈잭 드럼의 여흥(Jack Drum's Entertainment)〉에서 존슨을 부정한 아내의 남편에 빗대 공격했다. 이후 존슨이 〈달의 여신의 잔치(Cynthia's Revels)〉에서 마스턴과 데커를 '사칭을 일삼는 호모들'이자 '방탕한 술꾼들'로 묘사한 다음에 존 마스턴의 〈왓 유 윌(What You Will)〉과 토머스 데커의 〈풍자시인 까발리기(Satiromastix)〉에서 존슨을 오만하고 고압적인 위선자로 등장시켰다……이들의 싸움은 마스턴이 존슨에게 〈불평분자(The Malcontent)〉라는 작품을 헌정해 서로 다시 친구가 되면서 1604년경에 잦아들었던 것 같다.

로 그레이트 야머스[잉글랜드 동부의 항구 도시-옮긴이]로 도망갔다).

이런 고난에도 벤 존슨은 당시의 귀족들을 웃음거리로 만들고 고위층의 부패를 꼬집는 작품들을 계속해서 집필했다. 결국 그는 1605년에 또 다른 선정적인 희곡 작품(이것 또한 분실됨)이 초연된 직후 다시 감옥살이를 하게 되었다. 그때 이후로 조금 신중해진 것을 보면 벤 존슨은 분명 이 사건을 계기로 갑자기 달라졌던 것 같다. 존슨은 1611년 1월에 유명한 건축가이자 무대 디자이너인 이니고 존스(Inigo Jones)와 공동으로 (대사와 볼거리와 춤이 어우러진) 궁정용 가면극을 쓰기 시작했다. 그리고 마침내 제임스 1세의 아들을 주인공으로 삼은 《요정의 왕자, 오베론(Oberon, the Faerie Prince)》을 왕실에 바쳤다. 다행히도 이와 같이 노골적으로 아첨하는 상황에서도 그의 유머 감각은 녹슬지 않았다.

물론 이름을 드높인 인물로 말하자면, 근대 런던의 초창기 시절이나 그 외의 다른 시대를 통틀어서 가장 빛나는 스타 작가 윌리엄 셰익스피어(William Shakespeare)를 따라갈 자가 없다. 스트랫퍼드로서는 셰익스피어를 자기 고장의 아들로 주장할 만하다. 하지만 성인이 된 셰익스피어는 20여 년 동안 경이로울 정도로 다작을 하면서 대부분을 런던에서 보냈다.

셰익스피어는 1589년에서 1613년 사이에 38편 가량(정확한 수치와 관련해서는 논란의 여지가 있다)의 희곡과 154편의 소네트와 적어도 2편의 장편 설화 시를 썼다. 그러면서 그 과정에서 인간 존재의 의미를 바꿔놓았다. 셰익스피어의 시가 없는 세상은 생각할 수 없다. 아니, 셰익스피어가 있고 없고의 차이가 영국 문명과 그 외의 문명권에 얼마만큼 중요할지 가늠할 수 없다.

또한 셰익스피어가 없는 런던도 생각할 수 없다. 물론 셰익스피어의 런던생활에 관해 우리가 아는 내용은 대부분 추측에 근거한 것들이다. 일례로, 셰익스피어가 어디서 먹고 잤는지 명확히 알려진 게 없다. 하지만 대충 짐작은 할 수 있기에 그가 당시 런던 동부 지역과 뱅크사이드를 오갔을 것으로 추측한다. 1590년대 말에 셰익스피어는 레든홀과 세인트 메리 애버뉴 근처이자 세인트 헬렌 교구에 속하는 비숍게이트의 어느 집에서 하숙했다. 이후 1604년에는 세인트 폴 교구의 실버 스트리트에서 부유한 프랑스 신교도였던 마운트조이 부부의 집 2층에 살았다. 셰익스피어는 집주인과 집주인의 사위 사이에 벌어진 법정 소송에 휘말린 탓에 이곳에서 꽤 오랫동안 살았다고 한다.

이 집은 대화재 때 파괴된 데다 그 주변도 (독일의) 대공습 때 거의 다 초토화되었다(제2차 대전 이후 이 지역 전체가 재개발됐기 때문에 요즘의 실버 스트리트에는 더 이상 옛 모습이 남아 있지 않다. 하지만 세인트 폴 대성당의 북쪽으로 런던 월과 노블 스트리트가 만나는 지점에 가면 셰익스피어의 발자취를 따라 걸어볼 수 있을 것이다). 1613년경에 부자였던 셰익스피어는 마음만 먹으면 언제든 집을 살 수 있었다. 실제로 그는 140파운드를 주고 집을 샀다. 게이트하우스로 알려진 그 집은 옛 블랙프라이어스 수도원의 북동쪽 모퉁이인 아일랜드 야드에 있었다. 정작 셰익스피어는 이 집에서 한 번도 살아본 적이 없으며 죽으면서 딸 수산나에게 소유권을 넘겼다. (오늘날, 해당 장소에는 아담하고 아늑한 칵핏 술집[Cockpit Pub]이 들어서 있다.)

알다시피, 셰익스피어는 1591년경에 첫 번째 희곡《실수연발의 희극(The Comedy of Errors)》을 썼다. 그랬던 그가 얼마 되지 않아 소네트를 쓰기 시작한 데에는 어느 정도 그럴 만한 이유가 있었다. 런던에 역병이 돌면서 1592년부터 1594년까지 2년 동안 런던 극장가가 폐쇄됐기 때문이다. 평소보다 할 일이 줄어든 셰익스피어는 애인을 여름날에 비유하면서 불멸의 연애시를 쓰기 시작했다.

극장이 다시 열리자 셰익스피어는 버비지의 궁내장관 극단(Lord Chamberlain's Men)에 입단했다. 그리고 분명한 이유들 덕분에 이 극단은 곧 런던에서 가장 인기 있는 극단이 되었다. 버비지의 아들인 리처드는 극단의 주연 배우였던 덕분에 셰익스피어 작품의 여러 유명한 인물들을 맨 처음 연기하는 특권을 누렸다. 1596년에 셰익스피어의 열한 살짜리 아들인 햄닛(Hamnet)이 사망했다. 이 일로 크게 상심한 셰익스피어가 1599년에서 1602년 사이의 어느 쯤에 가장 유명한 비극《햄릿(Hamlet)》을 집필했다고 보는 게 일반적이다.

다른 작품과 관련해서도 영감의 원천을 추적해볼 수 있다. 일례로, 1600년에 모로코의 사절단이 런던에 도착했는데, 이후 4년 뒤에《오셀로(Othello, the Moor of Venice)》가 초연되었다. 또한 셰익스피어의 소네트에 등장하는 '다크 레이디(Dark Lady, 셰익스피어는 그녀를 '나의 여자 악마' 그리고 '나의 나쁜 천사'라고 칭하기도 한다)'는 실제로 클러켄웰의 매음굴에 살았던 '루시 니그로' 혹은 '블랙 루스'라는 이름의 여자 포주를 모델로 삼았다는 재밌는 설도 있다. 확실한 것은 (로즈 극장의 소유주) 필립 헨슬로가 루시의 친한 동업자 길버트 이스트(Gilbert East)와 친구 사이라서 그와 자주 식사를 했다는 점이다(이스트는 헨슬로의 토지 관리인으로 고용되기도 했다). 따라서 그녀는 연극계와 관련돼 있던 게 틀림없다. 실제로 셰익스피어의 몇몇 다른 지인들도 루시를 언급했다. 또한 1594년에 《실수 연발의 희극》이 클러켄웰의 법학원에서 상연됐을 때 블랙 루스는 관객의 한 명으로 기록돼 있다.

그런데 좀 더 확실하게 알려진 바에 따르면, 셰익스피어는 서더크 성당에서 예배를 드렸다고 한다. 그래서 1912년에 이 성당에 비스듬히 누워 있는 셰익스피어의 동상이 설치되었고 이와 함께 스테인드글라스 창에는 그의 희곡 작품에 등장하는 장면들이 그려졌다. 셰익스피어의 남동생 에드먼드가 1607년에 이곳에 묻혔고 필립 헨슬로는 1616년에 묻혔다.

셰익스피어 자신은 부자이자 성공한 작가로 1613년 어느 즈음에 은퇴를 한 뒤 헨슬로와 같은 해에 스트랫퍼드에 묻혔다. 말년에 셰익스피어가 가장 규칙적으로 했던 일 중 하나는 제임스 1세 앞에서 1년에 10여 차례 넘게 공연하는 것이었다. 당시 대표적인 공연 장소는 화이트홀 궁전이었는데, 안타깝게도 건물의 대부분이 1698년의 화재로 소실되어 지금은 가볼 수 없다. 셰익스피어와 동료 배우들이 실제 현재 템스 강 남쪽의 사우스뱅크에 자리하고 있는 글로브 극장(Shakespeare's Globe)은 1997년에 공연장 용도로 개관됐다. 배우이자 영화감독이었던 샘 워너메이커(Sam Wanamaker, 1919–93)가 창안하여 재건축된 이 극장은 원래의 건물을 학술적으로 고증한 것을 바탕으로 극장의 원형을 충실히 살려낸 건축물로 꼽힌다.

로 공연을 했던 장소를 보고 싶다면 미들 템플 홀(Middle Temple Hall)의 내부를 둘러보는 일정을 예약하라. 1572년에 완성된 이 건물의 내부는 런던에서 가장 멋진 튜더 양식을 뽐낸다. 여러 차례 《리어왕(King Lear)》을 공연했던 이곳에서 1602년 2월에 《십이야(Twelfth Night)》가 초연되기도 했다.

재건축된 글로브 극장 또한 찾아가 볼 만하다. 특히 (셰익스피어의 생일로 추정되는) 4월 23일경에 이곳을 방문하면 극장측에서 가이드가 안내하는 산책 프로그램을 운영한다. '달콤한 사랑의 기억(Sweet Love Remember'd, 셰익스피어의 소네트에 나오는 시구-옮긴이)'이라는 이름의 이 프로그램은 두 군데서 출발하여(동쪽은 쇼어디치에서, 서쪽은 웨스트민스터에서 출발하지만 종착지는 모두 글로브 극장이다-옮긴이) 사우스뱅크를 비롯해 셰익스피어가 자주 찾던 곳들을 둘러보도록 짜여 있다. 이외에도 셰익스피어 시대의 장소로서 현재는 귀중한 퍼스트 폴리오(Frist Folio, 셰익스피어 희곡집 초판본-옮긴이) 가운데 한 권을 소장하고 있는 길드홀(Guildhall)도 방문할 만하다.

희한하게도, 셰익스피어 시대의 런던과 직접적인 관계가 있는 것들을 찾을 때 그의 희곡들은 큰 도움이 못된다. 셰익스피어의 희곡들에는 당대의 생활상과 관습이 간접적으로 표현돼 있을 뿐 런던을 직접적으로 언급하는 내용은 별로 없기 때문이다. 벤 존슨 같은 당대의 극작가들이 런던의 최신 모습이 담긴 대중적인 희극을 쓴 데 반해 셰익스피어는 당시의 런던을 작품의 배경으로 삼는 것을 피했다. 셰익스피어가 직접 런던을 언급한 경우는 대부분 역사극에서였다. 일례로, 《헨리 4세(Henry IV)》 2부에서 폴스타프는 이스트치프의 보어즈헤드에서 셰리 주를 벌컥벌컥 마시고 흥청거린다. 또한 《리처드 3세(Richard III)》에서 리처드 3세는 런던탑에 감금된 클래런스와 조카들을 살해할 계획을 꾸민다. 《헨리 8세(Henry VIII)》에서는 아라곤의 캐서린과 관련된 재판이 블랙프라이어스에서 열린다. 셰익스피어는 《윈저의 즐거운 아낙네들(The Merry Wives of Windsor)》이라는 희극 작품에서 런던에 꽤 가까이 다가간 듯했으나 이 또한 헨리 4세 치하(이러한 시대적 배경 때문에 폴스타프가 반가운 카메오로 등장할 수 있었다)의 표면적인 배경 정도에 불과하다. 그 외의 작품에서 셰익스피어가 그나마 런던에 가장 가까이 갔던 장면이라고 해봐야 리어왕이 헤매던 폭풍이 몰아치는 황야와 《맥베스(Macbeth)》에서 몇 차례 스코틀랜드 국경에서 남쪽으로 벗어난 지역에서 사건이 벌어지던 순간이 전부다.

그러나 셰익스피어가 런던에 대해 그다지 많이 쓰지 않았지만 그

세익스피어시대의 뱅크사이드

1 서더크 성당(Southwark Cathedral)
2 앵커(The Anchor)
3 글로브 극장(The Globe Theatre)
4 호프 극장(The Hope Theatre)
5 곰 놀리기 공연장(Bear Baiting)
6 로즈 극장(The Rose Theatre)
7 불 링 극장(The Bull Ring, 튜더 왕조 때 인기를 끌었던 오락거리로 곰 놀리기와 비슷한 황소 놀리기가 벌어지던 일종의 공연장이다–옮긴이)
8 스완 극장(The Swan Theatre)

현대의 뱅크사이드

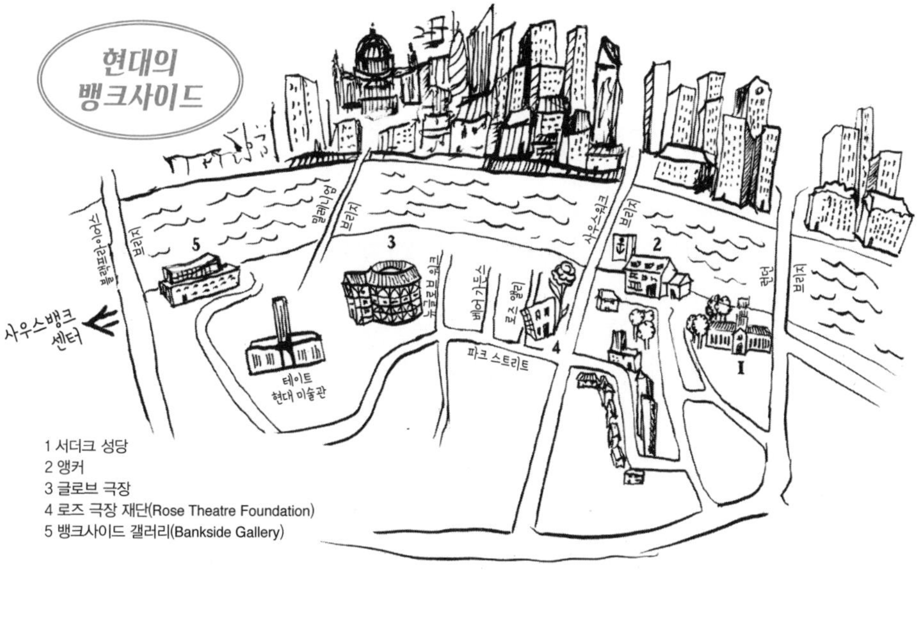

1 서더크 성당
2 앵커
3 글로브 극장
4 로즈 극장 재단(Rose Theatre Foundation)
5 뱅크사이드 갤러리(Bankside Gallery)

가 런던에서 성장하고 성공했다는 것만큼은 틀림없는 사실이다. 런던은 셰익스피어의 집이자 삶의 터전이었고 영감의 원천이었다. 따라서 우리는 런던에 두고두고 고마워해야 한다.

주요장소 주소

시인의 구역(Poet's Corner), Westminster Abbey, Dean's Yard, SW1P (지하철역: Westminster)

조지 인(The George Inn), The George Inn Yard, 77 Borough High Street, SE1 (지하철역: London Bridge)

앵커(The Anchor), 34 Park Street, SE1 (지하철역: London Bridge)

클링크 감옥(The Clink Prison), 1 Clink Street, SE1 (지하철역: London Bridge)

로즈 극장(The Rose Theatre Trust), 56 Park Street, SE1 (지하철역: London Bridge)

글로브 극장(Shakespeare's Globe), 21 New Globe Walk, SE1 (지하철역: London Bridge)

런던 탑(The Tower of London), Tower Hill, EC3N (지하철역: Tower Hill)

마이터 술집(Ye Olde Mitre Tavern), 1 Ely Place, EC1N (지하철역: Farringdon)

뱅퀴팅 하우스(Banqueting House), Whitehall, SW1A (지하철역: Westminster)

미들 템플 홀(Middle Temple Hall), Middle Temple Lane, EC4Y (지하철역: Temple)

길드홀(Guildhall), Gresham Street, EC2P (지하철역, Moorgate)

추천 도서

앤터니 버지스, 《뎃퍼드의 망자(Nothing Like the Sun; Dead Man in Deptford)》

제프리 초서, 《캔터베리 이야기》

벤 존슨, 《바솔로뮤의 장날》

크리스토퍼 말로, 《탬벌레인 대왕》

윌리엄 셰익스피어, 《셰익스피어 전집》

제임스 샤피로(James Shapiro), 《셰익스피어의 1599년(1599; A Year in the Life of William Shakespeare)》

2

급진주의자와 불온분자들

Radicals and Subversives

1381년에 떠돌이 성직자(종래의 교회가 아니라 길거리에서 설교를 했기 때문에 '떠돌이 성직자[hedge priest]로 불렸다) 존 볼(John Ball, 1338-81)은 블랙히스에서 다음과 같은 유명한 2행시를 읊조렸다.

아담이 밭을 갈고 이브가 실을 짜던 시절에는
누가 주인 나리였을까?

그러면서 존 볼은 런던에 급진적 소요의 오랜 전통이 자리하는데 기여한 초창기 조력자 중 한 명이 되었다. 그는 '모든 사람은 본디 똑같이 창조됐는데 못된 인간들의 불공평한 억압 때문에 우리가 종이 되거나 노예가 됐던 것'이라고 선포하고 청중들에게 혁명을 일으키라고 촉구했다. 당연히 왕실은 이런 사상을 좋아하지 않았으므로 즉시 그의 목을 베어 잘린 머리를 런던 브리지에 내걸었다.

왕실은 곧이어 수많은 다른 이들의 머리도 내걸었다. 와트 타일러(Wat Tyler)라는 이름의 기와공이 이끄는 엄청난 수의 불만을 품은 농부들이 블랙히스에서 모인 뒤 힘차게 런던 브리지를 건너 알드게이트까지 전진했다(도중에 초서의 거처를 지나갔을 것이다). 반란군은 전국에 서한을 띄워 폭동이 널리 퍼지도록 선동했는데, 이들 서한의 대부분에는 '농부 피어스'라는 이름이 서명돼 있었다. 이는 랭글런드의 시《농부 피어스의 꿈》에서 '성스러울 만큼' 부지런히 일하는 농부를 노래한 시구의 영향 때문이었다. 이후 반란군은 가까스로 사보이 궁을 파괴하고 런던탑에서 대법관을 처형했다. 하지만 얼마 후 잔인하게 진압당한 반란군은 1천5백 명 이상이 처형됐다.

지금까지 남아 있는 농민 봉기의 목격담으로는 런던의 왕실 직원이 익명으로 쓴《무명의 연대기(Anonimalle Chronicle)》가 있다. 이 연대기는 다른 무엇보다도 인두세와 농노제에 반기를 든 반란군이 저속하고 꾀죄죄한 촌뜨기들로 런던 출신이 절대 아니라는 점을 강조했다.

이와 같은 악평에도 농민 봉기는 계속해서 대중 봉기에 영향을 미쳤다. 그중에서도 특히 존 볼의 영향을 받아 약 300년 후에 등장한 평등파(Levellers)를 들 수 있다. 이들은 17세기의 영국 내전이라는 혼돈 속에서 등장한 런던 태생의 혁명 집단이었다. 법 앞의 평등, 인민주권, 참정권 확대, 그리고 종교적 자유를 요구했던 평등파는 글재주도 뛰어나《잉글랜드의 통탄할 노예제(England's Lamentable Slaverie)》와《수천의 시민들의 간언(A Remonstrance of Many Thousand Citizens)》같은 당당한 제목의 소책자를 연달아 출간했다. 이들은 주로 이즐링턴의 술집에서 만났다. 그중 로즈메리 브랜치(Rosemary Branch)라는 술집의 이름은 평등파가 서로의 정체를 알아보기 위해 모자에 로즈메리 잔가지를 꽂았던 데에서 유래했다(현재도 이즐링턴에 로즈메리 브랜치가 있긴 하지만 위치한 곳이 다르다). 평등파의 가장 유명한 업적은 1647년 10월과 11월에 퍼트니의 세인트 메리 교회에서 연이어 토론을 벌인 뒤 인민협정(The Agreement of the People)이라는 정치 운동의 고전을 탄생시킨 점이다. 이들은 또한 전체 런던 사람들의 3분의 1이 서명한 탄원서를 의회에 제출하기도 했다. 이와 같은 인기에도, 아니 어쩌면 그런 인기 때문에 1649년경에 평등파 수뇌부의 대부분이 처형당하거나 구금되면서 이들이 만든 소책자들만 남게 되었다.

같은 시기에 시티오브런던 바로 밖의 알더스게이트 스트리트에 살고 있던 존 밀턴(John Milton) 또한 《아레오파지티카(Areopagitica)》라는 공격적인 글을 써서 검열이 없는 표현의 자유를 호소했다. 그리고 당연하면서도 역설적이게도 이 글은 검열에 걸려 비밀리에 배포될 수밖에 없었다.

그래도 밀턴은 시력을 완전히 잃고 나서 《실낙원(Paradise Lost)》을 쓸 정도로 오래 살아남았다. 런던의 다른 혁명가들은 대부분 그렇게 성공하지 못했다. 그중에서도 가장 비극적인 인물이 바로 메리 울스턴크래프트(Mary Wollstonecraft, 1759-97)다. 그녀는 1792년에 《여성의 권리 옹호(A Vindication of the Rights of Woman)》를 썼다(이 책은 1년 전에 그녀의 친구인 토머스 페인이 이즐링턴의 엔젤 여인숙에서 썼던 《인간의 권리(The Rights of Man)》에 띄우는 편파적이고 지독히 건방진 답신이었다). 메리 울스턴크래프트는 이 책에서 지금은 자명해 보이지만 그녀와 동시대 사람들에게는 깜짝 놀랄 만한 주장을 아주 멋지게 펼쳤다. 그건 바로 여성도 남성과 똑같이 똑똑한데 그런 여성들의 발전을 저해하는 유일한 장애물은 적절한 교육의 부재라는 주장이었다. 하지만 울스턴크래프트도 억압과 신뢰할 수 없는 동반자들 때문에 고통을 받았다. 1795년에 자신이 낳은 아이의 생부인 미국의 외교관 길버트 임레이(Gilbert Imlay, 1754-1828)에게 버림받은 그녀는 퍼트니 브리지에서 몸을 던졌다. 당시 울스턴크래프트는 유서에 다음과 같이 썼다. "당신이 이 글을 볼 때쯤 불타던 나의 머리는 식을 겁니다……내가 간절히 바라는 죽음을 피할 가능성이 가장 적은 템스 강에 뛰어들 테니까요."

그러나 운은 그녀의 편이 아니었다. 지나가던 사람이 그녀를 구해줬기 때문이다.

1796년 즈음에 울스턴크래프트는 윌리엄 고드윈(William Godwin, 1756-1836)과 행복을 찾은 듯했다. 두 사람은 함께 가게를 차리고 킹스크로스 근처로 현재 브리티시 라이브러리 자리의 바로 뒤편에 위치한 쾌적한 주택가 폴리건 29번지에서 아파트를 구해 살림을 차렸다(해당 주택가는 오래 전에 철거됐지만 당시에는 프랑스 혁명을 피해 도망 온 사람들이 많이 거주하면서 형성된 프랑스와 관련이 깊은 지역이었다.) 그러나 안타깝게도 겨우 1년 만에 울스턴크래프트는 딸 메리(《프랑켄슈타인》으로 유명한 메리 셸리)를 낳다가 패혈증에 걸렸다. 그리고 끝내 회복을 못하고 열흘도 지나지 않아 사망했다.

그로부터 60년 후에 카를 마르크스(Karl Marx, 1818-83)가 그레이트 러셀 스트리트에 자리한 오래된 브리티시 라이브러리 건물의 L13 좌석에 앉아《자본론(Das Kapital)》을 쓰고 있었다. (이후 다시 50년이 흐른 시점에는 블라디미르 레닌[Vladimir Lenin, 1870-1924]이 같은 좌석을 찾았다. 레닌은 이용자 카드에 '야코프 리히터[Jacob Richter]'라고 서명했다. 당시 그를 봤던 시인 존 메이스필드[John Masefield, 1878-1967]는 '예사롭지 않은 저 사람은 누굴까' 궁금해 했다고 한다.)

마르크스는 원고와 씨름하지 않는 시간에는 소호의 딘 스트리트에 위치한 친구 프리드리히 엥겔스(Friedrich Engels, 1820-95)의 집에서 맘껏 먹고 마셨다. 그 집은 마르크스가 하루의 글쓰기 작업을 마치고 집으로 가는 길목에 있어서 이래저래 안성맞춤이었다. 근처에 그가 탁자 위로 올라가 연설을 했던 것으로 유명한 블랙 호스(Black Horse)라는 술집이 있어서 마르크스는 하루를 마감하며 마지막 술잔을 기울이곤 했다.

실제로 마르크스는 술집에서 철학을 설파하는 것을 아주 좋아했고 과음도 즐겼다. 독일의 공화파 혁명가 빌헬름 리프크네히트(Willhelm Liebknecht, 1826-1900)는 1850년대에 런던에 살 때 마르크스와 친구가 된 인연으로 1901년에 마르크스의 전기가 담긴《회상록(Biographical Memoirs)》을 썼다. 이 책에서 리프크네히트는 마르크스와 동료 독일인 정치 철학자인 에드가 바우어(Edga Bauer, 1820-86)와 셋이서 런던 중심가에 나가 흥청망청 마시고 놀았던 밤을 떠올렸다.

리프크네히트에 따르면, "문제는 옥스퍼드 스트리트와 햄스테드 로드 사이에 있는 모든 술집에서 '무언가를 먹어야 한다'는 것이었다." 그 근방이 온통 술집 천지인 점을 감안하면 결코 쉽지 않은 일이었다. 리프크네히트는 계속해서 다음과 같이 썼다. "하지만 우리는 꿋꿋하게 그 일을 해냈고 사고 없이 토트넘 코트 로드 끝자락에 다다랐다."

그리고 세 사람은 그곳에서 또 다른 술집에 들어가 시끌벅적한 무리와 어울려 흥겹게 웃고 떠들었다. 그러다가 마르크스가 영국에는 베토벤에 견줄 만한 예술가가 없다는 사실을 들먹이며 연설을 늘어놓으면서 분위기가 달라졌다. 이와 관련해 리프크네히트는 '우리와 어울리던 이들의 표정이 어두워지기 시작했다'고 말했다. 그래서 이들 철학자들은 서둘러 그곳을 빠져나왔다. 충분히 술집 순례를 마친 세 사람은 하이게이트에 있는 집으로 발걸음을 옮겼다. 한창 걸어가던 중에 유명한 헤겔학파였던 바우어가 포장용 돌 더미를 보고 '야호, 좋은 생각이 났다!'라고 외치더니 가스등을 끄기 시작했다. 그러자 마르크스

카를 마르크스는 런던의 북쪽에 자리한 하이게이트 공동묘지(Highgate Cemetery)에 묻혔다. 그의 묘비에는 이런 글귀가 적혀 있다. "그동안 철학자들은 세상을 다양한 방식으로 해석하기만 했다. 하지만 정말 중요한 것은 이 세상을 바꾸는 것이다."

와 리프크네히트도 합세했고 얼마 안가 경찰관들의 눈에 띄어 추격을 당했다. 이들 세 명의 독일인은 쏜살같이 뒷골목을 달려 내려갔다. 리프크네히트에 따르면, 그때 "마르크스는 내가 아는 사람이 맞나 싶을 정도로 민첩하게 움직였다." 이후 세 사람은 '더 이상의 모험을 하지 않고' 집으로 갔다.

마르크스의 또 다른 단골 술집이었던 소호의 레드 라이언(Red Lion)은 그레이트 윈드밀 스트리트 20번지(20 Great Windmill Street)에 가면 볼 수 있다. 마르크스는 1847년에 이 술집에서 강연을 했으며 엥겔스와 함께 공산주의 동맹의 '행동 강령'을 썼다. 그러나 이곳이 구미가 당기지 않는 이들은 마르크스의 또 다른 기념관 클러켄웰의 마르크스 기념 도서관 및 노동학교(Marx Memorial Library and Workers' School)에 가보라. 사랑스러운 18세기 건물인 이곳에 예전에는 사회민주연맹(Social Democratic Federation)이 설립한 사회주의 계열 출판사 트웬티스 센추리 프레스(Twentieth Century Press)가 있었다. 망명 중이던 레닌도 1년 동안 여기서 일했다.

"일리치[레닌]는 런던의 생생한 모습을 눈여겨봤다. 그는 버스 맨 위 칸에 앉아 오랫동안 시내를 둘러보는 것을 좋아했다. 그는 그 거대한 상업 도시의 붐비는 교통을 즐겼다. 그 외에도 또 좋아하는 곳들이 있었다. 가장 대표적인 곳이 런던의 노동자들이 세 들어 사는 초라하고 작은 동네였다. 길거리마다 빨랫줄이 매어져 있고 빈혈을 앓는 아이들이 문간에서 놀고 있는 곳 말이다……일리치는 이를 악문 채 영어로 이렇게 중얼거리곤 했다. '두 개의 나라로군!'"

레닌의 아내였던 크룹스카야 레닌(Krupskaya Lenin)이 런던 생활을 회상하며 쓴 글 중에서

19세기에 런던 거리를 거닐던 급진주의자가 마르크스와 엥겔스만 있었던 것은 아니다. 1826년에 문필가 윌리엄 코빗(William Cobbett, 1763-1835)은 클러켄웰 그린(Clerkenwell Green)에서 곡물법에 반대하는 유명한 연설을 했다. 1887년에는 조지 버나드 쇼(George Bernard Shaw,

딘 스트리트 28번지(28 Dean Street)에 위치한 프리드리히 엥겔스(Friedrich Engels)의 첫 런던 집 또한 가끔씩 카를 마르크스의 하숙집이 돼주었다. 현재 그 아파트 자리에는 쿼바디스(Quo Vadis) 라는 고급 레스토랑이 들어서 있는데 그곳에는 '단체 손님'을 받을 수 있는 '마르크스 룸'이라는 별실이 있다.

1856-1950)와 라파엘 전파(Pre-Raphaelite, 14-15세기에 해당하는 라파엘 이전 시기의 이탈리아 화가들의 화풍과 비슷하게 그렸던 19세기의 영국 화가들을 가리킨다-옮긴이) 화가이자 작가였던 윌리엄 모리스(William Morris, 1834-96)가 아일랜드가 처한 억압과 실업에 반대하는 대규모 시위에 참여하기 위해 트라팔가 광장으로 향했다. 그리고 거기서 경찰과 시위대의 충돌로 75명이 다치고 400명이 체포당하는 '피의 일요일'을 목격했다.

조지 오웰(George Orwell, 1903-50) 또한 1920년대에 트라팔가 광장에서 한뎃잠을 잤다. 후에 오웰은 감사의 뜻으로 소설 《1984(Nineteen Eighty-Four)》에서 중요한 탄압의 장소로 그린 이 광장에 승리광장(Victory Square)이라는 이름을 붙여줬다. 이 소설에서 런던의 장소들은 끔찍한 실패로 끝난 그의 혁명담을 맘껏 비웃었다. 오웰은 진리부의 구내식당을 묘사할 때 일부는 (옥스퍼드 스트리트 200번지에 있는) BBC 사옥의 구내식당을, 그리고 나머지는 런던대학교의 평의원 회관을 본떴다. 오웰은 런던에 있을 당시 주로 지면을 통해 혁명 활동을 펼쳤다. 그런데도 그는 1940년대에 퍼시 스트리트 24번지(24 Percy Street)에 있는 아크로폴리스 레스토랑(Acropolis Restaurant)에서 자주 쫓겨났다. 달리 무슨 죄를 지어 그런 것이 아니라 재킷을 입지 않았기 때문이다. (한번은 오웰이 맬컴 머거리지[Malcolm Muggeridge]와 그곳에서 저녁을 먹다가 자리를 바꿔 달라고 요청했다. 스페인 내전 때 스탈린주의자들의 편에 섰던 〈뉴 스테이츠먼(New Statesman)〉의 편집장 킹슬리 마틴

[Kingsley Martin]의 '타락한 얼굴'을 보기 싫어서 그랬던 것이다.)

"나는 런던에 와서 몇 달 만에 트로츠키주의자가 되었다."

시릴 라이어넬 로버츠 제임스(C. L. R. James)

지금까지는 좌파들의 이야기였다. 하지만 문학의 도시 런던은 다양한 생각을 지닌 이들이 활동했던 곳이다. 그중에서도 흑셔츠 당원(blackshirt, 파시스트 당원) 시대였던 1930년대와 40년대에 가장 악명 높은 파시스트 전속작가를 꼽으라면 다이애나 밋포드(Diana Mitford, 1910-2003)일 것이다. 그 외에도 받아들이기 힘든 신념을 지녔던 이들

클러켄웰 그린(Clerkenwell Green)의 좌파 성향은 아주 오래전부터 이어져 온 내력이다. 마르크스 기념 도서관은 1900년대 초반에 사회주의 계열 출판사의 본거지로 이름을 떨치기 전에 웨일스의 빈민들을 위한 자선 학교였다. 1790년대에 수많은 반전운동과 정치운동 단체들의 사무실이 그린 지역 주변에 입주해 있었다. 이에 조지 기싱(George Gissing)은 소설 《민중(Demos: A Story of English Socialism)》에서 이 지역을 중요한 장소로 설정했다. 1800년대 초에는 런츠(Lunt's)라고 불리는 이발소 겸 커피숍이자 독서실로도 이용되던 곳도 있었다. 차티스트(인민헌장주의자)들의 정례모임 장소였던 이곳에서 사람들은 커피를 마시고 머리를 깎았으며 (주인장이 열정적으로 설파하는) 노예제 반대 강연까지 들을 수 있었다.

이 또 있었다. 특히 신기한 집단 중 하나는 노팅힐의 쳅스토우 로드 25번지(25 Chepstow Road)를 중심으로 활동했던 이들로 철학분야에서 뜻밖의 큰 인기를 끌었던 《아웃사이더(The Outsider)》(1956년 작)의 저자인 콜린 윌슨(Colin Wilson, 1931-2013)과 그의 동료 작가들인 빌 홉킨스(Bill Hopkins, 1928-2011)와 존 브레인(John Braine, 1922-86)이다. 윌슨은 독특한 유형의 영국 실존주의(English existentialism)를 신봉했다. 그는 인간의 오직 5퍼센트만이 정치권력을 사용할 능력이 있으니 이들 초인들이 나머지 모든 인간을 통치하게 해줘야 한다고 주장했다. 《아웃사이더》가 출간된 직후 현대예술원(Institute for Contemporary Arts)에서 열린 행사에서 어떤 여성이 그의 이러한 신념과 아울러 그의 지적 속물근성을 겨냥해 다음과 같이 물었다.

"윌슨 씨, 저는 제 자신을 지식인이라고 여기지 않습니다. 저에게는 멋진 집과 관리가 잘 된 정원과 함께 다정한 남편과 우애가 깊고 예의바른 두 아들이 있습니다. 정말 진심으로 드리는 말씀인데, 이런 제가 어디가 잘못된 건지 설명해주시겠습니까?"

윌슨의 대답은 이랬다. "당신은 말이지요……당신은 최악의 부류입니다! 말로 다 할 수 없을 만큼이요! 전형적인 범죄자라고요! 물론 당신은 소소한 것들을 즐기겠지만 그 밖의 다른 것들은 전혀 할 수 없는 사람이지요. 당신의 집은 쓰레기장이고, 당신의 정원은 거름 더미이며, 당신의 남편은 호모의 아들이고 당신의 아이들은 똥 덩어리들이요……당신은 상상하기 힘들 만큼 극악무도한, 나라의 쓰레기라서 입에 올리는 것도 끔찍할 따름이오."

토론이라고 늘 품위가 있는 것은 아닌 모양이다.

주요장소 주소

세인트 메리 교회(Church of St Mary the Virgin), High Street, SW15 (지하철역: Putney Bridge)

엔젤 여인숙(The Angel), 3-5 Islington High Street, N1 (지하철역: Angel)

트라팔가 광장(Trafalgar Square), WC2N (지하철역: Charing Cross)

평의원 회관(Senate House), University of London, Malet Street, WC1E (지하철역: Russell Square)

추천 도서

카를 마르크스, 《자본론》

조지 오웰, 《1984》

토머스 페인, 《인간의 권리》

메리 울스턴크래프트, 《여성의 권리 옹호》

3

설교자와 개종자들

PREACHERS AND CONVERTS

많은 작가들이 반항아일지 모르나 런던의 문학사에 퍼져 있는 신앙심 또한 빼놓을 수 없다. 마저리 켐프가 런던을 찾은 지 한참이 흐르고 초서의 《캔터베리 이야기》에서 수녀원장과 수도사가 각자의 사연을 들려준 이후, 신앙심이 깊은 남녀는 현실과 허구 속에서 큰 비중을 차지해왔다. 이들 종교인들은 소설과 시에서 수없이 많은 결혼식과 장례식을 관장했고, 빅토리아 시대의 여러 소설들을 통해 검은 망토를 두르고 근엄한 얼굴로 활보해왔으며, 소설 속 어린 학생들을 대대로 따분하게 만들어왔다.

그러나 종교가 문인들에게 항상 고마운 존재였던 것은 아니다. 교회가 런던 문학사에 공헌한 가장 주목할 만한 것들 중 상당수는 희곡 및 소설과 예술 작품들을 억압하려는 시도에서 비롯되었다. 일례로, 버비지가 청교도들에게서 종교적 압박감을 받지 않았다면 1576년에 쇼어디치에 자신의 극장을 설립하는 일은 결코 일어나지 않았을 것이다.

이 말을 뒤집어 보면, 많은 작가들이 종교에서 엄청난 영감을 받았다는 뜻이기도 하다. 존 던(John Donne)의 경우 처음에는 자신의 애인들을 칭송하는 저속한 시를 썼지만 궁극적으로 그가 자신의 심장을 '세차게 두드리기' 위해 원했던 것은 바로 '삼위일체의 신'이었다. 던은 심지어 세인트 폴 대성당의 주임 사제가 되었고 1624년에서 1631년까지 플릿 스트리트에 있는 세인트 던스턴 성당에서 유급 성직자로 봉직했다. 또한 1620년에는 링컨 법학원(Lincoln's Inn) 부속 예배당의 초석을 놓았다. 우리에게 '누구를 위하여 종이 울리는지' 묻지 말라고 한 그의 유명한 시구도 바로 이 예배당의 종에서 영감을 받아 쓴 것이다. 문제의 이 종은 링컨 법학원의 회원이 사망할 때마다 정오에 울렸다. (지금까지도 이 의식은 남아 있다. 따라서 지나가다가 댕댕 울리는 종소리를 들으면 또 한 명의 법조인이 세상을 떠났다고 생각하라.)

> "트로이 이주자들이 세운 도시이자 수마일 밖에서도 우뚝 솟은 머리가 보이는 도시, 런던이여, 그대는 허공에 매달려 있는 이 세상에서 발견되는 모든 아름다운 것들을 성벽으로 에워싸고 있으니 운이 좋다는 말로는 부족하구나."
>
> 존 밀턴

존 밀턴(John Milton, 1608-74)의 가장 유명한 시들 중 상당수는 신에게 바치는 시였다. 가장 멋진 시구들은 대부분 악마를 그린 것들이긴 하지만 말이다. 밀턴은 쥬인 스트리트(Jewin Street)에 살 때 (당시 살았던 집은 현재의 바비칸 단지 안에 위치했는데 2차 세계대전 때 파괴되었다)

《실낙원(Paradise Lost)》을 썼으며 장수하는 동안 런던의 여러 다른 곳에서 거주했다. 애석하게도, 밀턴의 자취를 좇아 클러켄웰의 밀턴 스트리트(Milton Street)를 찾는다면 실망하기 쉽다. 밀턴 스트리트는 시인 밀턴의 이름을 딴 것이 아니라 1830년대에 그 지역 부동산의 대부분을 소유했던 부유한 지주를 기리기 위해 조성된 거리다. 그럼에도 이곳은 문인들과 관련이 깊은 지역이다. 현재의 지명으로 바뀌기 전에 이 거리는 그러브 스트리트(Grub Street)였다. 알렉산더 포프(Alexander Pope, 1688-1744)는 《우인열전(The Dunciad)》에서 많은 작가들의 거주지이자 작업 공간으로 유명했던 이 지역을 기리며 '깊은 생각에 잠긴 시인들이 독자들을 잠재우기 위해 정작 자신들은 고통스러운 불면의 밤을 이어가는 곳'이라고 노래했다. 번힐 로우 125번지(125 Bunhill Row)에서 멀지 않은 곳에 밀턴의 옛 거처들 중 한 곳의 흔적이 남아 있다.

'번힐'은 종교와 아주 관련이 깊은 곳이다. 존 버니언(John Bunyan, 1628-88)은 이즐링턴의 번힐 필즈(Bunhill Fields)에 묻혔다(근처에 블레이크와 디포가 누워 있다). 침례교 설교자이자 종교 시인이었던 버니언은

1688년 8월에 런던으로 들어가는 길에서 인생의 역정을 멈춘 후 생을 마감했다.

런던을 방문한 또 다른 설교자는 로렌스 스턴(Laurence Sterne, 1713-68)이었다. 발칙하고 노골적일 만큼 불경한 소설《신사 트리스트럼 샌디(The Life and Opinions of Tristram Shandy, Gentleman)》의 저자인 스턴은 요크셔 콕스올드의 성공회 목사였지만 런던을 자주 찾았다. 그는 자신의 소설 1권이 출간될 무렵인 1759년의 어느 즈음에 소호에 있는 조슈아 레이놀즈(Joshua Reynolds, 18세기에 활동한 잉글랜드의 유명한 초상화가-옮긴이)의 작업실(47 Leicester Square)에서 새뮤얼 존슨(Samuel Johnson)을 만났다. 스턴은 존슨에게《신사 트리스트럼 샌디》의 첫 줄을 읽어줬지만 이 사전편찬자에게 깊은 인상을 주지 못했다. 후에 존슨은 그때 자신이 스턴에게 "선생, 이건 영문학이 아니오"라고 말해줬다고 밝혔다. 버니언처럼 스턴도 런던에서 생을 마감했다. 그는 올드 본드 스트리트 41번지(41 Old Bond Street)에서 1년 넘게 지독한 가난에 허덕이다가 1768년에 사망했다.

런던의 또 다른 위대한 시인 겸 성직자였던 제라드 맨리 홉킨스(Gerard Manley Hopkins, 1844-89)는 런던 동부의 스트랫퍼드(Straford)에서 태어났다. 이후 1854년에 열 살이 됐을 때 부모의 손에 이끌려 하이게이트의 노스 로드(North Road)에 있는 하이게이트 스쿨에 들어갔다. 홉킨스는 그곳에서 초창기 그리스도교의 수도자들에게 큰 관심을 갖기 시작했으며 교내 시 경연대회에서 '에스코리알(The Escorial)'이라는 시로 우승했다. 어릴 때 이웃에 살았던 키츠(Keats)에게 부분적으로 영감을 받아 쓴 이 시에서도 수도자들과 종교적으로 의미가 있는 유물에 사로잡혀 있는 그의 성향이 엿보인다. 후에 예수회 수사가 된 홉킨스는 런던 남부 로햄튼의 만레사 하우스(Manresa House)에서 가르치는 일을 하다가 결국 메이페어(Mayfair)에 있는 팜 스트리트 교회(Farm Street Church)의 부목사가 되었다.

홉킨스의 뒤를 이어 가장 전투적으로 신앙을 지킨 이들 중에는 힐레어 벨록(Hilaire Belloc, 1870-1953)도 있다. 그는 체인 워크 104번지(104 Cheyne Walk)에 있는 자신의 집에서 펜을 무기로 삼아 허버트 웰스(H. G. Wells, 1866-1946)같이 과학적으로 사고하는 이성주의자들을 맹렬히 공격했다. 이에 웰스는 '그는 반대편의 이야기를 듣게 될까 두려워 큰 소리로 빠르게 말하는 부류'라고 말했다.

벨록이 비록 기행을 일삼긴 했어도 교우관계만큼은 끈끈하게 다져놓았다. 특히 체스터턴(G. K. Chesterton, 1874-1936)과 사이가 아주 가까워 두 사람을 합쳐서 '체스터벨록'이라고 부를 정도였다. 체스터턴의 작품에 등장하는 가장 유명한 인물은 브라운 신부(Father Brown)였다. 이 가톨릭 사제는 에섹스의 콥홀을 떠나 런던에서 탐정 일을 하면서 진정한 소명을 발견한다. 체스터턴 자신은 켄싱턴의 워익 가든스 11번지(11 Warwick Gardens)에 살았다. 하지만 '술을 진탕 마시고 깊은 생각을 하러' 즐겨 찾았던 플릿 스트리트의 엘비노스(El Vino's, 와인 바-옮긴이)에서 그의 모습이 자주 목격되었다. (엘비노스에서 그는 신앙심

대니얼 디포(Daniel Defoe)의 《역병의 해 일지(A Journal of the Plague Year)》(1722)에서, 솔로몬 이글스(Solomon Eagles)라는 이름의 어느 광신자는 틈만 나면 플릿 스트리트의 인근 거리들을 누비고 다니면서 런던의 죄악들을 맹렬히 비난한다(때때로 완전히 알몸인 상태로 뜨거운 숯덩이가 담긴 냄비를 머리에 인 채로 다녔다).

보다 죽장검으로 표정이 마음에 안 드는 사람을 쫓아낸 것 때문에 유명했다.)

유감스럽게도, 벨록과 체스터턴은 자주 반유대주의로 비난받았다. 그 때문에 이들이 천천히 멸종되어가는 유형의 인물들이라는 사실이 안타깝기보다 다행으로 여겨졌다.

그러나 신앙을 고수한 좋은 작가들도 많았다. 특히 에벌린 워(Evelyn Waugh, 1903-66)와 그레이엄 그린(Graham Greene, 1904-91)같이 런던을 근거지로 활동한 소설가들은 낭만적인 가톨릭주의를 신봉했다. 워는 제라드 맨리 홉킨스가 부목사로 일했던 메이페어 팜 스트리트의 바로 그 교회에서 가톨릭으로 개종했다. 당시 플릿 스트리트의 신문들은 분개했다. 〈데일리 익스프레스(Daily Express)〉는 '메이페어의 젊은 풍자가가 가톨릭에 귀의하다'라고 선포했고 또 다른 신문은 '극단적인 모더니스트가 극단적인 몬타누스주의자(montanist, 급진적 성령주의와 재림신앙으로 무장한 교파-옮긴이)가 되다'라고 썼다.

이즈음 그린은 이미 개종한 상태였다(그레이엄 그린의 표현에 따르면, 1926년에 '피카딜리 뒷골목' 출신처럼 생긴 남자가 그를 노팅엄 교회의 교인으로 받아줬다). 진정으로 개종을 했음에도 그린과 교회의 관계는 순탄치 않았다. 그는 가끔 '가톨릭신자인 무신론자'로 자처하는가 하면 신앙과 관련된 작품을 쓸 때조차도 엇갈리는 입장을 드러냈다. 그린의 저서《권력과 영광(The Power and the Glory)》은 가톨릭 도서 목록(가톨릭교회가 이단적이고 성직에 반하며 음탕하다고 여기거나 세 가지 모두를 재밌게 섞었다고 생각해 결국 금서로 지정한 도서들의 목록)에 들어갈 뻔했다. 이 일로 그린은 웨스트민스터 대주교에게서 이 소설이 '자기모순'적이고 '기이한 경우를 다루고 있다'고 비난하는 내용의 편지를 받았다. 교황청에서는 이 소설을 검토한 뒤 '그리스도교 신자가 갖춰야 할 고요

토머스 스턴스 엘리엇(T. S. Eliot, 1888–1965)은 1927년에 개종한 뒤 켄싱턴의 세인트 스티븐 교회(St Stephen's Church)에서 교구위원으로 봉사하기 시작했다. 이는 블룸스버리(Bloomsbury Group, 1906–1930년경까지 케임브리지를 중심으로 활동한 영국의 지식인과 예술인들의 모임–옮긴이) 동료들이 크게 놀랄 일이었다. 버지니아 울프는 친구에게 이렇게 말했다. "톰 엘리엇은 오늘부터 우리 모두에게 죽은 사람이나 다름없을 거야. 그가 신과 불멸을 믿는 영국 국교회 신자가 됐거든." 그러나 엘리엇은 자신의 입장을 굽히지 않았고 버지니아와 다른 동료들의 지속적인 비난에도 30년 넘게 그 교회를 나갔다.

1938년 8월 13일자 〈가디언〉은 다음과 같이 보도했다. "이스트 엔드 지역에서 일단의 인도 회교도들이 미스터 웰스(HG Wells)의 《세계문화사(Short History of the World)》를 태워버리는 의식을 벌였다."

〈가디언〉은 또한 준비한 책들을 모조리 태우자마자 자미아트 울 무슬리민(Jamiat-ul-Muslimin) 단체의 1000명으로 구성된 대표단이 인도청(India Office)에 해당 저서를 "'금서'로 지정할 것을 요구"할 방침이라고 전했다.

격분한 군중은 리젠츠 파크 근처에 있는 웰스의 집으로 몰려가겠다고 으름장을 놓기도 했다. 물론 그런 사태까지는 벌어지지 않았던 듯싶다. 대신 시위대는 8월 19일에 알드위치에 있는 (인도 고등판무관) 피로즈 칸 눈 경(Sir Firoz Khan Noon)의 집무실 앞에서 떠들썩하게 집회를 연 것에 만족했다.

당시 시위대는 '무식한 웰스는 물러가라', '알라는 위대하다'라는 구호를 외쳤다. 시위대 대표단에게서 '진정서'를 넘겨받은 고등판무관이 정부에 전달하겠다고 말하고 나자 시위대 대변인이 기자에게 '이제야 분이 풀린다'고 말했다. 그렇게 그 사태는 마무리되는 듯했다. 적어도 1980년대에 살만 루시디(Salman Rushdie)가 《악마의 시(The Satanic Verses)》를 쓰기 전까지는 그래 보였다.

한 정신을 어지럽힌다'고 판단했다. 또한 그린이 작가로서 '비정상적인 성향을 넘어……성적으로 부도덕'하다고 주장했다.

가톨릭교회는 뮤리엘 스파크(Muriel Spark, 1918-2006)에게도 똑같은 말을 했을 것이다. 〈뉴요커(New Yorker)〉에서 '수녀들과 여학생들의 섬뜩한 밀통을 기록하는 자'라고 했지만 그녀 또한 가톨릭으로 개종한 독실한 신자였다. 스파크는 1950년대에 캠버웰의 단칸방에서 살 때 종교에 귀의했다. 워와 그린이 함께 맥밀런 출판사를 설득해 스파크가 개종의 경험을 주제로 쓴 뛰어난 데뷔 소설《위안을 주는 사람들(The Comforters)》을 출간할 수 있도록 힘썼다. 사실 그린은 스파크에게 편지를 통해 맥밀런 출판사는 그런 '이상한' 소설에 적합한 출판사가 아닐 수도 있다는 말을 했다고 한다.

스파크 이후 공개적으로 신앙인 행세를 하는 이들이 줄어들었다. 작가들의 타고난 반항기와 별난 지성 때문에 퍼시 셸리(Percy Shelley, 1792-1822)부터 줄곧 여러 작가들이 종교를 포기해왔다는 점 또한 주목할 만하다. 그러나 런던의 역사가 이어지는 동안 교회는 결국 작가들을 품어왔다. 작가들을 (아니, 적어도 그들의 유해나마) 한꺼번에 만날 수 있는 최적의 장소는 웨스트민스터 사원의 시인의 구역이다. 특히 이곳에 가면 다른 곳에 묻힌 작가들의 수많은 기념비나 추모비와 함께 존 게이(John Gay, 1685-1732), 헨리 제임스(Herny James, 1843-1916), 러디어드 키플링(Rudyard Kipling, 1865-1936), 제프리 초서, 찰스 디킨스(Charles Dickens, 1812-78. 사실 디킨스 본인은 로체스터에 묻히길 원했다), 에드먼드 스펜서(Edmund Spencer, 1552-99), 존 드라이든(John Dryden, 1631-1700), 알프레드 로드 테니슨(Alfred Lord Tennyson, 1809-92), 토머스 하디(Thomas Hardy, 1840-1928. 그의 사체는 웨스트민스터 사원에 묻혔지만 그의 심장은 과자통에 담겨 도싯의 스틴스퍼드에 있는 성 미카엘 교회로 가져갔다), 새뮤얼 존슨(1709-84), 벤 존슨(1572-1637)의 유해를 만날 수 있다. 벤 존슨은 당시의 웨스트민스터 사원의 주임 사제에게 다음과 같이 말해서 똑바로 선 자세로 묻혔다. "가로 2피트(약 61센티미터)와 세로 6피트(약 183센티미터)는 제게 너무 과분합니다. 저는 가로세로 2피트의 공간이면 충분합니다."

주요장소 주소

세인트 폴 대성당(St Paul's Cathedral), St Paul's Churchyard, EC4M (지하철역: St Paul's)

세인트 던스턴 성당(St Dunstan in the West), Fleet Street, EC4A (지하철역: Chancery Lane, Temple)

링컨 법학원 부속 예배당(Lincoln's Inn Chapel), Treasury Office, WC2A (지하철역: Chancery Lane)

번힐 필즈(Bunhill Fields), 38 City Road, EC1Y (지하철역: Old Street)

웨스트민스터 사원(Westminster Abbey), 20 Dean's Yard, London SW1P (지하철역: St James's Park, Westminster)

추천 도서

존 던, 《던 시선(Poems)》

그레이엄 그린, 《사랑의 종말(The End of the Affair)》

존 밀턴, 《실낙원》

에벌린 워, 《한 줌의 먼지(A Handful of Dust: Brideshead Revisited)》

4

신비주의자와 마법사들

Mystics and Magicians

작가들은 새로운 삶을 만들어내고, 과거와 미래를 들여다보며, 스스로 불멸의 존재가 되려고 하고, 독자들에게 미지의 마법을 부린다. 그렇다 보니 많은 작가들이 신앙심이 깊을 뿐 아니라 신비주의에 끌리고 집착하는 것은 새삼스러울 게 없다. 그러나 런던의 여러 명사들은 그 정도가 조금 심해서 작품 속 세상 못지않게 하늘에서도 많은 것들을 보기 시작했다.

그중에서도 존 디(John Dee, 1527-1608)는 유난히 특이했다. 그는 엘리자베스 1세 여왕의 궁정에서 신비스러운 마법사로 일하면서 여왕에게 점성술과 관련된 사안에 대해 조언을 했으며 여왕의 대관식 날짜까지 1559년 1월 15일로 잡아줬다.

그전까지 디는 망명자로 몇 년 동안 고초를 겪었다. 그는 1553년에 메리 1세에게 '마법으로' 여왕을 죽이려 한다는 혐의를 받고 나서 런던을 떠나 있었다(메리 1세는 잠시 동안 그를 햄프턴 코트의 감옥에 가뒀다). 디는 런던으로 돌아오자마자 런던의 남서쪽, 리치먼드 근방의 모트레이크(Mortlake)에 터전을 마련했다. 그리고 그곳에서 유럽 최대

규모로 알려지게 될 장서를 수집하였다. 그는 또한 직접 마흔아홉 권에 달하는 저서를 집필했는데 대부분이 기이하고 복잡한 내용의 책들이었다. 예를 들면, 1564년에 한 '상형문자'를 주제로 《상형문자 단자(Monas Hieroglyphica)》를 썼는데, 이 상형문자는 디가 만물의 신비적인 단일성을 설명하기 위해 내세웠던 기호였다(그래서 몇 안 되는 독자들마저 읽는 내내 도저히 그 내용을 이해하지 못했다). 그나마 좀 더 이해하기 쉬운 책은 《완벽한 항해술에 관한 일반적이고 희귀한 기록(General and Rare Memorials Pertayning to the perfect Arte of Navigation)》이다. 디는 이 책에서 해양제국의 포부를 밝히고 신세계에 대한 영국의 영토권을 주장했다. 역사가 증명하듯 이와 같은 야망은 현실이 되었지만 디는 보상을 받지 못했다. 그가 사망한 1609년 무렵에는 엘리자베스 여왕도 세상을 뜬 상태였고 디 자신도 왕실의 총애를 잃고 물러나 있었기 때문이다. 디는 모트레이크로 돌아와 세상 사람들에게 잊힌 채 먹고살기 위해 보물 같은 책들을 내다팔 정도로 가난하게 살았다.

진지한 신비주의자에 걸맞게 디의 내세는 현세만큼이나 아주 강렬했다. (셰익스피어의) 《템페스트(The Tempest)》에 등장하는 프로스페로(Prospero)의 모델이 존 디였다는 몇 가지 증거가 있으며 제임스 본드가 코드넘버 007을 갖게 된 것 또한 디 덕분이다. (플레밍이 《카지노 로열》을 쓰기 시작했을 때 디 관련 기록을 읽던 중이었다. 그런데 그 기록에 따르면, 엘리자베스 여왕이 서면으로 디와 연락할 때 그를 '007'로 지칭했다고 한다.) 그 이후로도 디는 수많은 소설에 등장했다. 그중에서도 마이클 스콧(Michael Scott)의 《불사신 니콜러스 플라멜(The Secrets of the Immortal Nicholas Flamel)》과 존 크롤리(John Crowley)의 《이집트(Egypt)》, 피터 애크로이드(Peter Ackroyd)의 《디 박사의 집(The House of Doctor Dee)》등을 꼽을 수 있는데, 애크로이드의 소설에서 디 박사의 집은 클러켄웰의 클록 레인(Cloak Lane)에 있다.

디가 말년에 가장 집착했던 일 중 하나는 우주만물의 공용어를 익히기 위해 천사 및 악마와 교감하는 것이었다. 그가 공용어를 받아 적는 데는 성공하지 못했지만 그와 같은 발상은 오래도록 이어졌다. 일례로, 1743년에 에마뉴엘 스베덴보리(Emmanuel Swedenborg, 1688-1772)는 플릿 스트리트와 조금 떨어진 솔즈베리 코트의 숙소에서 나와 바로 모퉁이를 돌자마자 보이는 어느 술집에 들어가 별실에서 저녁 식사를 하고 있었다. 그런데 한참 식사를 하던 그는 어느 순간 그 방에 개구리와 뱀이 우글거리고 있으며 식사를 하고 있는 사람이 또 있다는 것을 알아챘다. 더구나 함께 밥을 먹고 있던 그 신사는 근엄한 목소리로 그에게 너무 많이 먹지 말라는 말까지 했다. 놀란 스베덴보리가 서둘러 숙소로 돌아오자 그곳에 또 다시 그 남자가 나타나서 자신이 사실은 예수라고 말했다. 그때부터 스베덴보리는 과학(고향인 스웨덴에서 그는 유명한 공학도였다)을 버리고 날개 달린 천사들과 나눈 대화를 주제로 여러 권에 달하는 저서를 쓰기 시작했다.

이후 스베덴보리의 책은 윌리엄 블레이크(William Blake, 1757-1827)라는 청년에게 영감을 주었다. 블레이크는 1757년 11월 28일에 런던의 고스트 클럽(Ghost Club)은 (《호각을 불면 자네를 찾아가겠네, 그대여(Oh, Whistle, and I'll Come to You, My Lad)》 같은 초자연적인 고전물의 저자인) 몬터규 로즈 제임스(M. R. James)가 주도했던 케임브리지 모임에서 출발했다. 이후 활동무대를 런던으로 옮긴 이 모임은 메이페어의 저민 스트리트에 있는 메종 쥘르 레스토랑(Maison Jules Restaurant)에서 저녁을 먹으며 토론을 벌이는 클럽으로 발전했다. 아서 코난 도일, 찰스 디킨스, 예이츠, 앨저넌 블랙우드, 그리고 시그프리드 서순 같은 회원들은 초자연적 현상을 주제로 진솔한 토론을 벌였다. 지금도 활동하고 있는 이 동호회는 마블 아치 근처의 빅토리 서비시즈 클럽(Victory Services Club)에서 매달 모임을 갖고 있다. (매년 11월 2일에는 현존하는 회원뿐만 아니라 고인이 된 이들까지 모든 회원들의 이름을 부른다. 일단 이 클럽에 가입하고 나면 저세상 사람이 된다고 해도 문제될 게 없다. 여전히 이 클럽의 회원일 테니까 말이다. 고인이 된 회원들은 단지 불참자로 표시될 뿐이다.)

소호의 브로드 스트리트(현재의 브로드윅 스트리트) 28번지에서 태어났다. 그리고 어릴 때부터 반국교회 성향이 강한 그 지역의 종교에 깊이 빠져 있었다(블레이크의 부모는 모라비아교 신자였다고 한다-옮긴이). 블레이크의 타고난 반항기 탓에 집에서 훈육하기 어려워지자 그의 부모는 블레이크를 스트랜드에 있는 파스 드로잉 스쿨(Par's Drawing School)로 보내버렸다. 그곳에서 4년을 지낸 블레이크는 이후 그레이트 퀸 스트리트 스트랜드에서 판화가 제임스 바자이어(James Basire) 밑에서 7년 동안 견습생 생활을 했다. 블레이크는 로열 아카데미에서 공부하기 위해 바자이어를 떠난 후부터 스베덴보리처럼 환영을 보는 것뿐만 아니라 적극적으로 관계를 맺는 습관을 길렀다. 그는 천사들과 이야기를 나누기 시작했으며 램버스의 허큘리즈 로드(Hercules Road)에 있는 자신의 집 정원에서 아내와 함께 알몸 상태로 앉아《실낙원》의 구절을 낭송했다. 그리고 집을 찾은 손님들에게 항상 '이리 와서 아담과 이브를 만나보라'고 청하곤 했다.

나는 인가받은 거리들을 헤맨다,
그 근처로 인가받은 템스 강이 흐른다.
만나는 모든 얼굴에서 나는 눈여겨본다,
나약함의 흔적을, 슬픔의 자국을.

윌리엄 블레이크, 〈런던(London)〉 중에서

블레이크는 사우스 몰튼 스트리트 17번지(17 South Molton Street)에서도 잠깐 살았다. 이곳에 살 때 그는 자신이 체험한 환영과 천사들과의 대화에 영감을 받아 시를 쓰고 시화를 그렸다. 그중 몇몇 작품을 조지 2세에게 보여줬지만 별다른 감흥을 받지 못한 조지 2세는 즉시 치우라고 명했다. 1809년에 블레이크는 소호의 브로드 스트리트에 위치한 형의 양말가게에서 처음이자 마지막 전시회를 열었다. 당시 〈이그재미너(Examiner)〉에 실린 비평가 로버트 헌트(Robert Hunt)의 비평을 보면 그 역시 조지 2세의 견해와 같았던 것 같다. 헌트는 블레이크의 그림들이 '한 미치광이의 분출물'에 지나지 않으며 이 화가는 '지독한 허무를 겪고 있는……불온한 정신병자'라고 결론지었다. 작품은 하나도 팔리지 않았다. 후대는 좀 더 너그러웠다. 블레이크와 직접 교감하길 원하는 이들은 웨스트민스터 사원에 있는 그의 흉상을 볼 수 있으며, 허큘리즈 로드에 있는 윌리엄 블레이크 주택단지(William Blake estate)를 방문하거나 그가 런던에서 지냈던 여덟 곳의 거처 가운데 유일하게 남아 있는 사우스몰튼 스트리트(South Molton Street)의 집을 둘러볼 수 있다. 또한 킹스 크로스의 브리티시 라이브러리에 가면 블레이크의 시 〈런던〉의 최초의 초고 가운데 일부를 볼 수 있다.

19세기 후반에도 존 디는 황금 여명회(Hermetic Order of the Golden Dawn)라는 이름의 단체에 영향을 주었다. 이 단체는 특히 세인트 제임스 스트리트 86번지에 있는 마크 메이슨 홀(Mark Mason's Hall)에 신전을 세우고 헤르메스 신과 교신을 시도했다. 위험해 보이지 않는 요즘과 달리 당시의 마크 메이슨 홀은 런던의 지하 '마법' 집결지였다. 황금 여명회의 은밀한 의식에 정기적으로 참석했던 유명 인사들 중에는 시인 예이츠(W. B. Yeats, 1865-1939)도 있었다. 그는 근처 블룸스버리의 유스턴 스퀘어 5번지(5 Euston Square)에 살면서 인근 동네를 오갈 때 팔을 미친 듯이 흔들며 걸어 다녀 이웃들을 불안에 떨게 했다. 그런 행동은 예이츠가 뮤즈들과 교감하기 위한 묘책이었다. 실제로 《초록투구(The Green Helmet)》와 《갈대밭의 바람(The Wind among the Reeds)》을 비롯해 그의 가장 유명한 시들 중 일부는 그렇게 교감을 나

피터 애크로이드의 별

피터 애크로이드는 《디 박사의 집》에서 완성한 재주를 《호크스무어(Hawksmoor)》에서 다시 한 번 선보인다. 런던의 건축물을 신비롭게 파헤친 이 작품에서 애크로이드는 허구와 신비주의와 건축물을 버무려 환상적인 결말을 끌어낸다.

애크로이드는 (실존인물인 런던의 건축가 니콜러스 호크스무어를 모델로 삼은 등장인물) 니콜러스 다이어를 뒤쫓는다. 광신파라는 비밀 종파 소속의 다이어는 런던 곳곳에 교회를 건설하면서 제물을 바치는 범죄를 저지른다. 다이어는 이 교회들이 플레아데스 성단을 본뜬 무늬로 배열되어 있어서 거대한 부적을 만들어낸다고 생각한다……그런데 실제로도 이들 교회는 그런 모양으로 배열돼 있다. 지도에서 크라이스트 처치(Christ Church), 스피탈필즈(Spitalfields), 블룸스버리의 세인트 조지(St George's), 세인트 메리 울노스(St Mary Woolnoth), 런던 동부의 세인트 앤즈 라임하우스(St Anne's Limehouse), 세인트 알페지 처치(St Alfege Church), 그리니치 천문대(Greenwich)를 보라.

이 교회들은 또한 하나같이 매우 아름다워서 충분히 가볼 만하다. 물론 시체를 찾겠다고 교회 바닥을 파는 일은 삼가야 할 테지만 말이다. 애크로이드가 제시한 일곱 번째 교회, 리틀 세인트 휴(Little St Hugh)는 소설 속에만 있는 교회이므로 열혈독자라도 찾아내지 못할 것이다.

누는 동안 구상한 것들이다. (유스턴 스퀘어 5번지는 예이츠 팬들에게도 뜻깊은 곳이다. 1917년에 예이츠가 그곳을 떠나고 나서 그의 필생의 사랑이었던 모드 곤(Maud Gonne)이 이사 왔기 때문이다.)

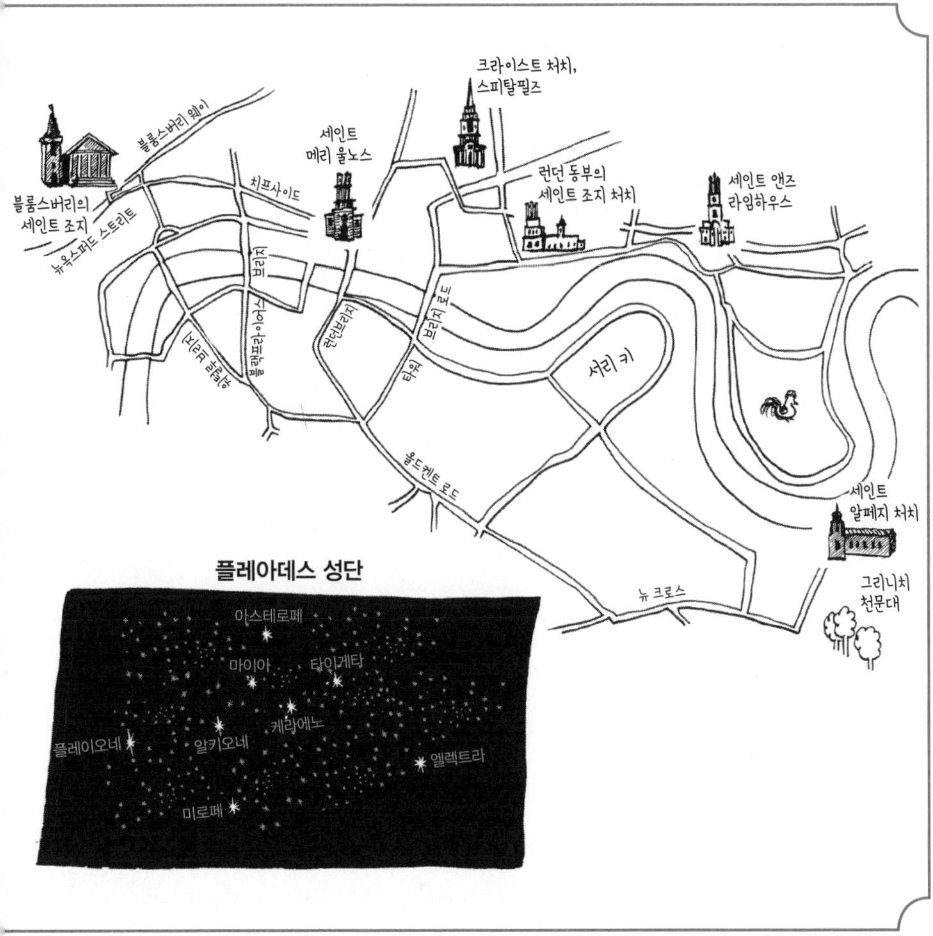

알레스터 크롤리(Aleister Crowley, 1875-1947) 또한 마크 메이슨 홀의 황금 여명회에 입회했다. 황금 여명회는 단체의 비밀을 발설하는 이들에게 죽음뿐이라는 섬뜩한 경고를 했다. 하지만 《어느 마약 중독자의 일기(Diary of a Drug Fiend)》 같은 깜짝 놀랄 만한 내용의 책뿐만 아니라 《속임수 교본(Book of Lies)》 같은 유명한 마법서를 집필한) 크롤리는 그곳에서 치르는 의식들을 모두에게 말하는 데서 그치지 않고, 그 의식들을 그대로 베껴서 챈서리 레인 67~69번지에 있는 본인의 호화로운 아파트에 직접 종교단체를 차렸다. 크롤리는 방 하나를 거울로 도배하고 또 다른 방에는 인간의 해골을 넣어두고 피와 죽은 참새들을 바치는 등 자신의 집을 신전처럼 꾸몄다. 그리고 그곳에 콕 박혀서 엄청난 양의 마약을 복용하고 악마를 불러내려고 했다. 그런 의식은 1889년에 스코틀랜드의 볼스킨(Boleskine)으로 이사하고 싶은 생각이 들어 런던을 떠나는 날까지 계속됐다.

갈수록 과학과 이성이 득세하면서 천사가 나타나는 일은 점점 희박해졌다. 그러나 19세기 말과 20세기 초반, 특히 1차 세계대전의 공포가 휩쓸고 간 뒤 마지막으로 심령술이 반짝 인기를 끌었다. 이와 관련된 가장 비극적인 사연의 주인공 중 한 사람이 아서 코난 도일(Arthur Conan Doyle)이다. 그는 1차 세계대전이 끝나갈 무렵에 아들 킹슬리를 잃은 뒤 점차 심령술에 관심을 갖기 시작했다. 전국심령술사조합에 가입한 코난 도일은 블룸스버리에 위치한 마술사 셀빗(P. T. Selbit)의 집을 비롯해 런던 일대에서 열리는 교령회(살아 있는 이들이 죽은 이의 혼령과 교신을 시도하는 모임-옮긴이)에 참석했다. 그와 같은 심령술사들의 상당수가 결국 사기꾼으로 드러난 데다 일부는 직접 사기였다고 실토하기까지 했는데도, 코난 도일은 심령술을 부정하는 어떤 말도 믿으려

하지 않았다. 사후세계에 과도하게 집착했던 그는 심령술을 너무나 진지하게 믿은 나머지 《안개의 땅(The Land of Mist)》이라는 중편소설까지 썼다. 도일은 또한 본인이 죽은 후에 교령회를 열어 달라고 부탁했다. 그러면서 교령회를 통해 돌아와서 그동안 의심했던 이들이 틀렸다는 것을 멋지게 증명해 보이겠노라고 장담했다고 한다. 이에 그가 사망한 직후인 1930년 6월에 로열 앨버트 홀에서 교령회가 열렸다. 코난

1900년경, 황금 여명회는 중심가에 가까웠던 세인트 제임스 스트리트를 떠나 켄싱턴의 블라이드 로드 36번지(36 Blythe Road)로 옮겨갔다. 이곳에서 4월 9일에 알레스터 크롤리와 예이츠의 '마법 전투'가 벌어졌다. 팔팔한 크롤리가 검은 가면을 쓰고 여명회 사무실로 뛰어 들어와 여명회를 접수하겠노라고 소리치면서 포문을 열었다. 크롤리는 계속해서 사무실에 있던 사람들에게 주문과 마법을 걸었다. 그때 마침 사무실로 들어서던 예이츠가 그만의 주문으로 반격하지 않았다면 그 자리에 있던 모든 사람들은 분명 행방불명이 되고 말았을 것이다. 예이츠의 마법은 아주 강력해서 런던경찰청 경찰대가 도착할 때까지 크롤리를 제압할 수 있었다. 하지만 예이츠의 승리감은 오래가지 못했다. 황금 여명회의 수장이 공식적으로 재빠르게 크롤리를 사면해 준 데다 정작 예이츠 자신은 쫓겨나고 말았기 때문이다. 더구나 예이츠는 몇 년 동안 크롤리를 두려워하며 살아야 했다. 크롤리는 핀을 꽂아 괴롭힐 작정으로 직접 예이츠의 밀랍인형을 만들기에 바빴다. 또한 예이츠를 '심각한 불구로 만들거나 가급적 도륙'하기 위해 하루에 8실링의 비용을 내면서까지 램버스 지역의 갱단을 고용했다(아니, 고용했다고 예이츠는 확신했다).

도일을 위해 비워둔 의자에는 '아서 코난 도일 경'이라고 쓴 카드가 놓여 있었다. 애석하게도, 그가 그 의자에 앉는 것을 본 사람은 없었다.

주요장소 주소

로열 아카데미(Royal Academy), Burlington House, Piccadilly, W1J (지하철역: Piccadilly)

사우스몰튼 스트리트 17번지(17 South Molton Street), London, W1 (지하철역: Bond Street)

브리티시 라이브러리(British Library), 96 Euston Road, NW1 (지하철역: King's Cross)

마크 메이슨 홀(Mark Mason's Hall), 86 St James's Street, SW1A (지하철역: Piccadilly)

로열 앨버트 홀(Royal Albert Hall), Kensington Gore, SW7 (지하철역: South Kensington)

추천도서

피터 애크로이드, 《디 박사의 집》, 《호크스무어(국내 번역된 작품의 제목은 '혹스무어'-옮긴이)》, 《블레이크》

윌리엄 블레이크, 《시화집; 경험의 노래(The Complete Illuminated Works; Songs of Experience)》

윌리엄 버틀러 예이츠, 《자서전(Autobiography)》

5

일기작가와
사전편찬자들

Diarists and Lexicographers

새뮤얼 존슨 박사의 명언을 언급하지 않고는 런던을 주제로 한 제대로 된 책을 완성했다고는 하지 못할 것이다. "런던이 지겨운 사람은 인생이 지겨워진 사람이다."

존슨은 런던이 작가에게 좋은 도시가 아닐뿐더러 괜찮은 글감도 아니라는 것을 알았다. 그래서 런던을 다룬 양서들의 상당수는 비소설 분야다. 여기저기서 하도 많은 일들이 벌어지기 때문에 이야기를 지어낼 필요가 없기 때문이다. 이에 따라 런던에서 일기작가, 사전편찬자, 전기 작가, 심리지리학자들이 많이 배출됐다.

그중에서도 최고로 꼽히는 이들 가운데 하나가 헨리 8세(Henry VIII, 1491-1547)의 아들, 소년 왕 에드워드 6세(Edward VI, 1537-53)다. 에드워드는 잉글랜드의 왕위에 오른 뒤인 겨우 열세 살의 나이에 일기를 쓰기 시작했다. 그는 틈틈이 햄프턴 코트 궁전을 방문하는 국빈들을 챙기는 와중에도 런던 인근에서 일어나는 사건들을 기록했다. 에드워드 6세는 곰 놀리기 쇼를 보러 다녔고 '터무니없이 비싼 물가' 때문에 일어난 폭동을 직접 목격하기도 했다. 그가 기록한 1551년 7월 10

일자 일기의 내용은 다음과 같다. "이번에 런던을 덮친 발한병은 지난 번 것보다 독하다. 감기에 걸린 사람은 3시간도 못 가 죽고 감기에 걸리지 않은 사람도 9시간이나 기껏해야 10시간 정도 명줄이 붙어 있을 뿐이다." 당시 에드워드는 발한병에 걸리지 않았지만 그의 일기는 오래 이어지지 못했다. 1553년에 열여섯 살의 나이로 사망할 때까지 에드워드 6세가 기록한 일기는 68장에 불과했다(세인트 판크라스 근처에 있는) 브리티시 라이브러리에 가면 그의 일기를 볼 수 있다. 그의 사인과 관련해 결핵 때문이라는 설과 독약을 마셨다는 설이 있다.

에드워드가 사망할 무렵은 일기의 인기가 한창 높아지고 있는 때였다. 일례로 헨리 마친(Henry Machyn, 1498-1563)이라는 장의사는 웨스트민스터 사원에서 열린 어린 군주의 장례식에 참석한 뒤 일기에 다음과 같이 썼다. "그분이 돌아가시고 나서 가장 구슬프고 애달픈 순간은 그분을 묻을 때였다."

1550년부터 일기를 쓰기 시작한 마친은 런던 곳곳에서 벌어진 수많은 재판과 교수형과 사건들을 꾸준하게 기록해나갔다. 그중에는 시장의 날 행사(Lord Mayor's Show)를 최초로 기술한 것과 엘리자베스 1세의 대관식을 살짝 엿본 소감도 있다. 특히 마친은 런던 사람들이 붉은색 벨벳 옷을 입은 엘리자베스 여왕이 신하들에 둘러싸여 치프사이드에서 런던탑까지 행진할 때 도시 전체가 '흥겹게 놀았다'고 썼다.

엘리자베스 1세 시대의 런던을 지도에 담은 존 스토(John Stow, 1524-1605) 또한 빼놓을 수 없는 인물이다. 그는 1598년작 《런던 실측도(Survey of London)》에서 술집과 거리 이름뿐만 아니라 부두와 항구를 습격한 해적들의 이야기를 포함해 런던 생활을 유쾌하고 다채롭게 담아냈다. 하지만 지금까지 대다수 사람들이 재밌게 읽고 있는 초창기 일기를 꼽으라면 단연 새뮤얼 피프스(Samuel Pepys, 1633-1703)의 일기다. 그의 일기가 오랫동안 사랑받는 데에는 그가 살았던 시대가 흥미진진했던 데다 찰스 2세의 왕정복고시대와 논란이 많았던 제임스 2세의 집권기에 그가 정부의 핵심인사로 일했다는 사실이 일정부분 작용했다. 그렇다고 그의 일기가 단순히 재밌기만 한 것도 아니다. 피프스는 (암호로 썼기 때문에 자신의 일기를 결코 읽지 못할 것이라고 생각해서) 아무런 여과 없이 화려한 문체로 런던 생활을 기록했다.

잘 알려졌다시피, 그는 흑사병의 공포와 1666년 9월 2일에 발생한 런던 대화재의 참상을 목격했다. 피프스는 타워 힐 근처의 시딩 레인(Seething Lane)에서 창문으로 초기 단계였던 화재를 목격했지만 다

언젠가 뱅크사이드에 가게 된다면 파크 스트리트 34번지(34 Park Street)에 있는 앵커(The Anchor)에 가보라. 셰익스피어가 자주 찾던 술집 중 하나이며 피프스가 런던 대화재를 목격했던 장소 중 한 곳이다. 또한 새뮤얼 존슨이 이 술집의 별실에서 《영어사전(A Dictionary of the English Language)》의 상당 부분을 집필했는데, 당시 이 술집의 주인은 존슨의 친구인 헨리 스레일(Henry Thrale)이었다.

시 잠을 청했을 정도로 처음에는 심각하게 생각하지 않았다.

그런데 피프스만 그렇게 생각한 게 아니었다. 당시 런던 시장이었던 토머스 블러드워스 경(Sir Thomas Bloodworth, 1620-82)도 똑같은 불길을 보고 '쳇, 여편네 오줌 한 번이면 꺼지겠다!'라고 말했다. 그러나 30일도 지나지 않아 400에이커(약 160만 제곱미터)에 달하는 건물들이 소실되었다. 피프스가 나중에 런던 대화재를 가리켜 '끝이 보이지 않는 광포함'이라고 했는데 정말이지 딱 맞는 표현이다.

[나는 서둘러] 세인트 폴 대성당으로 갔다. 그리고 그곳에서 될 수 있는 한 담담하게 와틀링 스트리트를 따라 걸어내려 갔다. 사람들은 저마다 건져낸 물건들을 이고지고 몸을 피했으며 여기저기서 다친 사람들이 들것에 실려 갔다. 진귀한 물건들은 수레에 싣거나 등에 지고 날랐다. 마침내 캐논 스트리트에서 시장을 만났다. 목에 [손수건을] 두른 그는 지친 것 같았다. 전하의 전갈을 전하자 그는 기절하기 직전의 여인네처럼 울부짖었다. "아이고, 나더러 어쩌란 겁니까? 나도 지쳤습니다. 사람들이 이제 내 말은

듣지도 않을 겁니다. 계속해서 집을 허물고 있지만 우리가 손 쓸 수 없을 정도로 불길이 빠르게 덮쳐온답니다."

새뮤얼 피프스, 《일기》

피프스 자신도 추태를 일삼았다. 그의 일기에 나오는 가장 못된 짓거리 중 하나는 플릿 스트리트의 세인트 던스턴 교회에서 벌어졌다. 피프스는 설교 시간에 '예쁘장한 아가씨'의 손과 '몸통'을 잡으려고 '힘을 썼다'고 기록했다. 다행히도 그 아가씨는 호주머니에 들어 있던 핀으로 그의 추행을 물리쳤다.

피프스가 떠나고 1세기 가량 흐른 뒤, 그만큼이나 런던의 여성들을 잘 알고 싶어 하는 스코틀랜드 청년이 나타났다. 제임스 보즈웰(James Boswell)은 1762년에 런던에 도착한 뒤 얼마 지나지 않아 일기에 이렇게 적었다. "주변에 각양각색의 자유분방한 아가씨들이 수없이 많은데도 런던에 와서 몇 주째 그 좋은 섹스를 즐기지 못했다고 생각하니 신기할 따름이다."

이 내용분은 없어졌다가 1920년대에 더블린 성에서 다시 발견되었다. 사실 학자들은 보즈웰의 다른 수많은 일기 내용 중에서도 특히 웨스트민스터 브리지(Westminster Bridge)라는 '숭고한 건축물' 위에서 창녀들과 관계를 맺고 그곳에서 '성병 씨(signor gonorrhea)'를 만난 이야기(보즈웰은 화려한 성생활로 수차례 성병에 걸렸는데 실제로 자신의 일기에 성병이 걸렸다는 말을 '성병 씨를 만났다'고 표현했다-옮긴이)'를 발견하고 깜짝 놀랐다.

보즈웰이 런던의 유명 인사 중에서 성병 씨만 만났던 것은 아니다. 1763년 5월 16일에 보즈웰은 러셀 스트리트 8번지(8 Russell Street)에 있는 데이비스 서점에서 시인이자 사전편찬자이며 재주꾼인 새뮤얼 존슨을 처음으로 만났다. 그러나 시작은 그다지 훈훈하지 않았다. 전설처럼 내려오는 이야기에 따르면, 보즈웰이 먼저 '스코틀랜드 출신인 건 제가 어쩔 수 없는 거랍니다' 라고 말했다. 그러자 존슨이 이

존 에벌린(John Evelyn, 1620–1706)은 피프스와 동시대 일기 작가였다. 그는 성인이 된 후 대부분을 세이즈 코트(Sayes Court)의 뎃퍼드에서 살았다. 그곳에서 바로 길 하나만 내려오면 말로가 피살된 곳(1장 참조)이었다. 에벌린은 흑사병의 창궐과 런던 대화재에 이르기까지 17세기에 런던에서 일어난 중요한 사건들을 담은 여러 권의 일기를 썼다. 또한 수천 명의 사람들이 구경하러 모여들 정도로 유명한 정원을 만들었다. 20세기까지 살아남았던 이 정원은 2차 세계대전과 도시 개발이라는 이중 재난에 결국 파괴되고 말았다. 이 일이 중요한 도화선이 되어 내셔널트러스트(National Trust, 무분별한 개발과 자연훼손을 막기 위해 시민이 주도하여 보존 가치가 있는 자연유산과 문화유적을 소유하고 관리하는 단체–옮긴이)가 결성되었다.

에벌린은 사실 런던을 그다지 좋아하지 않았다. "기침병과 폐결핵이 퍼진 규모로는 전 세계를 합쳐도 이 한 도시를 못 당한다."

그는 또한 새뮤얼 피프스보다 훨씬 더 행실이 발랐다. 아마 그래서 피프스만큼 유명해지지 않은 모양이다.

렇게 대답했다. "당신네 동포들은 대다수가 그걸 어쩔 수 없어 하더군요."(서점 주인이 보즈웰을 존슨에게 소개시키기 전에 존슨이 스코틀랜드 사람을 경멸한다는 것을 알고 있던 보즈웰이 출신을 밝히지 말아달라고 부탁했지만 서점 주인은 그의 말을 무시하고 스코틀랜드 사람이라고 바로 말해버린 상황에서 오고 간 대화다-옮긴이)

이럼에도 두 사람은 죽이 잘 맞았다. 보즈웰은 이너 템플 레인 1번지(1 Inner Temple Lane, 존슨이 현재 존슨 생가 박물관이 있는 고프 스퀘어 17번지[17 Gough Square]를 떠난 뒤 얼마 지나지 않아 이사 들어간 곳이다)에 위치한 존슨의 집을 자주 드나들게 되었다. 보즈웰은 감탄어린 당시의 소감을 이렇게 적었다. "존슨은 진짜 문학인답게 아주 근엄하고 대단히 지저분하게 산다."

이후 존슨과 알고 지낸 21년 동안 보즈웰은 한결같이 부지런한 일기작가로 살아갔다. 그리고 그렇게 꾸준히 기록해둔 내용들을 바탕으로 존슨의 유명한 전기를 완성해 1791년에 출간한 뒤 내내 호평을 받았다. 하지만 이런 성공에도 보즈웰의 말년은 곤궁했다. 존슨의 전기가 출간되기 1년 전에 그레이트 포틀런드 스트리트 122번지에 자리한 자신의 집 근처에서 큰 소란을 피워 투옥됐다. 보즈웰은 당시 야경꾼에게 시간을 가르쳐주려고 했을 뿐이라고 항변했지만 소용없었다. 그는 또한 성병에 시달린 데다 아내를 비롯해 그동안 그가 삶을 기록해왔던 이들의 대다수가 사망했다. 일찍이 강제노역에 반대했던 보즈웰이지만 실망스럽게도, 1795년에 사망하기 전에 그가 마지막으로 출간한 작품은 즐겁게 일하는 '한 무리의 유쾌한' 노예들을 그린 시였다.

> "이보게, 이 도시의 위대함을 알고 싶다면 큰 도로와 광장을 보는 것만으로는 성이 안찰 테니 헤아릴 수 없이 많은 샛길과 골목들을 살펴봐야 한다네. 런던의 경이로운 방대함은 건물들의 현란한 변화무쌍함이 아니라 떼 지어 모여 있는 거주지들의 다채로움에서 나오기 때문이라네."
>
> 보즈웰의 《새뮤얼 존슨의 생애》에서 발췌한 새뮤얼 존슨의 말

존슨의 단어 정의

Dull(지루한): 신나지 않은; 즐겁지 않은; 예) 사전을 만드는 것은 지루한(dull) 작업이다.

Kickshaw(별미): 요리법에 의해 많이 바뀌어서 거의 처음 맛보는 것 같은 요리

Lexicographer(사전편찬자): 사전 저술가; 어원을 찾아서 단어의 의미를 자세히 설명하기 위해 악착스럽게 일하는 악의 없는 사람

Oats(귀리): 잉글랜드에서는 일반적으로 말에게 먹이지만 스코틀랜드에서는 사람들의 식량으로 쓰이는 곡물

Patron(후원자): 지지해주고 지원하거나 보호해주는 사람. 대체로 거만하게 지원해주고 아첨으로 보상받는 가련한 사람.

To worm(기생충을 없애다): 개의 혀 밑에 있는 정체 모를 어떤 것을 없애다. 왜 그런지는 아무도 모르지만 이렇게 하면 개가 발광하지 않는다고 한다.

이후 등장한 유명한 일기작가는 누구처럼 웨스트민스터 브리지 위에서 말썽을 부리는 부류가 아니었다. 빅토리아 여왕(Queen Victoria, 1819-1901)은 60년의 재위기간 동안 거의 내내 일기를 써서 서거할 무렵에 일기장은 100권이 넘었다. 그런데 솔직히 대부분의 내용이 따분하기 때문에 이들 일기는 거의 읽히지 않는다. 하지만 일부나마 여왕 가족의 생활상, 친척들이 발병할까 걱정하는 여왕의 속내, 여왕의 일상, 런던에 새롭게 펴지고 있는 여성 참정권 운동에 대한 불쾌감('정신 나간 사악한 짓거리) 등을 다룬 내용 등은 굉장히 흥미롭다. 본인의 대관식을 서술한 내용이나 수정궁에서 열린 만국박람회 관람기처럼 눈에 확 띄는 몇몇 부분은 훨씬 더 재밌다. 그러나 애석하게도, 날씨 타령 또한 끝없이 이어진다.

장수한 빅토리아 여왕과 달리 비극적일 정도로 단명한 일기작가가 있었으니 바로 브루스 프레더릭 커밍스(Bruce Frederick Cummings, 1889-1919)다. 런던에 살던 이 젊디젊은 친구는 다발성경화증에 걸렸다는 것을 알고 런던을 담은 가장 빼어난 일기 중 하나인《어느 실망한 남자의 일기(The Journal of a Disappointed Man)》를 출간하기로 결심한 뒤 윌헬름 네로 파일럿 바벨리온(Wilhelm Nero Pilate Barbellion)이라는 필명을 썼다.

바벨리온은 1차 세계대전이 터지고 얼마 지나지 않아 모병 사무소에서 복무 부적합 판정을 받고 나서야 발병 사실을 알았다. 그는 늘 하던 대로 선선히 자연사박물관에 취직했다. 그리고 일기에는 이렇게 적었다. "물론 마음이 몹시 상해서 애써 아무렇지 않은 척 일기를 쓰고 있지만, 자연사박물관에 나가게 된 것만큼은 아주 뿌듯하다." 바빌리온은 그렇게 위트와 유머를 잃지 않고 애달플 정도로 자신의 병을 담담히 받아들이며 직장생활과 글쓰기를 병행하다가 1919년에 생을 마감했다. 그의 마지막 일기에는 '자기혐오'가 배어 있다. 하지만 후대의 독자들이 그에게 느끼는 감정은 정반대다.

> "내가 죽으면, 당신들은 나를 삶고, 태우고, 수장시키고, 흩뿌릴 수 있다. 하지만 나를 파괴할 수는 없다. 내 작은 원자들은 그런 가혹한 앙갚음을 그저 비웃을 것이다. 죽음은 단지 목숨만 빼앗을 수 있을 뿐이다."
>
> 바빌리온

1차 세계대전 당시 후방에는 뛰어난 여성 일기작가들 또한 많았다. 핼리 마일즈(Hallie Miles, 1868-1948)는 《전시 런던의 숨은 일화들(Untold Tales of Wartime London)》에 1915년 1차 대공습 때의 일들을 기록했다(또한 고기배급량 제한 조치 덕분에 그 지역 보헤미안들에게 인기가 있는 코번트 가든 근처의 샨도스 플레이스(Chandos Place)에서 선구적인 채식 식당을 운영했던 일과 관련된 흥미로운 내용도 담았다). 한편, 베라 브리튼(Vera Brittain, 1893-1970)은 캠버웰(Camberwell)의 런던제일종합병원(1st London General Hospital)에서 근무하면서 일지를 기록했다. 그 일지들은 후에《청춘의 연대기(Chronicle of Youth)》라는 이름으로 출간되었고 그 내용을 바탕으로 그녀는 잃어버린 세대를 위한 비가《청춘의 증언(Testament of Youth)》을 완성했다.

같은 전쟁 기간에 버지니아 울프는 근심 가득한 긴 일기를 쓰기 시작했다. 첫 장은 1915년 1월 1일자 일기였다. 당시 그녀는 리치몬드에 살고 있었고 블룸스버리 그룹도 잘 돌아갔다. 1920년 3월에 쓴 어느 일기는 미래의 나이든 자신에게 건네는 인사말로 시작한다. "안녕! 나의 유령. 나는 쉰 살이면 아주 많은 나이가 아니라고 생각한다는 걸 명심해." 2차 대전 중에 쉰아홉 살의 나이로 자살한 여인에게는 비극적인 말이 아닐 수 없다.

2차 세계대전이 끝난 뒤 런던 전역에서 일기작가들이 나타났다. 그중에서도 정치가 토니 벤(Tony Benn, 1925-2014)은 본인이 펼쳤던 연설, 이기고 졌던 논쟁, 그리고 피웠던 파이프 담배까지 꼼꼼하게 기록한 일기들을 연달아 출간했다. 한편, 메릴르본 로드 인근의 팔리 코트에서는 케네스 윌리엄스(Kenneth Williams, 1926-88)가 비정하고 비극적인 생각들과 함께 그가 죽고 나서 세상 사람들이 경악했을 정도로 신랄하게 동료배우들을 비평한 내용까지 기록했다.

전후 수년 동안에도 런던을 담은 새로운 일기들이 화려한 명맥을 이어갔다. 이언 싱클레어(Iain Sinclair, 1943-), 로이 포터(Roy Porter, 1946-2002), 피터 애크로이드(Peter Ackroyd, 1949-), 그리고 윌 셀프(Will Self, 1961~) 같은 작가들은 런던 구석구석을 걸어다니면서 겹겹이 쌓인 역사를 알아가는 것 자체를 하나의 예술 행위로 만들어왔다. 심지어 이언 싱클레어는 런던을 빙 둘러싸고 있는 M5라는 외곽순환고속도로를 터벅터벅 걸어서 여행한 뒤 《런던 외곽순환고속도로(London Orbital)》를 완성했다. 그는 간간이 간이식당에 들러 올데이브렉퍼스트(all-day breakfast, 하루 종일 판매하는 오진메뉴-옮긴이)를 먹으며 쉬엄쉬엄 걸어간 긴 여행을 통해 또 다른 시각으로 런던을 담아냈다.

앨런 베넷(Alan Bennet, 1934-)이 수년 간 런던의 각양각색의 거처에서 쓴 일기들은 이보다 간단하지만 똑같이 유쾌하다. 그가 살았던 캠든 타운(글로스터 크레슨트 23번지)의 집은 유명한 장소가 되었다. 베넷이 1974년부터 1989년까지 그곳에서 사는 동안 '미스 셰퍼드'라는 여인이 그의 집 진입로에 밴을 세워놓고 그 안에서 지냈다. 그는 이 이야기를 주제로 〈레이디 인 더 밴(The Lady in the Van)〉이라는 희곡을 썼고 이 작품은 2016년에 영화로도 제작됐다.

주요장소 주소

패리너스 하우스(Faryners House, 런던 대화재의 발화 장소-옮긴이), Pudding Lane, EC1 (지하철역: Monument)

존슨 박사의 집(Doctor Johnson's House), 17 Gough Square, EC4A (지하철역: Chancery Lane)

보즈웰의 집(Boswell's House), 122 Great Portland Street W1W (지하철역: Warren Street)

추천도서

피터 애크로이드,《런던(London)》

바빌리온,《어느 실망한 남자의 일기(The Journal of a Disappointed Man)》

제임스 보즈웰,《새뮤얼 존슨의 생애》

헬리 마일즈,《전시 런던의 숨은 일화들(Untold Tales of Wartime London)》

로이 포터,《런던(London: A Social History)》

6

가십과 라이벌

Gossips and Rivals

런던은 대대로 좋은 문학적 친교의 장이 돼주었다. 수많은 작가들이 이 도시로 모여들었고, 카페에 옹기종기 모여앉아, 싸구려 와인을 마시며 모종의 계획을 세웠고, 새로운 운동을 생각해 냈으며, 성명서들을 썼다…… 런던은 무수한 학파와 반대학파와 새로운 패러다임의 집합소였다. 또한 런던은 헤아릴 수 없이 많은 이즘(-ism)들을 목격했다. 그리고 이런 이즘의 대부분에 딸려 나온 프리(pre-), 포스트(post-), 안티-포스트(ante-post-), 프리-포스트(pre-post)의 중심점이었다. 심지어 런던은 공연 시인들에게 마음 놓고 연습할 장소가 돼주었다.

이와 같은 조화로움과 자유로운 사상의 교류에는 장점이 많다. 그런데 그 반대의 경우도 마찬가지다. 문학적 경쟁도 똑같이 중요한 영향을 미친다. 수세기 동안 런던의 작가들은 경쟁을 통해 문학에 대한 독기와 절박감을 키우고 피와 살이 되는 독설을 퍼부으며 자신을 채찍질해왔다.

물론, 런던 최고의 라이벌 열전의 주 무대는 결투와 논쟁을 좋아하는 엘리자베스 1세 시대였다. 다음에 누군가 셰익스피어에 대해 열변을 토하거든 로버트 그린(Robert Green, 1558-92)을 잠시 떠올려보라. 질투가 많았던 그린은 동료 극작가이자 이웃의 이른 성공에 어찌나 약이 올랐던지 1592년에 쓴 소책자에서 셰익스피어를 가리켜 '우리의 깃털로 아름답게 꾸미고 벼락출세한 까마귀'라고 했다. 그런데 그게 끝이 아니었다.

> "…… [그는] 자신이 자네들같이 뛰어난 시인들처럼 무운시를 척척 잘 지을 수 있다고 생각한다네. 또한 제딴에는 철저히 팔방미인(Iohannes fac totum)이 되어야만 최고의 배우인 줄 안다네."

여기서 '팔망미인'은 '이것저것 다 할 줄 알지만 뛰어나게 잘 하는 것은 없다'는 뜻으로 썼다(극작가이자 배우로 성공한 셰익스피어를 비꼬는 말-옮긴이).

애석하게도 이와 같은 경쟁관계는 갑자기 끝나버렸다. 이 소책자가 출간되기 전에 그린이 사망했기 때문이다. 셰익스피어에게도 대꾸할 기회가 없었다. 관련 학자인 가브리엘 하비(Gabriel Harvey, 1552-1631)에 따르면, 그린은 '소금에 절인 청어요리와 백포도주' 과다섭취로 고생하다가 브롬리(Bromley)의 베들럼(Bedlam) 묘지에 묻혔다. 어쩌면 셰익스피어가 대응할 틈이 없었던 게 다행인지도 모른다.

1598년에 벤 존슨(1장에서 살펴봤듯 그는 준비된 싸움꾼이었다)은 동료 배우였던 가브리엘 스펜서(Gabriel Spencer, 1578-98)를 격분하게 만들었다. 결국 두 사람은 혹스턴(당시의 이름은 '혹스던[Hogsden]) 필즈에서 결투를 벌였고 가브리엘은 목숨을 잃었다. 벤 존슨은 성직권을 주장해 겨우 사형을 면했다. 사실은 사형을 피하기 위해 성경 구절을 암송하는 법적 꼼수에 지나지 않았다. 그러나 존슨은 재산과 직위를 모두 포기해야 했고 그의 오른쪽 검지에는 낙인이 찍혔다.

그로부터 거의 100년 후에, 로체스터의 백작 존 윌멋(John Wilmot, 1647-80) 또한 문제를 일으키기 시작했다. 그와 같이 온힘을 다해 부지런히, 그리고 그렇게 효과적으로 동료 작가들을 괴롭히기도 힘들 것이다. 윌멋은 《호라티우스 은유(Allusion to Horace)》에서 런던의 거의 모든 시인과 극작가들을 향해 '음란'하고, '성급하고', '느려터지고', '예술성이 전혀 없다'는 표현을 써가며 모욕했다. 특히 당시 계관시인이었던 존 드라이든을 집중적으로 공격했다.

"드라이든의 시로 말할 것 같으면/
훔쳐다 쓴 것이거나, 대구가 안 맞고, 아니, 그보다 대부분 지루하다.
어떤 멍청한 후원자가 이런 내 말을 부인할 만큼
그를 맹목적으로 좋아할까?

윌멋은 또한 이 시의 뒷부분에서 드라이든을 일컬어 '땅딸막한 시인'이라고 써서 드라이든이 발기부전임을 암시하는 등, 거의 400년이 지난 지금도 차마 지면에 담기 어려울 만큼 외설적인 농담을 서슴지 않았다.

드라이든과 윌멋이 한때 친구였던 점에 비춰볼 때 이러한 모욕은 분명 뼈아팠을 것이다. 덕행을 강조하는 장편 희곡을 즐겨 썼던 드라이든이지만 성적 쾌락이 넘쳐나는 작품으로 유명한 윌멋과 처음에는 죽이 잘 맞았다. 심지어 윌멋은 드라이든이 희곡 《최신식 결혼(Marriage-á-la-mode)》의 대화체를 쓸 때 일부분 도움을 주기도 했다(조루와 관련된 농담을 덧붙여준 듯하다). 하지만 얼마 안가 사이가 틀어졌다. 드라이든이 3주 만에 새로운 희곡을 썼다는 말을 듣자 윌멋은 "3주? 도대체 어떻게 그렇게 오래 걸릴 수가 있지?"라며 코웃음 쳤다. 이후 시를 통해 드라이든을 모욕하기 시작한 윌멋은 드라이든이 자신을 계속 버르고 있다고 동네방네 떠들고 다녔다. 1678년에는 익명으로 출간된 〈풍자론〉에서 그를 가리켜 '하는 행동마다 비열하고, 온몸에 음탕한 기운이 흐른다'고 한 대목을 보고 갑자기 드라이든이 자신의 명예를 훼손했다는 생각에 사로잡히게 되었다. 오늘날 대부분의 사람들은 실

윌멋과 관련된 여러 일화 중에서도 단연 최고는 그가 1676년에 또 다른 패싸움을 벌인 뒤 왕이 사주했을 것이라고 지레 겁먹고 타워힐 경내로 도망쳤을 때의 이야기다. 윌멋은 그곳에 '닥터 벤도(Doctor Bendo)'라는 부인과 진료실을 차렸다. 그는 불임치료를 한다며 자청해서 정자 기증자 노릇을 했는데 결과는 대성공이었다. 윌멋은 이 일을 너무나 즐긴 나머지 금방 관두지 못했다.

제 이 글을 쓴 사람은 멀그레이브 백작(Earl of Mulgrave, 1648-1721 [존 셰필드를 말함-옮긴이])이라고 믿는다. 하지만 드라이든의 글이라고 확신한 윌멋은 격분해서 이 불온한 계관시인을 손보기 위해 세 사람이나 고용했다. 이들은 1679년 어느 캄캄한 12월의 밤에 램앤플래그(Lamb and Flag, 코번트 가든 근처의 로즈 스트리트에서 지금도 영업 중인 술집이다. 한때는 '피받이 통[bucket of blood]'으로 알려지기도 했는데 아주 적절한 이름이었던 듯싶다) 밖에서 드라이든을 구석으로 몰아넣은 뒤 의식을 잃을 때까지 곤봉으로 때렸다. 윌멋은 자신이 꾸민 짓이 아니라고 우겼다. 그게 사실이든 아니든, 비록 그러한 공격으로 라이벌의 펜이 꺾이지는 않았지만 윌멋은 분명 크게 기뻐했을 것이다.

그러나 마지막에 웃은 사람은 드라이든이었다. 윌멋은 1년도 못 가 매독으로 죽었기 때문이다. 드라이든은 이후에도 20년이나 더 작품 활동을 했으며 그 과정에서 '영광의 광채(blaze of glory)'라는 문구도 만들어냈다(이 대목에서 본 조비 팬들은 기뻐할 것이다-본 조비의 유명한 히트곡 'blaze of glory'가 떠올라서 이런 표현을 쓴 듯하다-옮긴이). 하지만 이런 소소한 승리에도 드라이든이 마지막 몇 십 년 동안 내내 꽃길만 걸었던 것은 아니다. 그는 명예혁명 후 궁정의 총애를 잃고 계관시인의 직위도 박탈당한 뒤 제라드 스트리트 43번지(43 Gerrard Street)의 비좁은 집으로 이사했다. 그리고 그곳에서 음식을 살 돈이 없는 상황에서도 계속 글쓰기에 매진했다. 또한 이 집에 사는 동안 드라이든과 그의 아내는 끊임없이 언쟁을 벌여 이웃들에게 민폐를 끼쳤다. 드라이든의 아내는 책을 원수로 여겼다. 어느 날 그녀가 차라리 자신이 책이었으면 남편과 더 잘 지낼 것 같다고 말하자 드라이든이 이렇게 말했다고 한다. "이왕 책이 되려거든 연감이 되시게. 내가 해마다 바꿀 수 있게 말이오." (2세기가 흐른 후 이들의 집이 있던 건물에는 문학의 향취가 넘치는 43 클럽(43 Club)이 들어섰다. 1차 세계대전 이전 시대에 체스터턴과 콘래드 같은 이들이 즐겨 찾던 이 술집의 안주인은 드라이든의 유령이 눈에 불을 켜고 그곳을 지켜준다고 주장했다.)

리처드 브린슬리 셰리든(Richard Brinsley Sheridan, 1751–1816)의 유명한 희곡 《연적(The Rivals)》은 문학의 라이벌이 아니라 사랑을 두고 경쟁하는 젊은이들의 이야기다. 하지만 1775년 1월 17일에 코번트 가든 극장에서 이 작품을 초연할 때 일어난 사건 때문에 이번 장에서 짚고 넘어갈 필요가 있다. 당시 이 연극이 재미없었던 관객들은 못마땅한 표시로 무대에 과일을 집어던졌다. 그때 날아든 사과에 맞은 남자배우가 갑자기 연기를 멈추고 "지금 이거, 저 개인한테 던진 겁니까, 아니면 이 연극 때문입니까?"라고 물었다. 그러자 관객들은 둘 다라고 답했다. 그때 그 소리가 어찌나 컸는지 셰리든은 당장 연극을 내리고 대본을 다시 썼으며 문제의 그 배우도 배역에서 뺐다. 11일 후 다시 무대에 올린 《연적》은 큰 호평을 받아서 그 후 줄곧 런던 극장가를 주름잡았다. 아울러 말을 두서없이 내뱉는 노부인 맬러프랍(Malaprop)이라는 등장인물 덕분에 '맬러프라피즘(malapropism, 말의 익살스런 오용—옮긴이)'이라는 신조어가 생겼으니 영어 단어 수를 늘리는 데에도 기여한 셈이다.

이후에도 드라이든과 월멋만큼 살벌하진 않아도 험악한 분위기의 경쟁관계는 심심치 않게 있었다. 19세기 초반에 피카딜리 인근의 호화로운 독신자 아파트 단지인 '올버니(Albany)'에서 살았던 바이런 경(Lord Byron, 1788-1824)은 하층민 출신의 작가 존 키츠(John Keats, 1795-1821)에게 거의 관심이 없었다. 바이런은 출판인 존 머리에게 보내는 편지에서 키츠가 '침대에 실례한 듯한 시'를 썼다고 혹평했다. 또한 그의 시를 가리켜 '자위' 같다며 '어느 이탈리아 사기꾼이 매일 드루어리 레인의 창녀 때문에 애태우면서 기쁨을 얻는 것과 같다'고 했다. 이에 키츠는 형제에게 보내는 편지에서 좀 더 조용하게 바이런을 욕했다. "우리 두 사람은 아주 많이 다르답니다. [바이런]은 자신이 보는 것을 시로 그리고 나는 내가 상상하는 것을 그리는데, 내가 하는 게 가장 어려운 일이죠."

바이런은 키츠가 죽었다는 소식을 듣고도 못 잡아먹어서 안달 난 사람처럼 키츠의 시를 '런던 말투로 쓴 변두리정서의 시'라고 말했다. 또한 키츠가 안 좋은 작품평 때문에 혈관이 터진 것처럼 말했다. (실제로 바이런은 키츠가 나쁜 평을 들으면 '적포도주를 세 병씩' 마신다고 말했다.)

> "제발이지 더 이상 키츠의 시는 그만 보내시오. 산 채로 그의 가죽을 벗기시오. 당신들이 하지 않는다면 내가 직접 그의 가죽을 벗기고 말 거요."

바이런이 키츠를 두고 한 말

몇십 년 후 19세기 중반에는 찰스 디킨스와 윌리엄 메이크피스 새커리(William Makepeace Thackeray, 1811-63)가 디킨스 부부의 파경을 둘러싸고 짧지만 불쾌한 입씨름을 벌였다. 디킨스는 새커리에게 아내를 홀대했다는 비난을 듣고 나서 자신이 내는 잡지 〈하우스홀드 워즈(Household Words)〉에 친구인 에드먼드 예이츠(Edmund Yates, 1831-94)가 새커리를 비방하는 기사를 쓰게 해줬다. 예이츠는 개릭 클럽(Garrick Club, 1831년에 창립된 고급 클럽으로 연극계와 법조계의 유명 인사들이 회원이었다-옮긴이)에서 주워들은 비방성 소문을 바탕으로《허영의 시장(Vanity Fair)》의 저자 새커리를 공격했다. 이 사실을 알고 격분한 새커리는 이 다툼을 개릭 위원회에 회부하여 예이츠를 퇴출시켰다. 이후 새커리는 이 문제를 다룬 여러 기사를 기고했고《개릭 클럽, 투고 그리고 사실(The Garrick Glub, the correspondence and facts)》이라는 책까지 썼다. 그 사이 디킨스는 개릭 클럽을 탈퇴했다.

이에 대해 새커리는 다음과 같이 썼다. "나는 나름 거목이 되었고 거의 최고 위치에 올랐다. 그런데 사실을 말하자면, 나는 정말 최고 위치에 올랐고 그곳에서 디킨스와 혈투를 벌이고 있다." 웃자고 쓴 글이지만 새커리는 오랜 친구와의 언쟁으로 큰 슬픔에 빠졌다. 다행히 두 사람은 개릭 클럽의 계단에서 우연히 만난 후 화해했다. 그리고 바로 몇 달 뒤인 1863년에 새커리가 먼저 세상을 떠났다.

싸움은 남자들만의 전유물이 아니었다. 엘리자베스 로빈스(Elizabeth Robins, 1862-1952)는 1894년에 런던으로 이주한 직후 처음

몇 달 동안 《조지 맨더빌의 남편(George Mandeville's Husband)》에만 매달렸다. 그런데 그녀는 이 소설에서 걸출한 선배 작가인 조지 엘리엇(George Eliot)을 '이상'하다고 말하며 '본보기나 나쁜 사례로 떠벌려 퍼뜨릴 만한' 사람이기보다 '불쌍한' 사람에 '더 가깝다'고 비아냥댔다.

몇 년 후, 블룸스버리의 고든 스퀘어를 살펴보자. 당시 버지니아 울프는 친구이자 이웃인 캐서린 맨스필드(Katherine Mansfield, 1881-1923)를 너무나 시샘한 나머지 대화할 때는 물론이고 지면에서도 그녀를 깎아내리기 시작했다. 울프는 맨스필드를 가리켜 '그녀의 정신은 불모의 바위에 얇게 쌓여 있는 흙가루 같다'고 썼다. 또한 그녀를 처음 만났을 때의 모습을 '산책에 끌려나온 사향 고양이' 같다고 표현했다. 맨스필드는 레너드 울프(Leonard Woolf, 1880-1969)와 버지니아 울프를 '늑대부부(The Woolves)', '그것도 냄새나는 늑대부부'라고 언급하면서 나름의 반격을 펼쳤다. 또한 1920년 10월에는 런던의 잡지 〈디 애서니엄(The Athenaeum)〉에 쓴 비평에서 버지니아의 두 번째 소설 《밤과 낮(Night and Day)》을 극찬하지 않았다. 당시 블룸스버리에서 몇 킬로미터 떨어진 햄스테드의 이스트히스 스트리트에 살고 있던 맨스필드는 서로의 런던 친구이자 같은 블룸스버리 일원인 오토라인 모렐(Ottoline Morrel, 1873-1938)에게 냉소하듯 다음과 같은 편지를 썼다.

"오늘자 〈타임스 리터러리 서플리먼트(Times Literary Supplement)〉에 버니지아의 책이 실린다는군요. 제 생각에 이 책은 대작으로 극찬 받고 그녀는 클라이브가 대접하는 저녁을 먹은 후 로저가 준비한 마차를 타고 고든 스퀘어에 가서 사람들에게 축하를 받을 겁니다."

그러나 맨스필드가 죽자 너무나 외로워진 버지니아는 '캐서린이 읽지 않을 거니까, 캐서린이 더 이상 나의 적수가 아니니까' 더 이상 글을 써봤자 의미가 없다고 말했다.

울프와 맨스필드가 신랄했다고는 하지만 20세기 초반 최고의 불화유발자는 H.G 웰스(1866-1946)였다. 그는 친구이자 같은 런던 사람이었던 조지 버나드 쇼(George Bernard Shaw, 1856-1950)를 가리켜 '병원에서 앙앙 우는 멍청한 아이'라고 했으며 헨리 제임스(Henry James, 1843-1916)의 일반적인 문장에 대해 '숄을 두른 병자처럼 관계사절에 폭 싸인 연약한 창조물'이라고 말했다.

헨리 제임스도 처음에는 당한 만큼 갚아주었다. 그는 1914년에 〈타임스 리터러리 서플리먼트〉에 기고한 글에서 웰스를 '어지럽고 억제되지 않은 지류'를 만들어낸 일단의 저자들과 한통속으로 엮었다. 하지만 웰스는 《분(Boon)》이라는 실험적인 소설을 통해 제임스를 철저히 조롱한 것도 모자라 팔멜 스트리트의 개혁 클럽(Reform Club)에 있던 제임스에게 '증정본'까지 보내줬다. 모멸감을 느낀 제임스는 웰스에게 그의 결례에 강경하게 항의하는 편지를 썼다. 그리고 근처 첼시의 칼라일 맨션 21번지 집으로 간 제임스는 곧바로 사망했다.

그러나 그 후에도 달라지지 않은 웰스는 계속해서 다른 친구들과도 사이가 틀어졌다. 특히 말년에는 조지 오웰(George Orwell, 1903-50)과 걱정스러운 수준까지 관계가 나빴다. 웰스는 한동안 하노버 테라스에 있는 자신의 집 차고 위 빈방에서 이 후배 작가를 살게 해줬다. 그러나 결국 오웰이 자신을 험담하고 다닌다는 피해망상 때문에 그를 내쫓고 말았다. 오웰은 세인트 존스 우드의 애비로드에 새로운 거처를 구한 뒤 오해를 풀어보려고 웰스를 저녁 식사에 초대했다. 그러자 답장을 보낸 웰스는 편지에서 되레 오웰에게 왜 그렇게 갑자기 자신의 집에서 나갔는지 물었다. 이후 오웰의 집에 와서 카레와 자두 케이크를 2인분이나 먹고 집으로 돌아간 웰스는 또 다른 편지를 보내 오웰을 경악하게 했다. "자네는 내가 몸이 아파서 식사 조절을 하고 있다는 걸 알면서도 일부러 음식과 술을 잔뜩 내놓더군. 이제 다시는 자네를 보고 싶지 않네." 이 편지를 마지막으로 오웰과 웰스는 더 이상 연락하지 않았다.

웰스는 또한 한때 제자였던 데이비드 허버트 로런스(D. H. Lawrence, 1885-1930)가 자신이 쓴《윌리엄 클리솔드의 세계(The World of William Clissold)》를 혹평하자 인연을 끊어버렸다. 로런스는 '이 책은 마치 쥐둥지처럼 완전히 못쓰게 된 신문이나 과학 보고서에 지나지 않는다'라고 썼다. 이렇게 지면에서 웰스를 철저히 밟아버린 로런스는 2년 후에《채털리 부인의 연인(Lady Chatterley's Lover)》이 나오자 웰스에게 사인본을 한 권 보내줬다. 이것은 결코 화해의 선물이 아니었다. 로런스는 친구에게 노쇠하고 고리타분한 웰스가 성교와 말들이 나오는 이야기를 얼마나 좋아할지 궁금하다면서 '[어떻게 반응할지]알면 재밌을 것'이라고 말했다.

로런스는 끝까지 웰스의 반응이 어땠는지 몰랐지만 우리는 대부분 잘 알고 있다. 2002년 5월에 열린 고서 박람회에 로런스가 보낸 바로 그 사인본이 등장했기 때문이다. 웰스는 속표지에 '아이고 시시해'라고 썼다. 뿐만 아니라 만화도 두 개나 그려 넣었다. 그중 하나는 로런스가 아주 거대한 자신의 남근에게 '발기하라'고 소리치고 있는 모습이다. 그리고 이 만화에는 '혼자 하는 로런스(DHL by himself)'라는 설명이 붙어 있다. 나머지 하나는 로런스가 오벨리스크 아래에 서서 슬픈 표정으로 왜소한 남근을 쳐다보는 그림과 함께 '저기, 다른 남자들 것도 전부 이거랑 똑같죠?'라는 글귀가 적혀 있다. 그리고 이 만화에는 '진짜 로런스(The real DHL)'라는 설명이 붙어 있다.

웰스에 비하면 이디스 시트웰(Edith Sitwell, 1887-1964)과 남동생 오스버트 시트웰(Osbert Sitwell, 1892-1969)은 너그러운 편이었다. 이들 남매는 노엘 코워드(Noel Coward, 1899-1973)가 《런던 콜링(London Calling!)》이라는 웨스트엔드 연극에서 자신들을 풍자한 이후 40년이나 그와 반목했다. 코워드는 시트웰 남매를 '스위스의 위틀봇 가족'으로 등장시켜 이디스의 시를 조롱했다. 그녀를 연기하는 극중의 인물 '헤르니아 위틀봇'은 양파와 비시 광천수(Vichy water)로 아침을 먹고 '상류층 잡년들(Gilded Sluts)'이라는 제목의 새로운 시집을 집필한다.

시트웰 남매는 악명이 자자하고 자의식이 아주 강한 괴짜들이었다(오스버트는 인명록에 자신의 취미를 '부르봉 왕가 애도하기, 재치 있는 즉답, 말대꾸'라고 적었다). 그러나 이디스가 햄스테드에 있는 자신의 집으로 코워드를 초대해 차를 대접하면서 이들의 40년에 걸친 불화는 끝이 났다. 당시 이디스는 코워드를 가리켜 알고 보니 '아주 다정한' 사람이라고 말했다.

주요장소 주소

램앤플래그(The Lamb and Flag), Rose Street, WC2C (지하철역: Covent Garden)

개릭 클럽(The Garrick Club), 15 Garrick Street, WC2E (지하철역: Leicester Square)

캐서린 맨스필드의 집(Katherine Mansfield's House), 17 East Heath Street, NW3 (지하철역: Hampstead)

추천도서

로체스터 경,《시선집(Collected Poems)》

리처드 브린슬리 셰리든,《연적(The Rivals)》

H. G. 웰스,《분(Boon)》

7

낭만파와 시체들

Romantics and Corpses

셸리는 '지옥은 런던과 똑같은 도시'라며 이렇게 썼다.

사람들로 북적대고 연기가 자욱한 도시,
온갖 패배자들만 있고,
재미는 하나도 없는 곳.

바이런은 훨씬 더 박했다. 그는 〈돈 후안(Don Juan)〉에서 런던을 다음과 같이 묘사했다.

거대한 벽돌 덩어리, 연기 자욱하고 배가 빼곡한
더럽고 먼지로 가득하지만 저 멀리로
여기저기 배가 띄엄띄엄 보이다가
빽빽한 돛대들 사이로 사라진다.
수많은 첨탑들이 석탄 매연을 뚫고
삐죽 솟아 있다.

바보가 쓰고 있는 광대모자의 꼭대기처럼
거대한 회색빛의 둥근 지붕, 그곳이 런던 시다.

다시 말해 런던이 바보 모자(옛날에 학교에서 공부를 못하는 학생에게 씌우는 원뿔형 모자로 광대모자와 모양이 비슷함-옮긴이)라는 뜻이다. 바이런이 런던을 좋아하지 않는다는 것을 대놓고 드러낸 셈이다.

알다시피, 많은 낭만파 시인들은 거의 평생을 바쳐 자연의 웅대함이나 컴브리아 주(Cumbria, 잉글랜드 북부에 위치한 주-옮긴이)가 주는 위안, 혹은 (시골 생활이 별로 끌리지 않았던 시인들은) 스페인 바람둥이의 모험을 노래했다. 셸리는 이탈리아 북부 연안의 라스페치아 만에서 사망했다. 키츠는 로마의 스페인 계단 근처에서 힘겹게 마지막 숨을 내쉬었다. 바이런은 코린트 만의 레판토에서 죽었다. 워즈워스는 그래스미어(Grasmere, 잉글랜드 서북부에 있는 호수, 또는 그 근처에 있던 워즈워스의 거처를 일컫는다-옮긴이)의 구름 아래서 눈을 감았다.

그러나 이들이 이렇게 상반된 감정을 보여도 런던은 항상 낭만파의 중심지였다는 점을 주목할 필요가 있다. 셸리는 런던을 다음과 같이 노래하기도 했다.

그대는 지금
런던에 있다네, 밀물과 썰물이 있는 그 거대한 바다는
잠잠하다가도 시끄러운 소리를 내며, 해안가에

잔해들을 토해놓고, 더 많이 토하려고 아직도 울부짖네.

그러나 그 깊은 곳에는 이 얼마나 많은 보물들이 있는가!

그 보물들 중에는 토머스 채터턴(Thomas Chatterton, 1752-70)도 있었다. 그의 비극적인 사연과 작은 시적 유산은 낭만적 감수성을 꽃피우는 데 결정적인 역할을 했다. 브리스톨 출신의 조숙한 소년이었던 토머스는 열두 살 때부터 시를 쓰다가 열일곱 살 때 변호사 견습생으로 일하기로 했다가 취소한 뒤 마차를 얻어 타고 런던에 왔다(당시 그의 친구들과 지인들이 여비를 모아주었다). 그는 런던에서 시인과 정치평론가로 성공하겠다는 포부를 품고 있었지만 겨우 넉 달 만인 1770년 8월 24일에 현재의 대영박물관 근처인 브룩 스트리트의 다락방에서 사망했다. 사인은 비소 섭취.

이와 같은 신비, 과거를 불러내기, 잃어버린 청춘의 이야기 등은 낭만주의 운동의 탄생 설화가 되었다. 윌리엄 워즈워스(William Wordsworth, 1770-1850), 새뮤얼 테일러 콜리지(Samuel Taylor Coleridge, 1772-1834), 그리고 후기 낭만파인 로드 조지 고든 바이런, 퍼시 비시 셸리, 존 키츠 같은 낭만파 시인들은 모두가 '안락한 죽음과 반쯤 사랑에 빠져(키츠의 시 〈나이팅게일에 부치는 노래〉에 나오는 구절-옮긴이)' 있었다. 모두가 채터턴과 같은 포부를 갖고 런던의 문학 명소들을 찾아갔다. 또한 모두가 수시로 콜리지의 채터턴 애도시〈(Monody on the Death of Chatterton)〉와 키츠의 〈채터턴에게(To Chatterton)〉처럼 채터턴에게 바치는 시를 쓰거나 아니면 그를 기리는 시를 썼다.

지금까지 너무 우울한 이야기만 해서 그렇지 이들 젊은 시인들은 파티도 좋아했다. 특히 바이런은 런던 사교계의 황태자였던 덕분에 홀랜드 하우스(Holland House)같이 호화로운 곳에서 성대하게 열리는 수많은 가장 무도회의 귀빈이었다. 그리고 그런 무도회장 중 한 곳에서 귀족이자 소설가인 캐롤라인 램(Caroline Lamb, 1785-1828)을 만나 연인이 되었다. 이들의 연애는 사회적인 문제로 떠올라 1812년의 봄과 여름 내내 상류사회를 분개시켰다. 더구나 바이런의 애정이 사그라지기 시작하면서 캐롤라인이 점점 불안정한 행동을 일삼자 사교계 호사가들의 입만 바빠졌다. 일례로 7월 8일에 캐롤라인은 시동으로 변장하고 세인트 제임스 스트리트 8번지에 위치한 그 악동 같은 시인의 집에 몰래 들어갔다(바이런의 친구 존 홉하우스는 당시 그 집 '문 앞으로 사람들이 모여들었다'고 썼다). 또한 바이런이 그녀의 편지에 더 이상 답장을 보내지 않고 함께 도망가자는 제안도 거절하자 그녀는 자기 집 하인들에게 새로운 제복을 입게 했는데, 그 제복에는 ('바이런을 믿어라'라는 바이런 가문의 가훈을 비틀어) '바이런을 믿지 말라'는 글귀를 새겨 넣은 단추들이 달려 있었다.

비평가이자 화가였던 윌리엄 해즐릿(William Hazlitt, 1778-1830)이나 또 다른 열정적인 낭만파 지지자였던 화가 벤저민 헤이든(Benjamin Haydon, 1786-1846) 같은 유명 인사들도 소호에서 저녁 식사 자리를 마련해 낭만파 작가들과 어울렸다.

(세인트 제임스 스트리트 3번지) 베리 브로스앤러즈 와인 전문점(Berry Bros & Rudd's Wine Merchants)에 가면 (와인 통을 굴리기 더 좋게) 1698년부터 변함없이 비스듬히 기운 바닥을 볼 수 있다. 이곳은 바이런의 단골 와인 가게였다. 바이런은 또한 이 가게의 거대한 커피 저울에 올라가 몸무게를 재는 걸 좋아했다고 한다.

헤이든은 1817년 12월 28일에 패딩턴의 리손 그로브 노스 22번지에서 만찬회를 열었다. 이 자리에는 윌리엄 워즈워스와 수필가 찰스 램(Charles Lamb, 1775-1834, 캐롤라인 램과는 아무런 관련이 없는 인물), 그리고 젊은 존 키츠가 참석했다.

"플릿 스트리트에서 따분하게 지내다니, 그 사람은 분명 우울해지는 희귀한 비책이 있는 모양이다. 나는 선천적으로 우울증에 잘 걸리는데, 런던에만 오면 다른 모든 병이 그렇듯 우울증도 싹 사라진다."

찰스 램

헤이든은 자서전(사후 1853년에 출간됨)에 이러한 명사들의 모임에 대해 다음과 같이 썼다.

12월 28일에 내 화실에서 불멸의 만찬이 열렸다. 우리 뒤쪽 벽에는 배경처럼 예루살렘이 우뚝 솟아 있었다. 워즈워스가 마침내 신호를 보내자 우리는 호메로스, 셰익스피어, 밀턴 그리고 베르길리우스를 두고 유쾌한 언쟁을 벌였다. 흥이 오른 램은 번뜩이는 재치를 선보였다. 특히 워즈워스가 근엄한 어조로 한창 웅변하고 있을 때 재밌는 말로 불쑥 치고 들어온 램은 리어왕이 격정을 토로하는 틈틈이 끼어드는 바보광대의 풍자와 재치를 뽐냈다. 램은 연사로 나서더니 내가 그 자리에 없다고 간주하고 함께한 이들에게 내 건강을 위해

요즘에는 어린이 명작 《셰익스피어 이야기(Tales from Shakespeare)》로 더 유명한 찰스 램(Charles Lamb, 1775–1834)과 메리 램(Mary Lamb, 1775–1834)은 헌신적인 남매 작가로서 낭만파의 핵심이자 인기 있는 일원이었다. 찰스 램의 전기를 쓴 루카스(E. V. Lucas)는 그를 '영문학계에서 가장 매력적인 인물'로 꼽았다. 물론 이들 남매에게도 어두운 면이 있었다. 메리 램은 평생 정신병에 시달렸다. 찰스는 스물한 살이던 1796년의 어느 날 밤에 하이 홀본의 리틀 퀸 스트리트의 본가를 찾았다가 누나가 어머니를 칼로 찔러 죽였다는 것을 알게 됐다. 메리는 이즐링턴의 피셔 하우스 정신병원에 감금되었다가 찰스가 책임지고 그녀를 집에서 돌보겠다는 데 동의한 덕분에 퇴원할 수 있었다. 찰스 램은 실제로 그녀를 극진히 보살폈다. '정신이상'이 재발할 때마다 메리가 잠시 정신병원에 들어가 있을 때를 제외하고 두 사람은 런던 곳곳의 거처에서 '각자 독신의 삶을 유지'하며 함께 살았다. 그리고 (자신들의 '집'에서) 편안한 문학클럽을 열어 워즈워스와 콜리지를 비롯한 많은 낭만파 예술인들과 교류했다.

건배를 제안했다. 곧이어 램은 이렇게 말했다. "구닥다리 호수 시인이여, 이 무뢰한 같은 시인이여, 왜 그대는 볼테르가 따분하다고 하시오?"

다행히 워즈워스는 장난으로 받아주고 함께 웃고 즐겼다. 키츠에게도 그날 밤이 잊히지 않았던 모양이다. 형제에게 보낸 편지에 그는 이렇게 썼다. "램이 거나하게 취해 킹스턴이라는 사람을 열 받게 하고서 건넌방에서 촛불까지 가져와 그자가 어떤 얼굴을 하고 있는지 우리에게 보여주기까지 했답니다……".

지상에 이토록 아름다운 광경은 어디에도 없으니
이렇게 감동적인 장관을
지나칠 수 있는 사람은 영혼이 무딘 이리라
이 도시는 지금 갑옷처럼 아침의 아름다움을 입고 있으니
배, 탑, 반구형 지붕, 극장, 성당들이 말없이 제 모습을 드러내노라
연기 없는 대기 속에서 모든 게 들판과 하늘로
찬란하게 빛나며 펴져나가네.
태양이 첫 햇살로 계곡과 바위와 언덕을
이토록 아름답게 비춘 적이 없으니
나 또한 이토록 깊은 정적을 본 적도 느낀 적도 없노라!
강물은 제멋대로 소리 없이 흘러가네

오 하느님! 집들마저 잠든 듯하고

저 힘찬 심장도 전부 조용히 누워 있구나!

워즈워스, 〈웨스트민스터 다리 위에서〉

재밌게도, 런던은 낭만파를 많이 곤란하게 만든 곳이기도 하다. 예를 들면, 언젠가 셸리는 잠결에 폴란드 스트리트에 있는 자신의 집을 나와 반마일이나 떨어진 레스터 광장을 걸어 다닌 적도 있었다.

출판인 윌리엄 저든(William Jerdan, 1782-1869)의 자서전을 보면 1813년에 하이드 파크에서 목을 매 숨진 채 발견된 어떤 남자의 이야기가 나온다. 희한하게도 그 남자의 셔츠 주머니에서 콜리지(S. T. Coleridge)의 머리글자가 발견되는 바람에 신문에 시인 콜리지가 자살했다는 기사가 나왔다. 그즈음 콜리지의 희곡《회한(Remorse)》이 큰 성공을 거둔 터라 런던의 어느 호텔 커피숍에 있던 한 남자는 이 기사를 보고 다음과 같이 말했다. "시인 콜리지가 자신이 쓴 희곡이 성공한 이 마당에 자살을 하다니 기이한 노릇이군. 하긴 평소에도 늘 기이하고 미친 사람이었으니까." 그러자 건너편에 앉아 있던 남자가 이렇게 대답했다. "그러게 말입니다. 그가 자살을 해서 검시를 받는다는데 지금 이 순간 그 사람이 선생께 말을 하고 있으니 귀신이 곡할 노릇입니다."

알고 보니 건너편에 앉은 그 사람은 바로 여행 때마다 툭하면 셔츠를 잃어버리는 시인 콜리지였다.

셸리 또한 하이드파크의 서펜타인 호수를 즐겨 찾아 조약돌을 던지고 종이배를 띄우곤 했다. 그러나 1816년 말부터는 어릴 때부터 해왔던 이런 취미를 즐기지 못했다. 12월 10일의 흐린 새벽에 첼시 병원에서 은퇴한 어느 노인이 차디찬 호수에 무언가가 떠다니는 것을 보았다. 가까이 다가간 노인은 그것이 젊은 여인인 것을 알고 기겁했다. 더구나 그녀는 만삭이었다.

얼마 지나지 않아 이 여인은 시인 퍼시의 아내 해리엇 셸리(Harriet Shelley, 1795-1816)로 밝혀졌다. 그러나 뱃속의 아이는 수수께끼로 남았다. 그녀는 2년 가까이 유명한 시인 남편을 만나지 않았고 알려진 다른 남자도 없었기 때문이다. 더욱 당혹스러운 것은 11월 9일 이후로 해리엇을 봤다는 사람이 없다는 사실이었다. 또한 사체 상태로 보아 죽은 지 며칠 지난 것 같았다.

그나마 확실한 것은 해리엇이 몹시 불행했다는 점이다. 그녀가 셸리에게 남긴 유서는 다음과 같이 시작된다.

> 당신이 이 편지를 읽을 때쯤이면 나는 더 이상 이 비참한 세상의 일원이 아닐 겁니다. 당신에게 성가심과 불행만 안겨줬던 이의 죽음을 애석해하지 말아요. 모두 내 탓이니까요……사랑하는 비시……당신이 나를 떠나지 않았다면 나도 살아 있었겠지만 현실은 그게 아닌걸요. 당신을 기꺼이 용서할 테니 당신이 내게서 앗아간 그 행복을 누리세요……그러면 내 영혼도 안식과 용서를 찾겠지요. 신의 축복이 있기만을 이 불행한 해리엇 셸리가 마지막으로 빌어봅니다.

셸리는 그녀의 시체가 발견되고 채 2주도 지나지 않아 메리 울스턴크래프트 고드윈과 결혼했다.

시인이자 평론가였던 리 헌트(Leigh Hunt, 1784-1859) 또한 곤욕을 치렀다. 1813년에 리는 서더크의 홀스멍거 레인 교도소에 투옥됐다. 자신이 발행하는 잡지 〈디 이그재미너(The Examiner)〉에 섭정 왕자를 '뚱뚱하고……자기가 한 말을 지키지 않는 사람이며, 난봉꾼'이라고 쓴 것 때문에 징역 2년형을 받았다. 그나마 헌트에게는 그와 마찬가지로 그 뚱뚱한 왕족을 싫어하는 바이런 경 같은 숭배자들이 있었다. 그들은 헌트가 수감되자마자 교도소로 면회를 갔다.

이후 석방된 헌트는 곧바로 햄스테드의 베일 오브 헬스로 이사했다(한때 말라리아의 온상지였던 늪을 햄스테드 수력 회사가 간척한 후로 '건강 계곡(Vale of Health)'이라고 부르기 시작했다. 런던 사람들이 일찍이 썼던 이중화법의 좋은 예다). 그리고 1816년에 그곳에서 셸리에게 키츠를 소개해줬다. 두 시인의 만남이 전적으로 순조로웠던 것은 아니다. 초기 시들을 출판하라는 셸리의 조언을 깔보는 것으로 받아들인 키츠가 유명하고 부유한 이 시인의 면전에서 화를 냈기 때문이다. 그럼에도 그때부터 이 두 사람은 키츠가 세상을 뜰 때까지 편지를 주고받는 사이가 되었고, 해를 거듭할수록 이들의 우정과 서로를 향한 존경심은 깊어갔다.

결국 셸리와 키츠 모두 고통을 겪었던 셈이다. 셸리의 경우 환경은 부유했을지 모르나 삶의 여정은 늘 순탄치 않았다. 파란만장한 애정생활뿐만 아니라 무신론에 관한 글을 썼다가 옥스퍼드에서 쫓겨난 전적도 있었다. 그전에 이튼스쿨에 다니던 시절도 비참했다. 상급생의 시중을 드는 관습을 거부한 데다 운동을 질색하는 성격 탓에 괴롭힘을 당했기 때문이다. 그는 교사들의 인내심을 시험하는 것으로 복수했다. 호메로스의 시를 낭독하는 시간에 복싱 시합을 벌이고, 운동장에 있던 나무를 화약으로 폭파했으며, 교장의 책상에 불도그를 숨기기도 했고, 문손잡이에 전류를 흐르게 해서 교사를 감전시키기도 했다. 결국 셸리는 동급생을 은제 포크로 찌른 뒤 학교에서 쫓겨났다.

키츠는 무어게이트 역 근처 어디쯤에서 아주 가난한 마부의 아들로 태어났다. 그러나 키츠는 열네 살도 되기 전에 양친을 모두 잃은 상황에서도 가까스로 교육을 받았다. 1815년에는 가이스 병원 의과대학에도 들어갔다. (현재 가이스 병원의 올드 오퍼레이팅 시어터[Old Operating Theatre] 박물관에 가면 키츠가 어떤 곳에서 일했는지 엿볼 수 있다.)

메리 셸리(Mary Shelley)가 아홉 살이었던 1806년 8월 24일에 새뮤얼 테일러 콜리지는 (세인트 판크라스 근처에 위치한) 폴리곤(Polygon)으로 그녀의 아버지 윌리엄 고드윈(William Godwin)을 찾아갔다. 그날 저녁 늦게 콜리지는 메리와 그녀의 동생이 있는지도 모른 채 〈늙은 선원의 노래(The Rime of the Ancient Mariner)〉를 낭송했다. 메리 자매는 부모의 지시로 잠자리에 들었다가 몰래 빠져나와 거실 소파 뒤에 숨어 있었다. 메리는 그 낭송 장면을 내내 잊지 못했고 그 영향은 10년 후에 《프랑켄슈타인》의 첫 구절을 쓸 때까지 이어졌다.

1816년에 셸리를 만났을 당시에도 키츠는 여전히 학생 신분이었지만 점점 문학에 전념하고 있던 상태였다. 문학에서 빛을 발할 날이 머지않아 보였다. 1818년에 살았던 웬트워스 플레이스(Wentworth Place)의 작은 집 정원에서 새들의 노래 소리를 듣고 영감을 받아 쓴 시가 〈나이팅게일에 부치는 노래〉다. 지역에 전해 내려오는 이야기에 따르면, 키츠는 햄스테드 히스의 스패니어즈 인(The Spaniards Inn)에서 맥주를 마시면서 이 시를 썼다고 한다.

키츠가 이웃집 여인 패니 브론(Panny Brawne, 1800-65)과 사랑에 빠진 곳 또한 웬트워스 플레이스였다. 얇은 벽 하나만을 사이에 두고 각자의 거처에서 지내면서 비극적이게도 끝내 부부로 이어지지 못했지만, 두 사람의 로맨스로 눈부시게 아름다운 편지와 후속 시들이 탄생했다. 하지만 이 젊은 천재 시인에게 어둠이 드리우기 시작했다. 1820년에 바로 그 집에서 키츠는 처음으로 피를 토했고 폐결핵에 걸렸다는 것도 알게 됐다. 키츠는 룸메이트였던 찰스 브라운(Charles Brown, 1787-1842)에게 다음과 같이 말했다. "그 피 색깔을 알아. 동맥혈이지. 그 색깔을 보니 아닌 척을 못하겠더군. 그 핏방울은 사형집행 영장인 셈이니 난 죽어야 하는가 보네."

곧이어 키츠는 배를 타고 이탈리아로 떠났다. 셸리와 바이런도 유럽으로 떠나고 런던에 없었다. 1821년에 로마에서 키츠가 세상을 떴을 때 셸리는 먼저 간 친구를 위해 〈아도네이스(Adonais)〉라는 시를 썼다. 그리고 이듬해인 1822년에 셸리 또한 라스페치아 만에서 익사하고

만다. 당시 그는 바이런에게 경의를 표하기 위해 '돈 후안'이라고 이름 붙인 배를 타고 있었으며 그의 주머니에는 키츠의 시집이 한 권 들어 있었다.

소수이긴 하지만 이들보다 런던에 더 오래 머물렀던 낭만파 작가들도 있었다. 쉽게 발끈하는 비평가 해즐릿은 1830년에 숨을 거둘 때까지 런던에 살았다. 그는 살아 있는 동안 정치적 견해로 보수적인 사회의 반감을 샀고, 셸리와 바이런 같은 부도덕한 이들을 지속적으로 후원했으며, 끝까지 점잔빼고 덕망 있게 말하는 것과는 거리를 두었다. 해즐릿은 평소 다음과 같이 말했다. "시시한 인간들일수록 걸핏하면 타인을 비웃는다. 그들은 보복을 당할 염려가 없다. 또한 이웃을 깎아내리는 것 말고는 달리 자부심을 높일 길이 없다." 또한 이런 말도 남겼다. "더 이상 논쟁의 대상이 안 되는 것은 관심의 대상에서도 제외된다."

해즐릿은 자신이 했던 충고에 따라 결코 따분한 사람이 되지 않으려고 부단히 노력했다. 그는 자신의 나이의 절반밖에 안 되는 소호의 어느 여관집 딸과 연애를 시작한 뒤 그 이야기를 《사랑의 서(Liber Amoris)》에 담아 인생 최대의 논란에 휩싸였다. 해즐릿의 적들에게 이 책은 그의 명성을 짓밟을 치명적 무기가 돼주었다. 이후 위암에 걸린 해즐릿은 소호의 프리스 스트리트 6번지(6 Frith Street)의 하숙집에서 정신이 혼미한 상태로 아편에 의지한 채 쓸쓸히 죽음을 맞이했다. 당시 그의 하숙집 주인은 그 방에 다시 하숙을 들이는 데 급급해 그의 사체를 침대 밑에 숨겨둔 채 새로운 하숙생 후보들에게 방을 보여줬다. 현재 그 자리에는 해즐릿스(Hazlitt's)라는 이름의 호텔이 들어서 있는데, 해즐릿이 살았던 시절을 떠올리는 내부 장식이 인상적이다.

콜리지 또한 오랫동안 런던을 떠나지 않고 1834년까지 살았다. 1821년에 친구 제임스 길먼 박사(Dr James Gillman)와 함께 하이게이트의 더 그로브(The Grove)로 이사할 때만 해도 아편틴크(laudanum, 아편으로 만든 약물-옮긴이)를 끊을 때까지 몇 주만 머물 작정이었다. 그런데 결국 콜리지는 런던에서 13년을 살았고 죽을 때까지도 아편틴크에 중독돼 있었다. 당시 더 그로브로 콜리지를 만나러 갔던 해즐릿의 이야기에서 그의 정신 상태를 짐작할 수 있다. 해즐릿의 말에 따르면, 담소를 나누는 내내 콜리지는 멍한 표정으로 해즐릿의 외투에 달린 단추 하나를 그러잡고 있었다. 그런데 해즐릿이 집에 돌아가려고 작별인사를 할 때까지도 이 시인은 단추를 그러잡은 손을 풀지 않았다……그래서 해즐릿은 주머니칼을 꺼내 단추를 잘라주고 나서야 집에 올 수 있었다.

마지막으로 리 헌트는 1859년까지 죽 런던에 살다가 퍼트니에서 생을 마감했다. 헌트는 아주 오랫동안 런던에 산 덕분에 디킨스와 친구가 되었고 이후 이 재주 많은 작가가 문학의 꽃을 활짝 피우는 것까지 목격했다.

주요장소 주소

베리 브로스앤러드 와인 전문점(Berry Bros & Rudd's Wine Merchants), 3 St James's Stret, SW1A (지하철역: Piccadilly)

키츠 생가(Keats House), 10 Keats Grove, NW3 (지하철역: Hampstead)

스패니어즈 인(The Spaniards Inn), Spaniards Road, NW3 (지하철역: Golders Green)

가이스 병원의 올드 오퍼레이팅 시어터(Old Operation Theatre, Guy's Hospital), 9a ST Thomas Street, SE1 (지하철역: London Bridge)

해즐릿 호텔(Hazlitt's Hotel), 6 Frith Street, W1K (지하철역: Tottenham Court Road)

서펜타인 호수(The Serpentine), Hyde Park (지하철역: Hyde Park Corner)

추천도서

피터 애크로이드, 《채터턴(Chatterton)》

바이런 경, 〈차일드 해럴드의 순례(Childe Harold's Pilgrimage)〉, 〈돈 후안(Don Juan)〉

리 헌트, 《리 헌트 자서전(The Autobiography of Leigh Hunt)》

존 키츠, 《시선집(Collected Poems)》, 《서간집(Letters)》

퍼시 비시 셸리, 《셸리 전집(Complete Works)》

8

쟁쟁한 빅토리아풍 작가들과 비밀스러운 보헤미안들

EMINENT VICTORIANS AND SECRET BOHEMIANS

1800년경의 런던은 이미 인구 100만에 근접한 세계에서 가장 큰 도시 중 하나였다. 그로부터 1세기 후에는 안개에 갇힌 이 도시에 670만 명이나 북적거렸다. 런던은 지형적으로 위험이 내재된 곳이었다. 얽히고설킨 골목, 어두컴컴한 뜰, 초만원의 공동주택, 그을린 듯 거무죽죽한 궁전, 매연을 내뿜는 공장, 인파로 뒤덮인 부두……그나마 손질이 잘된 푸르른 공원이 있어 다행이었다. 런던은 지상의 어떤 곳보다 크고 분주했고 그에 걸맞게 문학계도 인상적이었다. 문학의 거장들이 그 더럽고 매혹적인 거리들을 걸어다녔다.

그중에서도 최고의 거장은 찰스 디킨스였다. 그는 영감을 찾아, 때로는 불면증과 싸우며, 때로는 애완까마귀 '그립'과 함께 밤낮으로 수킬로미터를 돌아다녔다. 1857년 어느 날 밤에는 블룸스버리의 태비스톡 플레이스(Tavistock Place)에 있는 집에서 켄트의 집까지 걸어갔다. 가스등과 달빛에 의지해 장장 48킬로미터를 걸어간 것이다. 이즈음 디킨스는 〈밤 산책(Night Walks)〉이라는 제목의 수필을 쓸 정도로 밤에 수시로 산책을 나갔다. 《위대한 유산(Great Expectations)》이 출간된) 1860

년에 쓴 글에서는 밤 시간대 런던의 풍경과 냄새를 자세히 묘사했다. 술집이 문을 닫으면서 '시끄러운 마지막 주정뱅이들'이 거리로 쏟아져 나오는 모습부터 코번트 가든 시장의 과일상들이 때 이른 모닝커피를 나눠 마시며 옹기종기 모여 있는 광경까지 빠짐없이 담아냈다. 또한 각양각색의 야간 파이 장수와 감자 장수를 비롯해 '사나운 달과 구름이 흐트러진 침대 속의 악한 양심처럼 들썩여서 런던의 거대한 그림자가 짓누르듯 강에 드리울 때' 자신처럼 '밤을 탐색'하고자 하는 많은 사람들을 찬찬히 들여다보았다.

이런 디킨스도 딱 한 군데, (현재의 채링 크로스 역 주변인) 템스 강변의 올드 헝거포드 스테어스(Old Hungerford Stairs)로는 산책을 가지 않았다. 겨우 열두 살 때인 1824년에 그 근처에 있는 워런 구두약 공장에서 일했던 끔찍한 경험 때문이었다. 당시 디킨스는 악취가 풍기는 강가의 '더럽고 황폐한' 환경에서 주 6일 동안 하루에 10시간씩 구두약 통에 상표를 붙이는 일을 했다(주급은 고작 6실링이었다). 이 시기는 디킨스 인생에서 가장 비참한 시절이었다. 그의 아버지는 빚 때문에 마셜시 감옥(Marshalsea, 왕실 재판소 관할의 감옥으로 특히 채무자 감옥으로 사용되기도 했다-옮긴이)에 수감된 탓에 나머지 가족은 극심한 가난에 허덕였다. 훗날 디킨스는 당시의 심경을 '완전히 방치된 것 같아 절망스러웠으며' 속으로 자신의 처지를 몹시 수치스러워 했다고 썼다. 또한 친구에게 '노예 생활이 시작됐던 곳으로 도저히 돌아갈 용기가 나지 않았다'고 설명했다. 이 시절의 경험이 소설에 많이 투영됐지만 디킨스가 직접 언급한 적은 거의 없었다. 마셜시 감옥은《리틀 도릿(Little Dorrit)》에 등장한다. 여주인공 도릿의 아버지가 빚 때문에 수감되는 감옥이자 그녀가 유년기의 대부분을 보내는 곳이기도 하다. 구두약 공장 또한《데이비드 코퍼필드(David Copperfield)》에서 머드스톤 앤드 그린비의 창고 모습으로 나타난다. 어린 데이비드가 와인 병에 상표를 붙이는 일을 하는 그 창고는 '말 그대로 쥐가 우글거리는' 아주 더럽고 무시무시한 곳이다.

데이비드 코퍼필드라는 인물에는 런던이 아닌 지역에서 출생했다는 사실을 비롯해 디킨스의 다른 유년기 경험들이 많이 녹아 있다. 디킨스는 실제로 1812년에 포츠머스에서 태어나서 세 살 때 런던으로 이사 왔다(맨 처음 살았던 곳은 세인트 판크라스 근처의 노퍽 스트리트였다). 또한 켄트의 채텀(Chatham)에서 유년기의 대부분을 보냈고 비록 우연이긴 하지만 1870년에 숨을 거둔 곳 또한 켄트의 로체스터였다. 디킨스의 걸작《황폐한 집(Bleak House)》의 첫 문장이기도 한 '런던'은 디킨스의 처음과 끝이자 전부였다.

대중들의 생각과 달리 디킨스의 첫 번째 대성공작은《피크위크 클럽의 유고(The Pickwick Papers)》가 아니었다. 구두약 공장을 벗어난 디킨스는 캠든 타운의 웰링턴 하우스 아카데미에서 몇 년간 공부하고 그레이 법학원(Grey's Inn)의 어느 법률사무소에서 1년 동안 서기로 일한 뒤 기자가 되었다. 이후 그는 기자로서 엄청난 성공을 거둔 〈모닝 크로니클(Morning Chronicle)〉의 연재 기사들을 바탕으로 첫 번째 작품집 《보즈의 스케치(Sketches by Boz)》를 완성해 1836년에 출간했다. 그리고 이 작품집에 다음과 같은 소감을 밝혔다. "런던은 참으로 무궁무진한 사색거리들을 안겨주는구나!"

디킨스의 이런 견해는 죽을 때까지 바뀌지 않았다. 런던을 자신의 '마법의 등'이라고 불렀던 디킨스는 런던을 너무 오랫동안 떠나 있으면 글을 쓰기 어려웠다. 그는 일단 소설을 구상하면 '이야기의 바탕으로 삼고 싶은 풍경을 찾으러' 런던 시내로 나가곤 했다. 예를 들어, 《바나비 러지(Barnaby Rudge)》를 쓸 때 처음 몇 주 동안은 거지와 끝도 없이 계속되는 가난을 가슴에 와 닿게 담아내기 위해 런던의 '가장 초라하고 참혹한 거리'를 찾아갔다.

이후에도 이러한 행보는 계속됐다. 디킨스는 소설가로 살아가는 내내 대부분의 시간을 런던에서 지내며 런던의 인물들과 런던의 영광은 물론 이 도시에 내재된 공포와 고통을 주로 그렸다. 디킨스가 작가로서 절정기를 맞았을 때 런던 주민들의 평균 수명은 27세(노동자계층은 22세)로 런던에서 치러지는 장례식의 절반 이상은 10세 미만의 아이들을 위한 것이었고 대부분의 사인은 전염병과 영양실조였다. 또한 런던에 사는 6~7세 아동의 대다수가 전일제 노동에 내몰렸다. 런던의 공기는 공장의 매연과 가정용 연료로 오염돼 탁했다(디킨스는 일찍이 오염방지 운동에 앞장섰다). 생활환경은 불결했고 범죄가 판을 쳤다. 이 모든 것들을 목격한 디킨스는 공감을 불러일으키는 엄청난 재능을 발휘해 다른 세상에 사는 수백만 독자들에게 같은 경험을 나누게 해줬다.

디킨스는 또한 자신에게 유명세를 안겨준 최하층계급을 소설에 담는 데 그치지 않고 그들을 진심으로 도우려 했다. 1847년에 노숙하는 여성들을 위해 셰퍼즈 부시(Shepherd's Bush)에 우라니아 하우스(Urania House)라는 보호소를 세워 12년 동안 운영했다. 당시 그런 보호소는 징벌의 성격이 강한 가혹한 곳이었으나 디킨스는 우라니아 하우스를 따뜻한 집처럼 운영하기 위해 갖은 노력을 기울였다. 또한 노동환경과 위생시설의 개선뿐만 아니라 아동의 처우 개선 운동도 꾸준히 벌였다.

하지만 디킨스의 본업은 자신의 주변에서 목격한 모든 것들을 버무려 찬란하게 빛나는 아주 두툼한 소설로 빚어내는 소설가였다. 그의 소설에는 런던의 주민들도 종종 등장했다. 예를 들면, 몇 가지 정황상 빌 사익스(Bill Sikes, 《올리버 트위스트(Oliver Twist)》에 나오는 인물)는 디킨스가 어릴 적에 살았던 노퍽 스트리트 10번지 근처의 메릴르본에서 램프용 수지와 기름을 팔았던 '윌리엄 사익스(William Sykes)'라는 사람을 본뜬 인물이다. (노퍽 스트리트의 집에서 아래로 아홉 번째 집이 구빈원이었다. 따라서 이 집이 《올리버 트위스트》에 나오는 구빈원의 모태인 셈이다.) 미코버(Micawber, 《데이비드 코퍼필드》에 나오는 인물) 또한 먼 데서 찾을 필요가 없었다. 사실 이 남자는 디킨스 자신의 아버지나 마찬가지기 때문에 런던의 어느 집에서나 볼 수 있는 인물이다. 페이긴(Fagin, 《올리버 트위스트》에 나오는 인물)은 페티코트 레인의 보석 가게에서 훔친 보석들을 매매했던 아이작 '아이키' 솔로몬(Isaac 'Ikey' Solomon)이라는 런던의 실존인물을 바탕으로 탄생된 인물이다. 에버니저 스크루지(Ebenezer Scrooge, 《크리스마스 캐럴》 속 인물)는 구두쇠로 악명 높아 '구두쇠 엘웨스'로 더 유명한 하원의원 존 엘웨스(John Elwes, 1714-89)에게서 영감을 받아 만들어낸 인물이다. 엘웨스는 숙부에게서 엄청난 재산(현재 가치로 약 1800만 파운드, 우리 돈으로 약 260억)을 상속받았음에도 상류 생활을 누리는 데 관심이 없었다. 오히려 해가 지면 양초를 아끼기 위해 곧바로 잠자리에 들었고, 옷을 해질 때까지 입었으며, 유지비가 아까워 집이 폐가가 되도 아랑곳하지 않았다. 《올리버 트위스트》에서 불공평한 치안판사로 나오는 팽(Fang)은 디킨스가 의도적으로 앨런 스튜어트 랭(Allan Stewart Laing, 1788-1862)이라는 실존인물을 그대로 옮겨놓은 인물이다. 악명 높은 부패 판사였던 랭은 1838년에 판사직에서 해임됐다. 디킨스는 《올리버 트위스트》를 잡지에 연재하던 당시 대놓고 이 판사를 '다음 호'에서 풍자할 것이라고 말했다. 디킨스의 또 다른 런던의 이웃으로 손톱 관리사이자 발 치료사였던 제인 시모어 힐(Jane Seymour Hill)은 미스 모처(Miss Mowcher, 《데이비드 코퍼필드》 속 인물)에 자신의 모습이 투영됐다는 것을 알고 고소하겠다고 협박했다. 이에 디킨스는 시의 적절할 때 미스 모처의 영웅적 면모를 드러내줘 그녀를 진정시켰다.

그러나 사람들도 중요하긴 하지만 디킨스도 직접 말했듯이 가장 위대하고 중요한 등장인물은 런던이라는 도시 자체였다. 디킨스의 소설에 등장하지 않은 자치구나 거리가 거의 없을 정도다. 코번트 가든을 걸어가다 보면 데이비드 코퍼필드가 도라를 위해 꽃을 샀던 꽃 시장이나 그가 〈율리우스 카이사르〉의 공연을 봤던 극장을 아주 가까이에서 볼 수 있을 것이다. 홀본으로 산책을 나가면 디킨스의 친구(이자 미래의 전기 작가) 존 포스터(John Forster, 1812-76)의 집이자 《황폐한 집》에 나오는 터킹혼 씨(Mr Tulkinghorn)의 집인 링컨스 인 필즈 58번지(58 Lincoln's Inn Fields)를 볼 수 있다. 또한 거기서 북쪽으로 조금만 가면 디킨스의 소설에서 '지저분한 동네로 사기꾼과 도둑들의 본거지'이자 페이긴의 소굴이 있는 곳으로 그려지는 클러켄웰과 새프론 힐(Saffron Hill)이 나온다. 클러켄웰 그린(Clerkenwell Green)은 올리버가 우스꽝스럽게 소매치기를 시도하는 장면에 등장했던 곳이다. 근처의 블리딩 하트 야드(Bleeding Heart Yard)는 《리틀 도릿》에서 도이스(Doyce)와 클레넘(Clennam)의 공장이 있던 곳이다. 또한 이 근방에는 (《크리스마스 캐럴》 속) 스크루지, 《돔비 부자(Dombey and Son)》의 폴 돔비(리든홀 스트리트), 《마틴 처즐위트(Martin Chuzzlewit)》의 처즐위트, 그리고 《우리들의 친구(Our Mutual Friend)》에 나오는 매혹의 플레지비(Fascination Fledgeby)의 사무실이 있는 런던 금융 중심지이자 중세의 도시인 시티오브런던이 있다. 콘힐은 밥 크래칫(Bob Cratchit, 《크리스마스 캐럴》 속 인물)이 집으로 가는 길에 빙판에서 미끄럼을 타던 곳이다. 거기서 동쪽으로 가다 보면 불쌍한 낸시가 페이긴과 사익스에게 발각되어 살해당하는 빈민가 집이 있던 베스널 그린(Bethnal Green)이 나온다. 서쪽의 메이헤어와 케번디시 스퀘어(Cavendish Square)는 《니콜러스 니클비(Nicholas Nickleby)》에서 마담 맨털리니(Madame Mantalini)의 양장점이 있던 곳이다. 그리고 올버니(Albany)는 매혹의 플레지비가 시티 오브런던에서 일하고 있지 않을 때 살았던 독신자 아파트가 있던 곳이다. 강 건너에 있는 서더크는 리틀 도릿이 자주 가던 곳으로 그녀는 세인트 조지 순교자 교회에서 세례를 받고 결혼을 하며 디킨스의 가엾은 늙은 아버지처럼 마셜시 채무자 감옥에 갇혀 있다. 디킨스의 이야기는 그곳에서 동쪽으로 멀리 떨어진 그리니치와 트라팔가 태번(Trafalgar Tavern)까지 뻗어나간다. 디킨스 자신이 자주 찾던 술집 중 하나였던 트라팔가 태번은 《우리들의 친구》에서 결혼 피로연장으로 등장한다. (같은 소설에서, 벨라와 존 록스미스는 그리니치의 교회에서 결혼한다.) 다시 서쪽으로 가면 리치먼드와 일파이 섬(Eel Pie Island, 템스 강 한가운데에 떠 있는 조그만 섬-옮긴이)이 나오는데, 《니콜러스 니클비》의 미스 케닝(Miss Kenning)은 바로 이곳에서 열린 파티에 참석한다.

한편 디킨스는 런던 곳곳을 옮겨 다니며 살았다. 그곳들을 전부 순례하고 싶다면 좋은 날을 잡아 둘러보라.

1815-17:	10 Norfolk Street(현재 주소는 22 Cleveland Street), St Pancras
1822-4:	16 Bayham Street, Camden (《크리스마스 캐럴》에서 크래칫 가족이 살던 집의 모델이 됐던 집)
1824:	4 Gower Street North, Fitzrovia

1824:	Little College Street, Camden
1824-7:	29 Johnson Street, Somers Town
1827-9:	The Polygon, Somers Town
1829-32:	10 Norforlk Street, Fitzroy Square, Fitzrovia
1832:	15 Fitzroy Street, Fitzrovia
1833:	18 Bentinck Street, Marylebone
1834:	Cecil Street, Covent Garden
1834:	Buckingham Street, Covent Garden
1834-5:	13 Furnival's Inn, Holborn
1835:	11 Selwood Terrace, Brompton
1836:	16 Furival's Inn, Holborn
1837-8:	48 Doughty Street, Holborn
1838-9:	트위크넘(Twicknenham) 의 모처에 있던 작은 집
1839-51:	1 Devonshire Terrace, Bayswater
1848:	3 Chester Place, Regent's Park
1851-60:	Tavistock House, Bloomsbury
1870:	5 Hyde Park Place, Mayfair

다우티 스트리트(Doughty Street)에는 현재 디킨스 박물관이 있다. 이곳에는 원고와 그림을 비롯해 디킨스가 썼던 가구가 소장돼 있다. 애석하게도 디킨스의 가족에 관해서는 알려진 게 많지 않다. 하지만

그가 다우티 스트리트에 살 때 첫 번째 아내 캐서린과 결혼했고 처제였던 메리와 사랑에 빠졌다는 점은 주목할 만하다. 메리는 겨우 열일곱 살의 나이로 비극적인 죽음을 맞이했다. 그런데《올리버 트위스트》의 로즈 메일리(Rose Maylie)와《골동품 상점(The Old Curiosity Shop)》의 리틀 넬(Little Nell)의 모델이 바로 메리였다.

디킨스는 결혼생활 내내 인습에 얽매이지 않았다. 캐서린의 또 다른 동생 조지나 또한 1842년부터 디킨스가 죽는 날까지 함께 살았다. 그러나 정작 캐서린은 찰스가 열여덟 살의 배우 엘렌 터넌과 사랑에 빠지자 1858년에 디킨스의 집에서 나왔다. 이는 점잖은 빅토리아시대 사람들에게서 좀처럼 보기 힘든 일이었다. 그래서 이 일은 디킨스가 죽은 후에도 오랫동안 은폐됐다.

다른 많은 작가들에게도 저마다 비밀이 있었다. 공개되지 않아서 그렇지 19세기에 문학의 도시 런던을 빛낸 작가들 중에서 고리타분하고 딱딱한 고정관념에 순응했던 이들은 거의 없다. 이들은 나름의 방법으로 이후 세대이자 자신들을 보수적이라고 조롱했던 모더니스트들과 피츠로비언(Fitzovian, 옥스퍼드 스트리트 북쪽 지구인 피츠로비아에 1930~40년대의 시인들이 자주 찾는 술집들이 많았던 것을 바탕으로 당시의 시인들을 부르는 말-옮긴이), 그리고 블룸스버리 인사들보다 더 진보적이고 혁명적일 때가 많았다.

특히 디킨스의 오랜 친구로서 간간이 그와 경쟁하기도 했던 윌키 콜린스(Wilkie Collins, 1824-89)는 공공연한 보헤미안이었다. 그는 결

디킨스 소설에 나오는 술집 순례

제일 먼저 조지 인(George Inn, 77 Borough High Street, SE1)부터 들르자. 이곳은 런던에 마지막 남은, 회랑이 있는 술집(옛날에는 마차들이 머물던 여관이었다—옮긴이)으로 디킨스도 이곳에서 술을 마셨다. 《리틀 도릿》에도 등장하는 이 술집의 벽에는 디킨스의 생명보험증권이 걸려 있다.

런던 브리지를 건너 리든홀 마켓까지 올라간 다음 15분쯤 걸어서 캐슬 코트 3번지(3 Castle Court)에 가면 조지앤벌처(George and Vulture)가 보일 것이다. 이곳은 피크위크와 그의 친구들의 본거지로 《피크위크 클럽의 유고》에서 20회 이상 언급된다. 피크위크는 특히 (오늘날의 파인트 잔에 담아 주는) 포트와인을 좋아한다.

치프사이드를 따라 20분 정도 더 걸어가면 올드 체셔 치즈(Ye Olde Cheshire Cheese)가 나온다. 디킨스가 젊은 시절에 플릿 스트리트에서 기자로 일할 때 맨 처음 이 술집에서 술을 마시기 시작했는데 이후 이곳은 디킨스가 런던에서 제일 좋아하는 술집 중 하나가 되었다. 디킨스는 1층의 바 맞은편에 있는 벽난로 오른쪽 자리에 즐겨 앉았다고 한다. (《두 도시 이야기(A Tale of Two Cities)》에서 시드니 카튼이 찰스 다네이를 데려와 '담백하고 맛있는 저녁과 소박한 와인'을 대접한 곳이 바로 이 술집이다.)

그 다음에는 슈 레인(Shoe Lane)을 가로질러 새프론 힐(Saffron Hill)까지 죽 올라가면 원 턴(One Tun)이 나온다. 이곳은 디킨스의 또 다른 단골 술집으로 《올리버 트위스트》에서 (빌 사익스와 그의 도둑 패거리가 즐겨 찾는) 쓰리 크리플즈(Three Cripples) 술집의 실제 모델일 가능성이 크다.

이제 홀본으로 가서 시티 오브 요크(Cittie Of Yorke)에 가볼 차례다. 이곳은 예전에 그레이 법학원 커피하우스(Grey's Inn Coffee House)였다. 데이비드 코퍼필드가 친구 토미 트래들스의 안부를 묻기 위해 잠시 쉬던 곳이다. 《바나비 러지》 속 폭도들 또한 이곳의 지하 저장고에 숨는다.

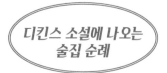

링컨 법학원 광장(Lincoln's Inn Fields)을 가로질러 가다가 골동품 상점(Old Curiosity Shop)을 지나 조지 4세(George IV) 술집으로 가보자. 이곳은 《피크위크

클럽의 유고》에서 맥파이앤스텀프(Magpie and Stump)라는 이름으로 등장하는데 (소설 속에서) 지하창고에 흑맥주가 50만 통이나 있는 것으로 유명한 술집이다.

러셀 스트리트(Russell Street)를 따라 10분 정도 내려가다가 코번트 가든(Covent Garden)으로 접어들면 램앤플래그(Lamb and Flag)가 나온다. 이 술집으로 이어지는 좁은 통로에는 디킨스가 이 술집에서 한잔하며 보낸 시간들을 기념하는 작은 명판이 뽐내듯 걸려 있다.

마지막으로 섀프츠버리 애버뉴(Shaftesbury Avenue)를 가로질러 소호의 그릭 스트리트(Greek Street)로 들어서면 헤라클레스의 기둥들(Pillars of Hercules)이라는 술집이 나온다. 《두 도시 이야기》에 나오는 '헤라클레스 기둥들'의 실제 모델인 셈이다. (이 술집은 문학계가 인증한 곳이나 다름없다. 이언 매큐언과 줄리언 반즈 그리고 마틴 에이미스 모두 이 집의 단골손님이었다. 또한 클라이브 제임스는 두 번째 문학평론서의 제목을 이 술집 이름을 따서 '헤라클레스의 기둥들에서(At the Pillars of Hercules)'라고 지었다.

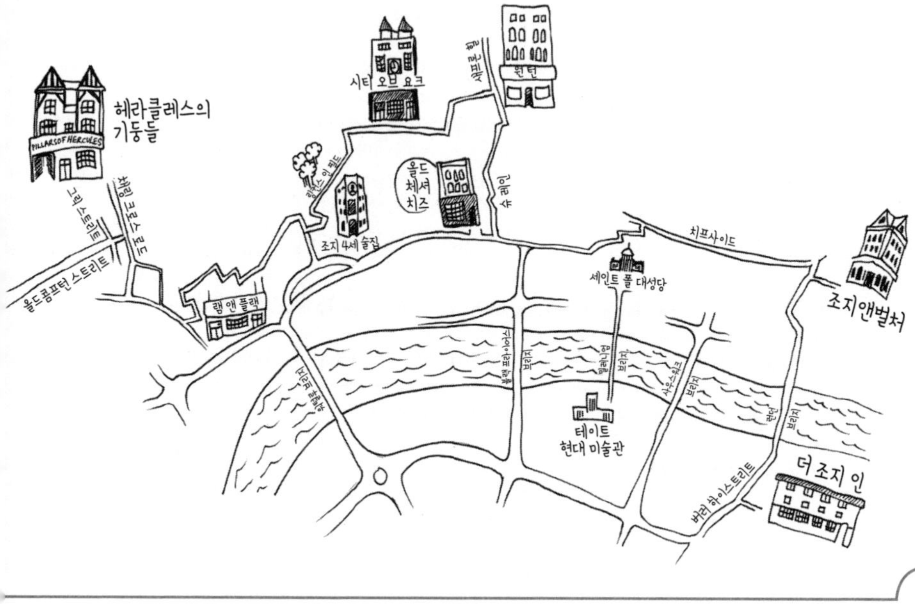

혼 제도에 반대했지만 1858년에 캐롤라인 그레이브스(Caroline Graves, 1830-95)라는 여인과 사랑에 빠졌다. 그녀는 하울랜드 스트리트에 있는 콜린스의 아파트와 아주 가까운 곳에서 살았던 초라한 가게 주인이었다. 이후 두 사람은 살림을 합쳐 1889년에 콜린스가 사망할 때까지 함께 살았다.

캐롤라인 그레이브스는 콜린스의 《흰옷을 입은 여인(Woman in White)》뿐만 아니라 디킨스의 (《위대한 유산》에 등장하는) '미스 해비셤(Miss Havisham)에 영감을 준 인물로 더 유명했다.

《흰옷을 입은 여인》은 찰스 디킨스가 발행하는 잡지 〈올 더 이어 라운드(All the Year Round)〉에 1859년부터 1860년까지 연재되면서 첫선을 보인 작품이다. 이 작품이 맨 처음 연재됐을 때 런던이 발칵 뒤집힐 정도로 열풍을 불러왔다. 디킨스의 잡지가 발행된 이래 가장 인기있는 연재물로서 1860년에 첫 단행본이 출간됐을 때 1천 권의 한정판이 채 하루도 못가 다 팔렸다. 또한 작품의 인기에 힘입어 '흰옷을 입은 여인'의 망토와 보닛과 향수는 물론이고 관련 악보까지 판매될 정도였다. 그 전해만 해도 아직 연재가 진행 중이라서 사람들이 이야기의 결말을 모르는 터라 이 작품의 핵심인 끔찍한 '비밀'이 무엇일지를 두고 내기가 한창이었다. 심지어 남성들은 청혼할 목적으로 소설 속 여주인공 메리언 할콤(Marian Halcombe)의 실제 모델이 누구인지 알려달라는 편지를 콜린스에게 직접 보내기도 했다.

《흰옷을 입은 여인》은 캐롤라인 그레이브스뿐만 아니라 당시 런던에서 일어났던 사건에서 영감을 받아 감동적인 이야기와 추문을 적절하게 섞어서 만든 시의적절한 소설이었다. 그 시기에 플릿 스트리트에는 (특히 상류층, 아니 '상류층인 척' 하는 이들을 배경으로 한) 성 추문과 독살 그리고 지하 범죄세계에 매료된 장르로서 '페니 저널리즘(penny journalism)'이 새롭게 떠오르고 있었다. 또한 디킨스의 지인이자 런던 사교계의 단골이며 간간이 시를 쓰기도 했던 리튼 경(Edward Bulwar Lytton, 1803-73)과 관련된 추문에 이목이 쏠리던 참이었다. 리튼 경이 사이가 나빠진 부인을 정신병원에 감금한 게 밝혀졌기 때문이다. 게다가《흰옷을 입은 여인》이 연재되던 시기에 런던에는 나폴리와 프랑스의 스파이들이 (콜린스의 표현대로) '우글거렸다.' 이런 시대적 상황은 대중들이 열광할 만한 소재였다(그중에서도 스파이들이 만국박람회를 이용해 런던에 잠입한다는 설정은 특히 인기가 많았다). 콜린스는 포스코 백작(Count Fosco)을 그릴 때 이들 스파이의 존재를 십분 활용했다. 더구나 이 소설의 대부분의 이야기는 런던이 아닌 곳에서 펼쳐지는데도 결정적으로 첫 부분만큼은 하트라이트의 어머니가 살고 있는 햄스테드의 아늑하고 작은 집에서 시작되며 햄스테드 히스에서 흰옷을 입은 여인이 배회하는 장면이 등장한다.

이 작품으로 크게 성공한 콜린스는 이후 10년 동안 좋은 세월을 보내다가 결국 1868년에《월장석(The Moonstone)》을 출간했다. 그러나 애석하게도 이 작품 이후로 그는 점차 쇠퇴했다. 그는 애초 통풍의 통증을 덜기 위해 어쩔 수 없이 복용했던 아편에 중독돼버리고 말았다.

또한 디킨스와도 사이가 틀어졌다. 수년 동안 함께 코번트 가든과 스트랜드로 자주 산책을 나가곤 했던 두 사람은 1860년에 윌키의 남동생 찰스와 디킨스의 딸 케이트가 결혼을 한 뒤부터 점차 관계가 멀어졌다. 디킨스는 '병약하고 나약하다'며 찰스 콜린스를 별로 좋아하지 않았다. 그 때문에 디킨스와 윌키의 관계에도 금이 가기 시작했다. 콜린스가 죽고 나서 윔폴 스트리트에 위치한 그의 집 서재에서 그가 디킨스의 작품을 읽고 느낀 바를 써놓은 글들이 발견됐다. 그런데 이 글들을 읽어보면 두 사람 사이에 얼마나 큰 균열이 생겼는지 짐작할 수 있다. 콜린스는 디킨스의 《돔비 부자》를 가리켜 '똑똑한 사람이라면 형편없는 이 책을 읽고 깜짝 놀랄 수밖에 없다'고 썼다. 또한 미완성작 《에드윈 드루드(Edwin Drood)》를 두고 '지친 뇌에서 나온 우울한 작품'이라고 평했다. 뿐만 아니라 디킨스를 흠모했던 존 포스터가 디킨스 전기의 첫 장에 '19세기 가장 인기 있는 소설가, 찰스 디킨스'라고 쓴 대목에는 '……월터 스콧(1771-1832, 스코틀랜드 출신, 《아이반호》의 저자이자 시인-옮긴이) 이후로'라는 말을 덧붙여놓았다.

그러나 이 모든 사실에도, 막상 찰스 디킨스가 사망하자 윌키는 비탄에 빠졌다. 그는 일찍이 서로 우정을 나누던 시절을 떠올리며 '우리는 매일 만날 정도로 더없이 서로를 좋아했다'고 썼다.

콜린스 자신은 평생 런던에서 살다가 예순다섯 살이던 1889년에 타운튼 플레이스에서 눈을 감았다. 그는 오늘날 널리 인정받지만 그와 같이 빅토리아시대에 런던에서 문학을 했던 한 사람만큼은 그의 글을 높게 평가하지 않았다. 앤터니 트롤럽(Anthony Trollope, 1815-82)은 자서전에서 콜린스의 문체를 이렇게 평했다. "구성이 대단히 세밀하고 굉장히 멋지다. 하지만 그 구성에 맛이 들리면 도저히 벗어날 수가 없다."(이야기가 정해진 틀에서 한 치도 벗어나지 않고 흘러가고 결말도 예상가능해서 재미가 없다는 뜻에서 쓴 말이다-옮긴이)

트롤럽은 런던에서 태어나서 해로스쿨(Harrow School)을 다녔다. 그러나 가족 전체가 빚쟁이들을 피해 브뤼헤에서 얼마간 지내기도 했다. 1834년에 런던으로 돌아온 트롤럽은 중앙 우체국에 취직했다. 처음에는 시간을 잘 안 지키고 지시를 따르지 않아 직장 내 평판이 좋지 않았다. 설상가상으로 트롤럽이 아버지의 재정 보증인인 탓에 직장으로 매일같이 빚쟁이가 찾아와서 200파운드를 갚으라고 요구했다. 그러나 1852년에 이 모든 것을 한 번에 만회할 기회가 생겼다. 트롤럽이 근대식 독립형의 빨간 우체통을 고안했기 때문이다. 지금도 런던 전역에서 이 우체통의 후속 모델들을 볼 수 있다.

성인이 된 트롤럽은 몇 년 동안 아일랜드에 살면서 두루 여행을 다녔다. 하지만 그에게 많은 영감을 준 곳은 바로 고향인 런던이었다. 빅토리아 시대의 마지막 대작 연재소설 중 하나로 꼽히는 그의 1875년작, 《지금 우리가 사는 법(The Way We Live Now)》은 오거스터스 멜못(Augustus Melmotte)이라는 부패한 시 재무관을 중점적으로 다룬다. 이 작품에서 트롤럽은 무작정 런던을 비난하는 대신에 끝없는 대출과 천박한 관계가 판치는 사치스럽고 부패한 런던을 그리고 있다.

"사방에 그림이 걸려 있고, 장식장마다 보석이 즐비하며, 모퉁이마다 대리석과 상아로 치장된 아름다운 궁전에 부정이 살고 있어서 아피키우스의 만찬(Apician dinner, 5세기 로마의 요리책인 아피키우스에 나오는 요리법으로 차린 만찬 – 옮긴이)을 차려내고, 의회에 진출하고 , 수백만 파운드를 거래할 수 있다면, 부정은 수치스러운 게 아니며 그런 식으로 부정을 저지르는 사람도 천박한 악당이 아니다."

《지금 우리가 사는 법》에서 자유당(휘그당)과 보수당(토리당) 양측은 멜못을 자기 당의 의원 후보로 지명하기 위해 경쟁한다. 이때 어느 쪽도 멜못이 의원에 적역이며 대중을 즐겁게 해준다는 사실만 중요하게 여길 뿐 그가 사기꾼인지 아닌지는 신경 쓰지 않는다. 따라서 이런 행태는 현재 우리가 사는 모습과도 거의 비슷하다고 볼 수 있다.

정치에는 오거스터스 멜못보다도 훨씬 어울리지 않을 것 같지만 자유당과 보수당이 환심을 사려고 했던 또 다른 인물이 있었으니, 바로 앨프레드 테니슨 경(Alfred Lord Tennyson)이다. 자유당 총리 글래드스톤(1809-98)과 보수당 총리(이자 소설가였던) 벤저민 디즈레일리(Benjamin Disraeli, 1804-81)는 수년 동안 시인 테니슨을 정계로 끌어들이려고 노력했다. 테니슨은 당시 심상치 않은 조건을 내걸었을 뿐만 아니라 독특할 만큼 그리스도교나 그와 관련된 의식들을 몹시 싫어했다. 그럼에도 여왕까지 나서서 독려하자 결국 그는 1884년에 정계에 진출했다.

링컨셔에서 태어난 테니슨은 런던에 오래 살면서 런던에 관한 시도 많이 썼다. 그가 상류사회의 구애를 받은 데다 대영제국의 전성기에 계관시인으로 봉직해서 행복했던 것은 사실이다. 그러나 그가 런던을 그린 일부 시들에서는 세계 속 영국의 역할을 대하는 기이하리만치 상반된 감정이 드러난다. 테니슨은 경기병대의 돌격을 불행한 결말로 만들어버린 터무니없는 실수를 고발했을 뿐만 아니라(크림 전쟁 때 발라클라바 전투에서 영국의 무능한 지휘관들 때문에 경기병대가 거의 전멸하는 사태가 일어났다. 테니슨은 능력보다 출신을 중시하는 당시의 정치 풍토 때문에 빚어진 이 어이없는 비극을 〈경비병대의 돌격(The Charge of the Light Brigade)〉이라는 시로 고발했다-옮긴이), 오늘날 클레오파트라의 바늘이라고 알려진 오벨리스크를 이집트에서 가져와 템스 강변에 세워둘 때에도 반대의견을 냈다. 웨스트민스터 대성당의 주임사제이자 이집트학자였던 아서 스탠리(Arthur Stanley, 1815-81)는 테니슨에게 이 기념물의 토대에 새겨 넣을 시 한 편을 지어달라고 부탁했다. 이에 테니슨은 런던 사람들에게 오벨리스크의 목소리로 다음과 같이 고하는 시를 썼다.

……그대의 시민들은 자기들의 명성을 위해
낯선 바다를 지나 나를 그대의 괴물 같은 도시까지 끌고 왔도다.
나는 네 개의 대제국이 사라지는 것을 지켜봤노라.
나는 런던이 없을 때에도 존재했노라. 그리고 지금 여기 있도다.

다른 경우였다면 테니슨은 자신이 선택한 도시에 대해 훨씬 더 심술을 부릴 수 있었을 것이다. 일전에 그는 이스트엔드의 어느 술집(블랙 불)을 저주하는 시를 썼다. "알드게이트의 블랙 불(Black Bull)이여, 그대의 뿔들은 뿌리부터 썩을지어다!" (후세는 테니슨의 바람을 들어줬다. 이 술집은 오래 전에 헐렸다.) 그러나 테니슨의 가장 위대한 순간은 의외의 상황에서 찾아왔다. 1850년에 출간된 〈애도시(In Memoriam)〉는 친구였던 아서 핼럼(Arthur Henry Hallam, 1811-33)의 죽음을 애통해하며 쓴 시다. 핼럼은 옥스퍼드 서커스에서 바로 북서쪽에 자리한 윔폴 스트리트 67번지(67 Wimpole Street)에 살았다. 테니슨은 다음과 같은 〈애도시〉 일부 구절에서 핼럼이 떠난 뒤 친구의 집 근처를 거니는 심정을 자세히 밝혔다.

나 다시 캄캄한 집 곁에 와
여기 달갑지 않은 긴 거리에 서 있네,
문가에 서면
손을 기다리며 내 심장이 세차게 뛰곤 했노라,

더 이상 잡을 수 없는 손이여,
나를 보아라, 잠 못 이루는 나는
마치 죄인처럼 이른 아침부터
그 집으로 느릿느릿 걸어가노라.

그는 여기가 아닌 저 먼 곳에 있는데
삶의 소음이 다시 시작되니,
섬뜩하게도 부슬부슬 내리는 비를 뚫고
벌거벗은 거리에 헛된 날이 새노라.

테니슨이 슬픔에 젖어 있는 동안 몇 집 아래에 있는 윔폴 스트리트 50번지에서는 훨씬 행복한 일이 일어나고 있었다. 그곳은 시인 엘리자베스 바렛(Elizabeth Barrett, 1806-81)의 집이었다. 1845년에 동료 시인 로버트 브라우닝(Robert Browning, 1812-89)은 그녀의 집을 고정적으로 방문하고 있었다. 그는 1844년에 출간된 엘리자베스의 시집 《시(Poems)》를 읽고 걷잡을 수없이 그녀를 사랑하게 되었다. 로버트는 엘리자베스에게 보낸 편지에서 그녀가 쓴 시의 '풍부한 표현'과 '신선할 정도로 낯선 음조'를 극찬하면서 '바렛 양, 진심으로 당신의 시를 사랑합니다'라고 썼다.

곧이어 두 사람은 사랑을 속삭이는 사이가 되었다. 바렛의 고압적인 아버지가 허락하지 않으리라는 것을 알았던 이들은 몰래 만남을 이어오다가 1846년 늦여름에 세인트 메릴르본 교구 교회에서 비밀 결혼식을 올렸다.

이듬해 런던에서는 또 다른 비밀 결혼식이 열렸는데, 다름 아닌 소설 속 결혼식이었다. 윌리엄 메이크피스 새커리의 《허영의 시장》에서 로든 크롤리 대위와 베키 샤프가 몰래 결혼식을 치른 해가 1847년이었다.

새커리는 켄싱턴 영 스트리트(Young Street) 13번지(현재의 16번지)에 살면서 런던 상류사회를 풍자하는 대작을 썼다(그는 1846년부터 1853년까지 살았던 이 집에서 장대한 《펜더니스(Pendennis)》와 《헨리 에스먼드의 역사(History of Henry Esmond)》도 썼다). 몇 년 후 친구와 집 앞을 지나가던 새커리는 이렇게 외쳤다. "친구여, 여기가 《허영의 시장》이 탄생된 곳이니 무릎을 꿇게. 나 자신도 그 졸작을 높이 평가하니까 내 말이 이해가 갈 거네."

새커리의 딸 미니(Minnie)는 그 소설을 그렇게까지 좋아하지 않았다. 새커리가 한 편지에 쓴 일화에 따르면, 한번은 딸이 아침을 먹다가 '아빠, 아빠는 왜 《니콜러스 니클비》 같은 책은 안 써요?'라고 물었다고 한다. 찰스 디킨스도 새커리의 딸과 똑같이 《허영의 시장》을 탐탁지 않게 생각했지만 그 이유는 크게 달랐다. 이 소설은 극찬을 받으면서 일주일 만에 7천 부가 팔려나갔기 때문이다. 새커리는 이 책의 수익금 중 일부를 헐어 팰리스 그린 2번지(2 Palace Green, 현재는 이스라엘 대사관이 들어와 있다)에 호화로운 집을 지었다.

그러나 새커리는 영 스트리트를 떠나기 전에 샬럿 브론티(Charlotte Brontë, 1816-55)와 운명적으로 만났다. 브론티는 끔찍한 실수인 줄도 모른 채 《제인 에어(Jane Eyre)》를 새커리에게 바쳤다. 당시 새커리에게는 (제인 에어의) 로체스터처럼 꽁꽁 숨겨둬서 거의 알려지지 않은 아내가 있었다. 1849년에 브론티가 런던을 방문한 동안 새커리가 그녀의 축하 파티를 열어줬을 때도 이와 비슷한 오해가 발생했다. 당시 그녀가《제인 에어》의 실제 저자라는 게 널리 알려졌는데도 브론티는 자신이 '커러 벨(Currer Bell)'임을 인정하지 않으려 했다. 또한 사람들의 질문에도 까칠하고 짧게 대답할 뿐이었다. 일례로, 다른 손님들이 런던의 사교계 여성들이 마음에 드는지 묻자 그녀는 '그렇기도 하고 그렇지 않기도 하다'라고만 대답했다. 파티 분위기가 어찌나 경직됐던지 새커리는 몰래 밖으로 나와 동호회 사무실로 갔다. 새커리의 또 한 명의 신랄한 딸이었던 앤은 훗날 다음과 같이 회상했다.

> 드디어 자신의 책으로 온 런던을 들썩이게 했던 이름 없는 권력자인 그 여류작가 들어섰지요……아버지께서 팔을 내주기 위해 상체를 굽힐 때 우리 모두 미소를 지었답니다. 브론티 양이 천재일지는 모르나 아버지의 팔꿈치도 잡을 줄 모르더군요……더구나 모두가 멋진 대화를 기다렸지만 끝내 그런 것은 일어나지 않았죠.

신사였던 윌리엄은 그래도 다음 날 샬럿을 찾아갔다. 하스의 집으로 돌아온 샬럿은 신이 나서 친구 엘렌 너시(Ellen Nussey)에게 쓴 편지에서 '한바탕 흥미진진한 소동을 치른 기분'이라고 말했다.

샬럿 브론티가 커러 벨이라는 사실을 모두가 알게 된 데에는 샬럿의 책임이 컸다. 먼저께 자신의 책을 출간한 출판사에 나타났기 때문이다. 출판업자 존 스미스는 ('부도덕한' 책이라는 것이 인기의 요인 중 하나였던) 《제인 에어》의 저자가 자그마한 체구에 놀란 표정의 여성이라는 사실에 어안이 벙벙했다. 브론티 자매도 구레나룻이 있는 나이 지긋한 남자일 것이라고 상상했던 출판업자가 스물세 살의 잘생긴 청년으로 밝혀지자 적잖이 놀라긴 마찬가지였다.

샬럿은 어쨌든 런던에 무사히 도착했다는 사실에도 안도했을 것이다. 그녀는 젊은 시절에 런던을 상상할 수도 없는 죄악의 도시로 생각했다. 1834년에 엘렌 너시가 런던을 다녀갔을 때 샬럿은 엘렌이 생각을 '바꾸지 않은 채' 돌아가서 깜짝 놀랐다는 내용의 편지를 그녀에게 보냈다.

> "이 책은 정말 놀라운 작품이다. 이제껏 이토록 진정성 있는 힘과 이토록 진저리나는 맛을 동시에 보여준 책은 없었다."
>
> 〈쿼털리 리뷰(Quarterly Review)〉에 실린 엘리자베스 릭비의 《제인 에어》 서평

새커리가 마련한 만찬이 어색하게 끝났다고 해도 1861년에 그리니치 천문대에서 열린 조지 엘리엇의 《사일러스 마너(Silas Marner)》 출판 기념회에 비하면 아무것도 아니었다. 다른 여자들이 '타락한 여자'와 저녁을 먹지 않으려고 했기 때문에 만찬에 참석한 여성은 엘리엇 자신밖에 없었다.

엘리엇은 당시 윔블던 파크 로드 31번지(31 Wimbledon Park Road)에서 괴테의 전기를 쓴 조지 헨리 루이스(George Henry Lewes, 1817-78)

와 동거(live 'in sin')를 한 탓에 정숙한 여성들에게 처참할 정도로 무례한 취급을 받았다. 넌이턴(Nuneaton)에서 태어난 조지 엘리엇은 서른한 살 때인 1850년에 가족들을 크게 실망시키면서까지 런던으로 이주했다. 런던에서 그녀가 처음 거주한 곳은 급진적인 출판업자였던 존 채프먼(John Chapman, 1821-94)의 사무실 겸 서점 겸 집이 있는 더 스트랜드 142번지(142 the Strand)였다. 일부 학자들에 따르면, (채프먼의 아내와 자녀들은 물론 입주 가정부까지 있는 상황에서) 엘리엇과 채프먼이 짧게나마 정을 통했다고 한다. 또한 엘리엇은 채프먼이 그 무렵 인수한 진보 잡지 〈더 웨스트민스터 리뷰(The Westminster Review)〉의 편집을 맡았다. 이후 그녀는 잡지에 리 헌트와 새커리의 글을 실으면서 참정권을 강력하게 요구했다. 그렇게 5년을 하루 같이 일한 엘리엇은 기고가 중 한 명과 눈이 맞아 도망치듯 잡지사를 나왔다.

1880년에 사망한 조지 엘리엇은 생전의 인기와 화려한 이력에도 웨스트민스터 사원에 묻히지 못했다. 그녀가 '그리스도교를 부정'하고 조지 헨리 루이스와 '부적절한' 관계를 맺은 것 때문에 받아주지 않았기 때문이다. 결국 엘리엇은 전통적으로 종교 반대자들과 불가지론자들을 위해 남겨둔 지역인 하이게이트에 연인과 나란히 묻혔다. 하지만 엘리엇은 자신의 쾌락만큼은 철저히 누렸다. 정말이지 평생 동안 많은 남자들과 관계를 가진 그녀였기에 당대의 여러 주요한 급진적 지식인들의 이목을 끌었던 모양이다. 라파엘 전파 윌리엄 로세티(William Rossetti, 1829-1919)는 철학자이자 정치 이론가로서 '적자생존'이라는 말을 맨 처음 쓴 허버트 스펜서(Herbert Spencer, 1820-1903)가 서머셋 하우스의 계단에서 엘리엇에게 청혼하는 장면을 봤다고 사방에 말하고 다녔다.

이어서 로세티 가족도 왕래가 뜸한 그 동네가 유명해지는 데 한몫 했다. 윌리엄의 형 단테 가브리엘(Dante Gabriel, 1828-81)은 조지 엘리엇의 집 근처인 첼시의 체인 워크 16번지(16 Cheyne Walk)에서 늑대, 갈까마귀, 도마뱀, 공작 등이 우글거리는 집에 살았다. (특히 공작은 이웃들을 너무 괴롭힌 나머지 동네에서 영원히 퇴출되었다.)

단테 가브리엘의 아내 엘리자베스 시달(Elizabeth Siddal, 1829년생)이 아편틴크 과다복용으로 젊은 나이에 비극적으로 생을 마감한 때는 1862년이었다. 단테는 하이게이트 묘지에 아내를 묻으면서 자신이 가장 최근에 쓴 미출간된 시들을 함께 넣어줬다. 이후 말년에 접어들어 사정이 어려워진 단테가 허가를 받고 이 무덤을 파서 시들을 꺼내갔다. 결국 이렇게 회수해 출간한 시들 덕분에 큰돈을 번 단테는 첼시에 머물면서 계속해서 전처럼 생활할 수 있었다.

단테의 여동생이자 라파엘 전파를 주도한 시인 크리스티나(Christina Gabriel, 1830-94) 또한 하이게이트의 수혜자였다. 그녀가 1859년부터 1870년까지 하이게이트의 매춘부 피난소였던 성 막달라 마리아 '자선의 집'에서 자원봉사자로 일했던 경험을 바탕으로 쓴 시가 바로 그 유명한 〈도깨비 시장(Goblin Market)〉이다.

묘지는 토마스 하디(Thomas Hardy)의 경력에도 큰 영향을 미쳤다.

1860년대 중반에 하디는 건축사무소에서 일했다. 그가 맡은 업무 가운데 하나는 새로 개통될 미들랜드 기차의 통과 예정지인 세인트 판크라스 묘지를 점검하는 것이었다. 그중에서도 그는 시신 이장 작업을 감독해야 했다. 하디는 묘비 하나에 두 구의 시신이 있었다고 말했다. 그는 수십 개의 묘비를 파서 훼손되지 않은 묘지의 구석자리로 옮겼다. 그런데 그곳에는 물푸레나무가 한 그루 있었는데 나중에 이 나무는 하디나무로 불린다. 하디는 이때의 경험을 바탕으로 소설을 썼다(하지만 조지 메러디스가 만든 출판사에서 이 소설의 출판을 거절했다). 또한 같은 소재로 〈평평해진 묘지(The Levelled Churchyard)〉라는 시를 쓰기도 했다.

오 승객이여, 비틀린 묘비들로 뒤죽박죽된
이 길에 반쯤 억눌려 있는
우리의 한숨과 가련한 신음 소리를
부디 기록하고 이해해주기를!

여기에 잠들어 있는 우리 망자들은
뒤섞여 인간 잼이 되었으니,
저마다 두려워 소리치노라,
'어떤 게 나인지 모르겠구나!'

위 시구가 암시하듯, 하디는 자신의 일을 달가워하지 않았다. 사실상 일 때문에 병이 났을 정도다. 결국 건축사무소를 그만 둔 하디는 시골로 내려갔다. 아마 이 때문에 1923년에 나타난 오스카 와일드(Oscar Wilde, 1854-1900)의 혼령이 런던의 심령술사 헤스터 다우든(Hester Dowden, 오스카 와일드와 셰익스피어 등의 혼령과 교신했다고 주장했던 아일랜드 출신의 심령술사-옮긴이)에게 하디는 '악의 없는 시골뜨기'라고 말했던 모양이다. 다우든 여사에 따르면, 재치 넘치는 그 망자께서 《율리시즈》를 '대형 쓰레기'라고 표현하면서 다음과 같이 말했다고 한다. "죽는 것은 인생에서 가장 지루한 경험이다. 다시 말해 학교 선생님과 결혼을 하거나 저녁을 먹는 일 다음으로 지루하다." 아서 코난 도일은 이 메시지를 가리켜 '우리가 계속 인간으로 존재한다는 결정적인 증거'라고 단언했다.

이 모든 게 터무니없어 보이는데도, 다우든은 1920년대에 이 멋쟁이 망자와 나눈 대화를 책으로 엮어 출간했다. 아니나 다를까 이 회고록은 런던을 크게 흔들어놓았다. 빅토리아 시대가 저물고 파리로 망명한 와일드가 가난하게 살다가 비참하게 생을 끝낸 후에도 그가 얼마나 매혹적인 인물인지를 증명해 보인 셈이었다.

와일드가 비록 그렇게 생을 마감했지만 그가 처음 런던에 도착했을 때만 해도 상황은 완전히 달랐다. 와일드는 1878년에 옥스퍼드 대학에서 (그가 쓴 대로 '교수들이 깜짝 놀랄' 정도의) 역대 최고에 속하는 우수한 성적으로 졸업한 뒤 성공가도를 달렸다. (마지막 남은) 아버지의 유산으로 빠르게 사교계를 드나드는 독신남으로 자리매김한 그는 첼시의 타이트 스트리트 1번지(현재의 44번지)에 하숙했다. 그리고 이를 바탕으로 런던의 사교계를 매혹시키기 시작한 와일드는 1884년 5월 말경에 희곡을 썼고, 시집을 출간했으며 패딩턴에 있는 세인트 제임스 성공회 교회에서 콘스턴스 로이드(Constance Lloyd)와 결혼했다. 와일드는 이 결혼으로 (콘스턴스 아버지에게서) 1년에 250파운드의 수입이 더 생기자 윗동네인 타이트 스트리트 16번지로 이사를 가서 집을 사치스럽게 꾸몄다.

> "오, 나는 런던 사교계를 사랑한다! 런던 사교계는 엄청나게 좋아졌다.
> 이제는 완전히 아름다운 바보들과 멋진 미치광이들로 채워졌다. 사교계라면 마땅히 그렇듯……"
>
> 오스카 와일드

머지않아 와일드는 사교계를 주름잡던 재능을 신문잡지에 기고하는 데에도 요긴하게 썼다. 그는 〈펠멜 가제트(Pall Mall Gazette)〉를 비롯한 런던의 잡지들에 패션부터 자녀양육과 정치와 예술 등 다방면에 걸쳐 친근하고 유려한 필치의 칼럼을 기고했다. 바야흐로 그의 전성기였다. 길버트와 설리번(Gilbert and Sullivan, 빅토리아 시대의 극작가 윌리엄 길버트와 작곡가 아서 설리번을 뜻함. 당시 두 사람의 공동 작업으로 탄생된 오페레타[희가극]들이 많은 인기를 끌었다-옮긴이)이 오페레타에서 그를 언급할 정도로 와일드의 재치 넘치는 말과 글은 런던의 살롱과 식당들을 환하게 밝혔다(특히 와일드는 로열 카페를 아주 좋아해서 매일 오후 1시에 이곳에서 점심을 먹었다. 현재 오스카 와일드 바[Oscar Wilde Bar]라는 알맞은 이름으로 바뀐 이곳에 가면 오스카 와일드가 드나들 때와 똑같은 환경에서 술을 마실 수 있다).

> "서른다섯 살은 아주 매력적인 나이다. 런던 사교계는 자청해서 수년 간 서른다섯 살에 멈춰 있는 최상류층 여성들 천지다."
>
> 오스카 와일드

1889년에 랭햄 호텔에서 열린 연회에서 잡지 편집자였던 조셉 스토다트(Joseph Stoddart)는 와일드에게 소설을 써보라고 설득했다. 그렇게 탄생된 《도리안 그레이의 초상(The Picture of Dorian Gray)》 덕분에 와일드의 명성은 더욱 높아졌다. (같은 연회에서 스토다트는 코난 도일도 설득해 《네 사람의 서명(The Sign of Four)》을 쓰게 했다. 사후의 와일드만큼이나 살아 있을 때의 와일드에게도 매력을 느꼈던 도일은 그를 본떠 새디어스 숄토(Thaddeus Sholto)라는 인물을 만들었다.) 《도리언 그레이의 초상》은 1890년에 월간지 〈리핀코츠(Lippincott's)〉에 처음으로 발표되었다. 비평가들은 이 소설을 두고 비도덕적이고 감상적이며 쾌락적이라고 비난했다. 윌리엄 헨리 스미스(W. H. Smith, 더블유에이치스미스 그룹의 2대 경영주-옮긴이)도 크게 분개해 자사의 기차역 매점에서 〈리핀코츠〉를 전부 회수해버렸다. 상황이 이렇게 돌아가자 결과적으로 (〈리핀코츠〉와) 이 소설은 더욱 더 인기를 끌게 되었다. 물론 와일드는 압박감에 못 이겨 후속판에서 성적 표현의 수위를 낮췄다.

뒤이어 와일드는 《살로메(Salome)》, 《윈더미어 부인의 부채(Lady Windermere's Fan)》, 《보잘 것 없는 여인(A Woman of No Importance)》, 《이상적인 남편(An Ideal Husband)》 그리고 1895년에는 불후의 명작 《진지함의 중요성(The Importance of Being Earnest)》 같은 희곡들을 성공시키면서 런던의 연극 무대를 접수하기 시작했다. 그러나 이렇게 작가로서 최고의 위치에 오르며 눈부시게 빛나고 있을 때에도 그의 사생활은 최악의 순간으로 치닫고 있었다.

오스카 와일드가 런던에서 즐겨 찾던 또 다른 식당은 소호의 로밀리 스트리트(Romilly Street)에 자리한 케트너스(Kettner's)였다. 한번은 와일드가 그곳 웨이터에게 키스를 하는 추태를 부리기도 했다. 현재 이 식당은 재단장 중이다(2018년에 다시 문을 열 예정이다). 앞으로 이곳에 갈 기회가 생기는 사람은 좋은 친구와 사귀는 중일 것이다. 19세기에 에드워드 7세는 이곳을 자신의 정부 릴리 랭트리(Lillie Langtry)와의 만남의 장소로 삼았다. 랭트리는 여배우였던 터라 사람들의 입방아에 오르는 것을 피하기 위해 근처에 위치한 자신의 공연장인 팰리스 시어터와 케트너스를 오가는 비밀 통로까지 만들었다.

"와일드 씨에게 뛰어난 머리와 예술성과 필력이 있지만 그가 오로지 사회에서 추방된 귀족들과 변태적인 전보배달부들의 읽을거리만 쓴다면, 한시라도 빨리 (다른 점잖은 사람들의) 수준에 맞는 작품을 써야 본인의 평판과 공공 윤리도 좋아질 것이다."

〈더 스코츠 옵저버(The Scots Observer)〉

와일드는 동성애자였다. 런던에 살 때 언젠가 그는 열일곱 살의 로버트 로스(Robert Ross, 1869-1918)를 소개받았다. 1886년에 와일드의 첫 번째 동성 애인이 된 로스는 훗날 미술 비평가이자 미술품 매매업자로 일했으며 와일드의 유언집행인이 되었다. 와일드에게는 동성 애인들이 또 있었지만 섹스에 지나치게 관심이 많은 일반대중들의 눈을 용케도 잘 피했다. 그러나 1894년 6월 어느 날, 퀸즈베리 후작(Marquess of Queensberry, 1844-1900)이 타이트 스트리트의 집에 들이닥치면서 그의 비밀이 세상에 드러났다. 권투 후원자이자 만능 스포츠맨이었던 퀸즈베리 후작은 와일드에게 다음과 같이 못 박았다. "당신이 그거(남색가)라고는 말하지 않겠다. 하지만 당신은 그렇게 보이며 그거인 척한다. 그러니 두 번 다시 내 아들과 함께 있는 게 눈에 띄는 날에는 내 손에 뼈도 못 추릴 줄 알라."

"런던의 만찬 식탁을 지배할 수 있는 자가 세상을 지배할 수 있다."

오스카 와일드

그럼에도 와일드가 자신의 아들 앨프레드 더글러스 경(Lord Alfred Douglas, 1870-1945)을 만나자 격노한 퀸즈베리 후작은 그를 때려눕히는 대신 사회에서 매장해버렸다. 6개월 넘게 런던 인근의 식당과 클럽에서 공개적으로 언쟁이 벌어진 후, 1895년 2월 18일에 결정적인 일이 일어났다. 세인트 제임스 극장에서 와일드의 《진지함의 중요성》이 성공적으로 초연되고 사흘이 지난 이날, 퀸즈베리 후작은 와일드가 속한 사교클럽 알베말(The Albemarle)에 가서 '남색가인 척하는 오스카 와일드에게(퀸즈베리 후작이 쓴 원래 문구에는 남색가를 뜻하는 'sodomite'가 'somdomite'로 잘못 표기돼 있었다-옮긴이)'라고 쓴 명함을 놓고 왔다.

친구들의 만류에도 와일드는 퀸즈베리 후작을 명예훼손으로 고소했지만 퀸즈베리 후작은 되레 탐정을 고용해 와일드가 실제로 남자들을 만나고 다녔다는 것을 입증했다. 결국 감옥에 간 사람은 와일드였다. 그가 수의를 입고 플랫폼에 서서 레딩 교도소행 기차를 기다리고 있는 모습이 마지막으로 목격됐을 때 어떤 사람이 그에게 다가가 침을 뱉기도 했다. 그때가 1895년 5월이었다. 이후 와일드는 2년의 강제 노동형을 마치고 1897년 5월에 석방됐다. 그렇게 교도소를 나온 와일드는 곧바로 프랑스로 간 뒤 1900년 11월 30일에 당대의 순교자로 눈을 감았다. 그로부터 두 달 후 빅토리아 여왕도 서거했다. 이로써 특이한 영혼에 가까웠던 인물의 시대가 막을 내렸다.

주요장소 주소

카페 로열 호텔(Café Royal Hotel), 68 Regent Street, W1B (지하철역: Piccadilly)

케트너스 레스토랑(Kettner's Restaurant), 29 Romilly Street, W1D (지하철역: Covent Garden)

찰스 디킨스 박물관(Charles Dickens Museum), 48 Doughty Street, WC1N (지하철역: Russell Square)

새커리 생가(Thackeray's House), 16 Young Street, W8 (지하철역: High Street Kensington)

하디 나무(The Hardy Tree), St Pancras Old Church, NW1 (지하철역: St Pancras)

추천도서

샬럿 브론티,《제인 에어》

윌키 콜린스,《흰옷을 입은 여인》

찰스 디킨스,《황폐한 집》

윌리엄 새커리,《허영의 시장》

앤터니 트롤럽,《우리가 지금 사는 법》

오스카 와일드,《도리언 그레이의 초상》

9

범죄……

최초의 장편 추리소설은 런던에서 집필된 《월장석》이다. (이에 반해 에드가 앨런 포가 쓴 최초의 위대한 (단편) 추리소설(《모르그가의 살인 사건》을 뜻함-옮긴이)은 애석하게도 파리가 배경이다.) 윌키 콜린스가 1868년에 쓴 이 작품은 다음과 같이 장차 탐정 소설의 핵심으로 자리 잡을 여러 요소들을 소개했다. 시골 저택의 강도사건, 헷갈리게 하는 정보들, 잘못 짚은 용의자, 범죄의 재구성, 탐정 역할을 하는 신사(프랭클린 블레이크), 실존 인물이었던 런던 경시청의 조너선 위처(Jonathan Whicher, 1814-81) 경감을 모델로 삼아 만들어낸 경찰 친구(커프 형사) 등등이다.

《월장석》은 획기적인 내용 외에도 기억할 만한 것들이 많은 작품

조너선 위처는 《월장석》에서 결정적인 역할을 했을 뿐만 아니라 찰스 디킨스의 《황폐한 집》에 나오는 버킷 경감에도 영감을 주었다. 현대에 와서는 케이트 서머스케일(Kate Summerscale, 1965–)이 그를 주제로 《위처 씨의 의심(The Suspicions of Mr Whicher)》이라는 작품을 썼다.

이다. 희극과 미스터리를 탁월하게 버무린 데다 위험과 아편 중독을 생생하게 묘사한 것만으로도 뛰어난 책이다. 길버트 키스 체스터턴(G. K. Chesterton, 1874-1936)은 이 책을 가리켜 '아마 세계 최고의 탐정 이야기'일 것이라고 말했으며 도로시 세이어즈(Dorothy L. Sayers, 1893-1957)는 '역대 가장 뛰어난 탐정 소설'이라고 평했다.

체스터턴과 세이어즈는 1868년에 《월장석》이 출간되고 1세대가 훌쩍 흐른 뒤 추리소설의 황금기로 알려진 시기에 추리소설을 썼던 이들이다. 추리소설의 황금기는 대략 19세기 말부터 2차 세계대전까지로 보는데, 자주 그랬듯 이 시기도 런던이 지배했다. 하지만 황금기에 큰 영향을 끼친 작품이 《월장석》만 있었던 것은 아니다. 빅토리아시대의 위대한 범죄 해결사 셜록 홈스 또한 황금기 작가들에게 길을 닦아준 인물이다.

윌키 콜린스의 탐정처럼 셜록 홈스도 조셉 벨(Joseph Bell, 1837-1911)이라는 실존 인물을 본떠서 탄생된 인물이다. 아서 코난 도일은 에든버러에서 의사 수련을 받을 때 조셉 벨에게 가르침을 받았다. 홈스가 범죄를 비롯해 매사에 연역법에 기초한 과학적 접근법을 선호하는 것은 물론 그의 기이한 생활방식의 일부도 바로 벨에게서 따온 것이다.

셜록 홈스는 1887년에 발표된 〈주홍색 연구(A Study in Scarlet)〉에서 처음 등장했다. 당시 이 작품은 런던의 워드락앤코(Ward Lock and Co) 출판사에 (인세 없이) 거금 25파운드에 팔렸다. 참으로 어리석게도 예술로 돈을 버는 영예로운 사례로서 현재는 베이커 스트리트 221번지가 존재한다. 바로 셜록 홈스 박물관(Sherlock Holmes Museum)이 있는 건물인데, 당황스럽게도 237번지와 241번지 사이에 위치하고 있다.

그 외의 출판사들은 한 곳도 출간을 원하지 않았다. 홈스는 곧 하나의 현상이 되면서 엄청나게 유명해졌다. 그 결과 이제는 영어권 국가들에서 글을 깨친 사람들 중에서 홈스가 베이커 스트리트 221번지에서 살았다는 것을 모르는 사람이 거의 없을 정도다. 물론 이 주소가 허구였다는 사실을 모두가 다 아는 것은 아니다.

그래도 괜찮다. 홈스가 활보했던 런던의 많은 장소들이 실제로 존재하기 때문이다. 홈스는 언젠가 '런던을 정확히 알아가는 게 내 취미'라고 말했다. 그러면서 우연찮게 오늘날 런던의 블랙 캡(택시) 기사들 수준으로 런던 시내의 거리와 샛길들을 숙달하고 '알아간다'는 개념을 만들어내기도 했다.

홈스가 알고 있던 런던은 자갈길에 안개가 자욱하고 어두침침한 골목과 끔찍한 기습이 판치는 곳이었다. 일례로, 1902년 작 〈고명한 의뢰인(The Adventure of the Illustrious Client)〉에서 셜록 홈스는 리젠트 스트리트에서 습격을 당해 두 명의 남자에게 곤봉으로 '머리와 몸통을 두들겨 맞고', 의사가 보기에도 '아주 심각한 부상을 입는다.' 또한 〈마지막 사건(The Final Problem)〉에서는 옥스퍼드 스트리트 인근과 벤팅크 스트리트와 웰벡 스트리트의 합류지점에서 폭주하는 밴 때문에 거의 죽을 뻔한다.

왓슨이 런던을 '거대한 시궁창'이라고 할 만하다. 그는 런던의 대로에서 심하다 싶을 만큼 많은 시체와 살인자와 사기꾼과 도둑들을 보았다. 그러나 좋은 면 또한 존재한다. 홈스가 나오는 소설에서 런던의 호텔은 늘 흥미진진한 것들로 가득하다(〈보헤미아의 스캔들〉에서 보헤미아의 왕이 머무는 랭햄 호텔처럼 말이다). 또한 (홈스가 토트넘 코트 로드에서 발견한 스트라디바리우스 바이올린처럼) 런던의 가게들은 큰 기쁨을 주며, 홈스와 왓슨이 '영양분'이 필요할 때마다 즐겨 찾는 심슨스 인 더 스트랜드(Simpson's-in-the-Strand)라는 짙은 색의 목조 식당이 늘 자리를 지키고 있다. 주머니 사정이 넉넉하다면 이들과 똑같이 해볼 수 있다. 심슨네 식당은 여전히 고집스러울 정도로 옛날식 그대로의 영국 음식을 팔고 있으며 코난 도일도 알아보겠다 싶을 만큼 소설 속 모습과 상당히 비슷하다. 그러나 애석하게도 왓슨이 홈스와 처음 만나기 직전에 들러서 목을 축였던 건너편의 크리테리온 바는 사정이 다르다. 호화롭게 금빛으로 장식된 실내는 여전히 똑같고 계속해서 영업을 해왔지만 최근에 급등하는 집세(그 자체가 범죄)의 희생자가 되었다. 또한 셜록 홈스의 형 마이크로프트가 공동으로 창립한 펠멜 가의 남성전용 클럽이자 그 안에서는 말하면 안 되는 곳이었던 디오게네스 클럽(Diogenes Club)도 가볼 수가 없다. 디오게네스 클럽은 소설 속에서만 존재했던 곳이기 때문이다. 물론 코난 도일도 실제 런던의 클럽에 세 군데나 가입한 상태였다. 그의 소설에는 그가 회원으로 활동한 개혁 클럽(the Reform Club), 애서니엄 클럽(the Athenaeum Club), 그리고 로열 오토모빌 클럽(the Royal Automobile Club)의 분위기가 고스란히 배어 있다.

"왓슨, 내 경험해보니 런던의 가장 비천하고 더러운 골목보다 화사하고 아름다운 시골에서 끔찍한 범죄가 더 많이 일어나는 것 같더군."

셜록 홈스, 〈너도밤나무 집(The Adventure of the Copper Beeches)〉

정작 코난 도일은 셜록 홈스의 기행과 모험을 별로 좋아하지 않는 희귀한 부류 중 한 명이었다. 그는 메릴르본 윔폴 스트리트에서 개업의로 일할 때(이때 처음으로 다섯 편의 소설을 집필했다), 어머니에게 보낸 편지에서 자신이 만들어낸 인물에 대한 상반된 감정을 토로했다. "홈스를 죽게 만들어 영원히 안 나오게 할까 생각중입니다. 그자 때문에 좋은 착상이 안 떠올라서요." 그러자 그의 어머니는 다음과 같이 답장을 보냈다. "그러지 마라! 그럴 순 없단다! 그래선 안 된다!" 결국 도일은 그렇게 하지 않았다. 어쨌든 홈스를 영원히 죽이지는 않았으니까 말이다. 덕분에 홈스는 1920년대 후반까지 모험을 계속할 수 있었다.

이즈음 추리소설의 황금기가 한창 진행 중일 때라서 런던 곳곳을 누비며 잘못을 바로잡는 탐정들이 더 많이 등장했다. 그중에서도 특히 체스터턴의 브라운 신부(Father Brown)가 인기를 독차지했다. 브라운 신부는 여러 모로 홈스와 상반된 인물이다. 홈스가 논리적인 연역법을 좋아하고 만성적인 공감능력 결핍에 시달린 데 반해 브라운 신부는 직관을 더 많이 따랐고 살인자의 입장에 서려고 최대한 노력한다. 브라운 신부는 언젠가 이렇게 말했다. "알다시피, 나는 그들 모두를 직접 살인해 본다오. 모든 범죄를 하나하나 아주 면밀하게 계획해 보았지. 정확히 어떻게 그런 상황이 발생할 수 있었는지, 실제로 그런 일을 저지를 수 있는 사람의 사고방식이나 마음상태가 어떤 건지 잘 생각해 봤다네. 그렇게 해서 내가 철저히 그 살인자가 된 것 같은 확신이 들 때면 당연히 그자가 누군지 알게 되지."

브라운 신부의 첫 번째 이야기, 〈푸른 십자가(The Blue Cross)〉는 1910년에 〈더 새터데이 포스트(The Saturday Post)〉에서 첫 선을 보였다. 이 작품에서 브라운 신부는 파리 경찰 발랑탕을 위해 웨스트엔드에서 햄스테드 히스에 이르기까지 런던 곳곳에 연이어 단서들을 남긴다. 두 권짜리 첫 단편 추리소설집의 나머지 내용도 철저하게 런던을 배경으로 펼쳐진다. 정확한 장소가 언급되는 경우는 거의 없지만 이야기가 진행되는 내내 브라운 신부는 소호부터 빅토리아와 햄스테드 히스, 윔블던 공유지, 피카딜리, 그리고 북부 교외지역까지 돌아다니며 흉악 런던 탐정 클럽(London Detection Club)은 아가사 크리스티, 도로시 세이어즈, 체스터턴 등의 추리소설 작가들이 1930년에 결성한 단체다. 이 모임의 회원들은 서로 편지를 주고받고, 만찬회를 열어 만남을 이어갔으며, 작품의 기본 사항들과 관련해 도움을 주고받았다. 이 단체의 회원이 되려면 자신들의 작품에서 독자들에게 범인측을 추론할 수 있는 공정한 기회를 주겠다는 서약이 포함된 윤리규약에 동의해야만 했다. 또한 다음과 같은 서약으로 시작하는 기이한 입회식을 치렀다.

질문자: 귀하는 귀하의 탐정이 의뢰받은 사건을 철저하고 성실하게 수사하되, '하늘의 계시'나 '여자의 직관' 또는 '미신', '속임수', '우연의 일치', 혹은 '천재지변'에 의존하지 않고 귀하도 기꺼워할 정도의 타고난 기지를 발휘하게 할 것임을 서약합니까?

답변자: 서약합니다.

질문자: 귀하는 결정적인 단서를 독자들에게 결코 숨기지 않을 것임을 맹세합니까?

답변자: 맹세합니다.

한 경찰들과 치명적인 부메랑이나 교회 첨탑에서 떨어진 망치처럼 다양한 흉기로 목숨을 잃는 희생자들을 추적한다. 그러면서 가끔씩 최신 발명품인 런던 버스를 잡아타기도 하는데 한번은 이런 말도 한다. "이번 여정에서는 이제 드디어 우주의 끝에 왔구나 싶었는데 실상은 터프

질문자: 귀하는 '범죄조직', '음모', '살인광선', '유령', '최면술', '함정문', '중국인(녹스의 추리소설 10계명에도 중국인을 등장시켜서는 안 된다는 항목이 있다. 아마 당시의 유럽인들 눈에 중국인은 신비한 능력의 소유자로 비춰졌던 모양이다—옮긴이)', '초능력 범죄자', '정신병자' 등을 활용할 때 정도를 지킬 것이며 비과학적인 신비의 약은 결코 쓰지 않을 것임을 서약합니까?

답변자: 서약합니다.

질문자: 영국 표준 영어를 존중할 것입니까?

답변자: 존중할 것입니다.

탐정 클럽이 처음 활동을 시작했을 때는 1년에 세 번의 모임을 개최했다. 두 번은 개릭 클럽에 모여 만찬과 대화를 나눴으며 세 번째 모임은 로열 카페에서 만나 신입 회원들을 위한 입회식을 열었다. 지금까지 활동을 이어가고 있는 이 단체의 현역 회원 중에는 존 르 카레(John le Carré, 1931–), 이언 랜킨, 그리고 밸 맥더미드(Val McDermid, 1955–) 등이 있다. 1930년대에 창립 회원들이 공동으로 작업한 범죄소설들은 지금까지도 출판되고 있다.

넬 공원 초입에 다다랐을 뿐임을 알아버린 기분을 내내 떨칠 수가 없더군."

체스터턴 자신도 런던에서 나고 자란 사람이었다(켄싱턴의 캠튼 힐에 있는 그의 생가[워익 가든스 11번지]에는 파란색 명판이 붙어 있다). 그는 다음과 같이 구석구석까지 런던을 사랑했다.

> 정확히 말하자면, 도시는 시골보다 훨씬 더 시적이다. 자연은 무의식적인 힘들로 이루어진 혼돈인데 도시가 바로 무의식적인 힘들로 혼돈스럽기 때문이다……가장 좁은 길이라도 의도된 굽이굽이마다 그것을 만든 사람의 영혼이 깃들어 있다.

체스터턴 또한 꽤 특이한 인물이었다. 브라운 신부가 아담한 체구에 '노퍽 찐만두처럼 둥글고 둔해 보이는 얼굴'의 소유자라면, 체스터턴은 찌푸린 인상의 190센티미터가 넘는 장신에다 몸무게가 130킬로그램에 육박하는 거구였다. 또한 그는 망토를 입고 우글쭈글한 모자를 썼으며 어디를 가든지 속에 칼이 들어 있는 지팡이를 들고 다녔다(이런 지팡이는 〈개의 신탁[The Oracle of the Dog]〉에 나오는 킬러의 무기처럼 치명적으로 보였다).

그러나 셜록 홈스의 성격과 괴벽을 닮은 황금기의 탐정이 있었으니, 바로 도로시 세이어즈의 유쾌한 탐정, 피터 웜지 경(Lord Peter Wimsey)이다. 이름에서 암시하듯 웜지 경은 이성적이기보다 경박한 인물이다. 피카딜리 110번지라는 주소(베이커 스트리트 221번지를 고의적으로 본뜬 주소로 요즘에는 이곳에 파크 레인 호텔이 들어서 있다)에서 드러나듯 웜지 경은 사치스러운 취미를 즐기는 천생 귀족이다. 그러나 웜지는 게으른 한량의 이미지로 비춰지긴 하지만 굉장히 똑똑한 탐정으로 11

편이 넘는 소설과 두 권의 단편소설집에서 끊임없이 범죄를 해결한다.

윔지는 또한 기다란 소파에 앉아 장작불을 쬐며 단테의 초판본 책들을 즐겨 읽는 재밌는 인물이다. 그는 (항상 '정장용 모자'를 쓴 채) 리츠 호텔에서 점심을 먹고, 리버티 백화점에서 외투를 사고, 새빌 가에서 정장을 맞춰 입는다. 또한 포트넘스(Fortnum and Mason, 피카딜리에 위치한 유명한 식료품 백화점으로 간단히 포트넘스로 부른다-옮긴이)에서 마멀레이드를 사먹고, 집에 있을 때는 축음기에서 은은하게 퍼지는 바흐의 음악을 즐겨 듣는다.

세이어즈가 이와 같이 팔자 좋게 사는 주인공을 그린 데에는 대리만족의 측면이 크다. 작가는 이 부유한 탐정이 런던에서 잘 먹고 잘 사는 데 돈을 쓰기 원했다. 세이어즈는 이 소설을 쓰기 시작했을 때 감옥 같던 자신의 런던 하숙집을 얼마나 싫어했는지 설명하면서 '그런다고 내 돈이 들어가는 것도 아니니까'라고 말했다. 자신이 총애하는 등장인물을 호화로운 아파트에 살게 해주니 작가의 기분도 덩달아 좋아졌다고 한다. 세이어즈는 자신의 '싸구려 양탄자'가 올이 다 드러나 구멍이 생겼을 때 피터 경을 위해서는 특별한 '오뷔송 카펫'을 주문했다. 또한 자신은 버스비조차 낼 돈이 없는 상황에서 피터 경에게 '다임러 더블식스'를 선사해 그가 그 차를 몰고 온 시내를 돌아다닐 수 있게 해줬다.

세이어즈가 초창기에 왜 그렇게까지 대리만족을 해야 했는지 쉽게 이해가 간다. 그는 교양 있고 이미지를 의식하는 보헤미안들로 가득한 동네였던 제임스 스트리트 24번지의 블룸스버리에서 살 때 유독 그 동네 사람들이 차갑고 불친절하다는 것을 알았다. 그 지역의 전위 예술가들은 그녀를 좋아하지 않았다. 돈도 없고 애정생활도 원만하지 않았던 그녀는 자신이 하는 일까지 싫어졌다. 세이어즈는 당시 직장에서 나름 성공가도를 달렸다고 한다. 1922년부터 1931년까지 킹스웨이에 있는 벤슨 광고회사에 다니면서 콜먼 머스터드와 기네스 맥주 광고에 참여했으며 '기네스는 당신에게 좋은 맥주다'와 '광고는 효과가 있다'는 유명한 문구를 만들어냈다. 세이어즈는 후에 자신의 소설《살인은 광고되기 마련이다(Murder Must Advertise)》에서 이 광고회사를 '핌 광고사(Pym's Publicity)'라는 이름으로 등장시켰다. 그리고 소설 속에서 자신의 사장을 돈 때문에 '그럴듯한 거짓말'을 늘어놓는 인물로 그렸다.

세이어즈는 잘 살기 위해 돈을 버는 것을 마다하지 않았다. 윔지 경의 소설도 돈을 염두에 두고 썼기 때문에 사무적인 방식으로 창작에 임했다. 그녀는 런던의 각종 신문을 샅샅이 뒤져보며 사람들이 무슨 내용을 즐겨 읽는지 파악했고 일반인들이 첫 번째로는 탐정 이야기를, 그 다음으로는 귀족 이야기를 좋아한다는 것을 알아냈다. 그리고 이를 바탕으로 윔지 경이라는 유명한 인물을 만들어냈다. 세이어즈는 윔지 경을 좋아하다 못해 이 인물에 지나치게 집착한 나머지 가끔 그를 실존 인물로 착각한다고 실토했을 정도다.

모두가 인정하는 황금기의 여왕 아가사 크리스티(Agatha Christie,

1890-1976) 또한 자신이 창조한 가장 유명한 인물 에르퀼 푸아로(Hercule Poirot)에게 비슷한 감정을 느꼈다. 크리스티는 자신이 실제로 푸아로를 두 번이나 '봤다'고 주장했다. 그녀의 주장에 따르면 그가 한 번은 카나리아 제도에서 배를 타고 있었고 또 한 번은 사보이 호텔에 있었다고 한다.

그러나 세이어즈와 달리 크리스티는 자신이 만든 주인공을 혐오했다. 그녀는 푸아로가 '밉살스럽고, 허풍쟁이에다, 짜증 유발자이며, 이기적인 찌질이'라고 말하며 대중이 푸아로를 너무나 사랑한 탓에 그를 죽여 없애지 못하는 것을 애석해했다. 그가 정말 싫었던 크리스티는 돈을 받고 웨스트엔드 무대에 올릴 네 편의 푸아로 소설을 각색할 때 극본에서 그를 완전히 빼버렸다. 그러나 푸아로는 1920년에 〈스타일즈 저택의 괴사건(The Mysterious Affair at Styles)〉에서 첫 선을 보인 후 서른세 편의 소설에 등장했다. 그리고 대부분의 시간을 런던에서 살았다. 푸아로는 첫 번째 소설에서 런던에 도착해 파러웨이 스트리트 14번지에 살다가 화이트해븐 맨션 52번지로 이사하는 등 1932년까지 내내 런던에 살았다. 이후 은퇴한 푸아로는 킹스 애봇으로 이주해 1년 동안 호박을 키우다가 어느 날 자신이 은퇴한 게 터무니없는 일임을 깨닫고 탐정으로 복귀해 화이트해븐 맨션으로 돌아왔다.

아가사 크리스티는 데번(Devon)을 고향처럼 여겼다. 그러나 실제로는 거의 평생을 런던 곳곳의 다양한 아파트에서 살았다(가장 오래 살았던 집은 1934년부터 1941년까지 거주했던 셰필드 테라스 58번지였다). 크리스티는 또한 웨스트엔드 무대에서도 이름을 떨쳤다. 소설가 못지않게 극작가로서도 승승장구했던 그녀는 자신의 추리소설을 여러 편 각색해 런던의 극장에 올렸을 뿐만 아니라 살인을 다룬 추리극《쥐덫(The Mousetrap)》을 집필했다. 이 희곡은 1952년 11월 25일에 앰버서더 극장에서 초연된 뒤 꾸준히 인기를 끌어 2만6천 회가 넘는 공연기록을 세웠다. 그리고 마침내 1957년에는 웨스트엔드 역대 최장기 공연 기록을 깼다(정작 크리스티는 1년 이상 못갈 것이라고 확신했었다). 이에 노엘 카워드(Noel Coward, 당시 영국의 연극계를 대표하는 인물로 배우, 극작가, 작곡가, 연출가, 제작자로 활동했다-옮긴이)는 크리스티에게 '무지 배가 아프지만 진심으로 당신을 축하할 수밖에 없군요'라는 내용의 전보를 보냈다.

1976년 1월 12일에 크리스티가 사망했을 때 웨스트엔드 극장가는 1시간 동안 조명의 밝기를 낮추고 그녀를 기렸다. 현재 레스터 스퀘어 역 근처이자 크랜본 스트리트와 그레이트 뉴포트 스트리트가 합류

아가사 크리스티가 가장 좋아했던 런던의 호텔은 사보이 호텔로 그녀는 정기적으로 이곳에서 식사를 했다. 《쥐덫》이 런던에서 최장기 공연작이 됐을 때 그녀의 책을 출간한 출판사들이 이 호텔에서 1천 명의 하객을 불러 파티를 열어줬다. 세간의 주목을 받는 것을 별로 좋아하지 않았던 크리스티는 그날 밤을 가리켜 '사보이 지옥'이라고 했다. 호텔 수위가 그녀를 알아보지 못하고 입장을 막으면서 상황을 더욱 악화시켰기 때문이다.

하는 지점인 극장가 중심부에는 그녀를 기리는 기념비가 있다. 하지만 1975년 8월 6일에 에르퀼 푸아로가 소설 속 인물로는 처음(이자 마지막)으로 〈뉴욕 타임스〉의 1면에 실린 사망기사의 주인공이 되면서 크리스티에게 가장 멋진 헌사를 바쳤다. 이 기사는 벨기에 출신의 이 특급 탐정이 마지막 사건을 해결하고 그 과정에서 목숨을 잃는 것으로 끝나는 소설, 《커튼(Curtain)》이 출간된 후에 나온 것이었다(사실 크리스티는 유럽의 상황 때문에 이 연재물을 느닷없이 끝마치게 될까 봐 2차 세계대전 중에 이 소설을 완성했다). 〈뉴욕 타임스〉는 푸아로가 빛나는 활약을 펼치면서 자주 잘못 인용하곤 했던 셰익스피어의 (《맥베스》에 나오는) 대사를 인용해 '그의 인생에서 죽음처럼 그에게 잘 어울리는 것은 없었다'라고 썼다.

크리스티가 세상을 떴을 무렵에는 추리소설의 황금기가 한참 지났을 때였다. 그럼에도 런던은 여전히 전성기를 누렸다. 1960년대에

크리스티의 《버트램 호텔에서(At Bertram's Hotel)》에 나오는 버트램 호텔은 문학적 유산이 담겨 있다는 점에서도 알 수 있듯 런던의 명물인 브라운 호텔을 모델로 삼은 것이다. 브라운 호텔은 바이런이 죽고 몇 년이 지난 후 1837년에 그의 시종이 (바이런의 출판사와 같은 동네인 알베말 스트리트에) 개업한 호텔이다. 지금도 이 호텔에 가면 미스 마플이 마셨던 것과 아주 비슷한 애프터눈 티를 마실 수 있다.

필리스 도로시 제임스(Phyllis Dorothy James, 1920-2014)가 창조한 애덤 댈글리쉬(Adam Dalgleish)가 유럽에서 가장 '추잡하고 추악한' 범죄의 온상인 소호를 돌아다닌다. 이언 랜킨(Ian Rankin, 1960-)의 《이빨 자국(Tooth and Nail)》에서 지극히 통명스러운 리버스 경감은 에든버러에서 임무를 맡아 해크니까지 온다. 필립 풀먼(Philip Pullman, 1946-)의 대담한 십대 샐리 록하트(Sally Lockhart)는 빅토리아시대의 런던에서 일어나는 여러 수수께끼 같은 사건들에 관여하면서 와핑에서 벌어지는 아편 거래와 런던의 부두에서 행해지는 의심스러운 일들을 목격한다. 하지만 런던에는 더 이상 최고의 범죄수사관이 없어서 아주 끔찍한 살인을 저지르기가 그만큼 쉬워진 게 아닐까 싶은 느낌을 지우기 어렵다……

주요장소 주소

런던 경시청(New Scotland Yard), 8-10 Broadway, SW1H (지하철역: St James's Park)

셜록 홈스 박물관(The Sherlock Holmes Museum), 221b Baker Street, NW1 (지하철역: Baker Street)

랭햄 호텔(The Langham Hotel), 1c Portland Place, W1B (지하철역: Oxford Circus)

심슨스 인 더 스트랜드(Simpson's-in-the-Strand), 100 Strand, WC2R (지하철역: Covent Garden)

파크 레인 호텔(Park Lane Hotel), 110 Piccadilly, W1 (지하철역:

Piccadilly)

화이트해븐 맨션(Florin Court[Whitehaven Mansions]), 6-9 Charterhouse Square, EC1 (지하철역: Barbican)

추천 도서

아가사 크리스티, 《버트램 호텔에서》

윌키 콜린스, 《월장석》

아서 코난 도일, 《주홍색 연구》

필립 풀먼, 《사라진 루비(The Ruby in the Smoke)》

도로시 세이어즈, 《다섯 마리의 붉은 청어(The Five Red Herrings)》

10

……그리고 처벌

. . . AND PUNISHMENT

도스토예프스키(1821-81)가 확인해줬듯, 범죄에는 처벌이 뒤따른다. 셜록 홈스나 런던 경시청이 나오는 모든 추리소설에는 결국 법에 저촉되는 행위를 하고 마는 인물이 꼭 등장한다. 많은 작가들이 찬양받고 공개적으로 축하를 받아온 반면에 망신을 당하고, 웃음거리로 전락하고, 투옥된 작가들 또한 많았다.

《유토피아(Utopia)》의 저자 토머스 모어(Thomas More, 1478-1535)는 런던탑에서 생을 마감했다. 그의 마지막 부탁은 목을 베는 사람에게 자신의 턱수염은 '반역죄를 저지르지 않았으니' 수염이 잘려나가지 않도록 조심해 달라는 것이었다. 결국 그의 수염, 아니 수염이 붙은 그의 머리는 런던 브리지에 내걸렸다.

모험가이자 시인이었던 월터 롤리 경(Sir Walter Ralegh, 1554-1618)은 1603년부터 1616년까지 런던탑에 감금돼 있다가 풀려난 뒤 엘도라도를 찾으러 탐험에 나섰다가 실패하고, 결국 1618년에 웨스트민스터 궁전에서 처형됐다.

시간이란 정말이지 외상으로 우리의 청춘,
우리의 기쁨, 우리가 가진 것 전부를 가져가놓고
흙과 먼지로만 갚는구나.
우리가 내내 길을 헤맬 때
어둡고 조용한 무덤에 있는 자가
우리의 인생 이야기를 입막음하도다.
그러나 이 흙과 이 무덤과 이 먼지에서
나의 하느님이 나를 일으켜 세워 주시리라 믿노라.

1618년에 처형당하기 직전 롤리가 완성한 것으로 보이는 시,
〈끝맺음(The Conclusion)〉

롤리는 한때 '웨스트민스터 궁의 테니스 코트 옆에서 싸움'을 벌인 것 때문에 유죄판결을 받고 1580년에 서더크의 마셜시 감옥에도 수감됐었다.

그로부터 몇 백 년 후, 찰스 디킨스의 아버지 존 디킨스도 똑같은 감옥에 수감되었다. 디킨스의 아버지는 제빵사 친구에게 40파운드의 빚을 갚지 못한 죄로 마셜시 감옥에서 3개월을 살았다. 《피크위크 클럽의 유고》에서 가장 유명한 구절 중에는 디킨스가 아버지의 수감생활에서 직접 영감을 받아 쓴 것들도 있다. 다만 디킨스는 소송비용을 지불하지 못한 미스터 피크위크를 마셜시 감옥이 아닌 플릿 감옥에 보냈다.

장차 세인트 폴 대성당의 주임사제가 될 존 던 또한 1601년에 미성년자와 결혼한 죄로 짧게나마 플릿 감옥에 수감된 적이 있었다. 존 클리랜드(John Cleland, 1709-89) 역시 1748년에 빚을 진 탓에 플릿 감옥에 수감됐고 그곳에서 (《패니힐(Fanny Hill)》로도 알려진) 《어느 쾌락녀의 수기(Memoirs of a Woman of Pleasure)》를 썼다.

대니얼 디포(Daniel Defoe, 1660-1731)가 탄생시킨 또 다른 유명한 쾌락녀 몰 플랜더즈(Moll Flanders)는 실제로 런던 감옥에서 태어났다. 《몰 플랜더즈》의 원제목은 다음과 같이 심호흡을 하고 읽어야 할 정도로 길다. '뉴게이트에서 태어나서 어린 시절 외에도 파란만장한 60평생 동안 12년을 창녀로 살고, 다섯 번 결혼했으며(그중 한 번은 친오빠와의 결혼), 12년을 도둑으로 살고, 8년을 중죄인으로 버지니아에서 유배생활을 하다가, 드디어 부자가 되어 참회자로 죽은 유명한 몰 플랜더즈의 행운과 불행.' 디포는 1731년에 뉴게이트 감옥에 수감된 악명 높은 런던의 범죄자 몰 킹(Moll King)을 만나고 나서 이 소설을 썼다.

디포는 자신이 잘 알고 있는 이야기를 썼다. 그 역시 1702년에 《비국교도를 다루는 최선책(The Sort Way with Dissenters)》을 쓴 뒤 선동 비방죄로 기소되어 뉴게이트 감옥에 수감됐던 전력이 있었다. 디포는 비국교도를 다루는 최선책은 그들을 외국으로 추방하고 그들의 전도자들을 교수형에 처하는 것이라고 주장했다. 그는 농담으로 한 말이었지만 진지하게 받아들인 이들이 많았다. 이에 하원은 이 책을 금서로 지정하고 저자를 뉴게이트 감옥에 처넣은 뒤 1703년 7월의 마지막 사흘 동안 대로에서 군중에게 모욕을 당하는 형벌까지 내렸다(pillory, 형틀에 머리와 두 손만 나오게 끼운 뒤 대로변에 세워둬 치욕을 당하게 하는 형벌-옮긴이).

게다가 이 형벌의 효과를 최대화하기 위해 매일 장소를 바꿔가며 콘힐의 증권거래소나 치프사이드의 수로 또는 템플 바 근처의 플릿 스트리트처럼 런던에서 가장 번화한 대로로 끌고 다녔다. 그러나 군중은 그에게 썩은 과일이 아닌 꽃을 던졌고 디포의 친구들은 심지어 그 틈을 이용해 그가 쓴 소책자들을 팔기까지 했다. 얼마 지나지 않아 디포는 〈형벌 찬가(A Hymn to the Pillory)〉라는 시를 썼다. 이 풍자시 때문에 다시 감옥에 가는 일은 없었지만 자신의 소책자에 왕정에 대한 불편한 진실을 게재하는 곤란한 습관 때문에 후에 두 번이나 더 뉴게이트 감옥에서 복역했다.

정당이 통치하고 법이 굽실대는 나라에서
누가 형벌로 범죄를 판단할 수 있으리.
이해관계에 따라 변하는 정의가 복종을 익히니
한때 공로였던 것이 이제는 살인죄로구나……

대니얼 디포, 〈형벌 찬가〉

뉴게이트는 여러 다른 문학 작품에도 등장한다. 초서의 《캔터베리 이야기》 중 〈요리사의 이야기〉에서 퍼킨 레벨러는 방종한 생활 때문에 뉴게이트 감옥에 수감된다. 셰익스피어는 《헨리 6세》의 1부와 3부에서 이 감옥을 중점적으로 다룬다. 《리처드 3세》에서는 리처드 3세가 불운한 클래런스 공작을 이곳에서 죽게 만들며 가장 사악한 폭군으로 치닫는다. 결국 클래런스 공작은 달콤한 포도주 통에 처박혀 죽는다.

1902년에 마지막 감방의 문이 굳게 닫히기 전까지 벤 존슨, 크리스토퍼 말로, 존 밀턴, 윌리엄 코벳, 토머스 맬러리 같은 다른 많은 유명 작가들도 뉴게이트 감옥을 거쳐 갔다. 불쌍한 밀턴은 찰스 2세의 복위 이후 정치적 견해 때문에 수감된 뒤 감옥 마당에서 자신의 책들이 불타는 모습을 지켜봐야 했다.

이들보다 유명세는 덜하지만 자신에게 딱 어울리는 이름을 가졌던 시인 리처드 새비지(Richard Savage, 1697-1743) 역시 1727년에 뉴게이트 감옥에 수감됐다. 술집에서 싸움을 벌이다가 존 싱클레어라는 남자의 배를 칼로 찔렀기 때문이다. 그는 감옥에 있는 동안 '그간 12개월 넘도록 유례없이 평온하게' 살았다고 주장했다(새뮤얼 존슨이 《시인들의 삶(Lives of the Poets)》에서 그가 그렇게 주장했다고 썼다).

마지막으로 뉴게이트는 감옥과 관련된 문학 장르에 영감을 주면서 문학의 명소로 자리매김했다. (해설을 곁들인 뉴게이트 감옥의 처형자 공고 명부로 폭발적인 인기를 끈) 《뉴게이트 캘린더(The Newgate Calendar)》는 일명 '뉴게이트 소설'을 탄생시켰다. 이런 소설들은 런던 범죄자들의 삶을 자세히 그리다 못해 그들의 악행을 미화하고 낭만적

존 게이(John Gay)의 《거지의 오페라(The Beggar's Opera)》, 윌리엄 해리슨 에인즈워스(William Harrison Ainsworth)의 《잭 셰퍼드(Jack Sheppard)》, 그리고 한참 후에 베르톨트 브레히트의 《서 푼짜리 오페라(The Threepenny Opera)》에 영감을 준 인물인 잭 셰퍼드는 18세기에 실존했던 잡범으로 여러 차례 탈옥해서 런던 시민들을 심심하지 않게 해주다가 1724년에 처형됐다. 그의 인기가 어찌나 높았던지 런던 당국은 그가 죽은 뒤에도 40년 동안이나 제목에 잭 셰퍼드가 들어가는 연극은 무조건 금지했다.

으로 묘사한다. 《올리버 트위스트》도 종종 뉴게이트 소설로 간주되기도 한다. 새커리 또한 뉴게이트 소설을 모방해 《캐서린(Catherine)》이라는 풍자소설을 썼다가 독자들이 풍자는 외면하고 이 작품을 오로지 뉴게이트 소설로만 읽는다는 것을 알았다.

문학사에서 좀 더 최근에 감옥에 간 작가를 꼽자면 극작가 조 오튼(Joe Orton, 1933-67)을 들 수 있다. 1960년 5월에 경찰은 조 오튼과 애인 케네스 핼리웰(Kenneth Halliwell)이 살고 있는 이즐링턴의 노엘 로드 25번지 4호 집을 급습했다. 그리고 그곳에서 경찰들은 인근의 이즐링턴 도서관에 비치된 책들에서 뜯어낸 수백 장의 종이를 발견하고 그들이 찾고 있던 범인임을 확신했다.

오튼과 핼리웰은 수개월 동안 도서관의 책을 훼손해왔다. 그들이 그렇게 한 이유인즉슨, 도서관에 쓰레기가 넘쳐나서 그랬다는 것이다.

뿐만 아니라 두 사람은《엠린 윌리엄스의 희곡 선집(Collected Plays of Emlyn Williams)》의 목차 페이지를 손대 윌리엄스의 가장 유명한 작품인 〈밤은 오는 법이다(Night Must Fall)〉를 '속바지는 늘어지는 법이다(Knickers Must Fall)'로 바꾸어놓았다. 또 다른 제목은 그냥 〈완전히 엿 먹다(Fucked by Monty)〉로 고쳐버렸다.

독자들은 또한 도로시 세이어즈의《대학 축제의 밤(Gaudy Nights)》이라는 책에 새로운 추천문을 써놓은 것을 보고 깜짝 놀랐다. 오튼은 이 책의 저자가 '대단히 위풍당당하며, 아주 괴상하고, 보나마나 굉장히 상스럽다!'고 설명해놓았다. 한편 세이어즈의《증인이 너무 많다(Clouds of Witness)》에는 이 책을 집어 든 독자들에게 문을 닫고 읽되 '읽으면서 쾌변을 보라!'고 조언했다.

이와 같은 책 손보기에 격노한 도서관 사서 시드니 포렛(Sidney Porret)은 범인을 잡을 묘수를 짜냈다. 그는 '이 두 망나니를 잡고야 말겠다. 두 사람은 분명 연인일 것'이라고 말했다. 포렛은 이들을 잡기 위해 두 사람이 사는 집 밖에 버려진 차에 당장 차를 치우라는 내용의 메모를 남겼다. 이에 오튼은 도서관의 책을 훼손할 때 쓴 타자기를 이용해 시청에 왜 간섭하느냐는 불만을 담아 답장을 보냈다. 이후 이 편지는 범죄과학팀에게 들어갔고 활자를 감식한 결과 관련성이 입증돼 수색영장이 발부됐다. 이들 연인은 해머스미스의 웜우드 스크러브스(WormWood Scrubs, 런던에 있는 초범자용 교도소-옮긴이)에서 6개월을 살았다. 그런데 믿기지 않겠지만, 오튼은 이곳에 수감돼 있는 동안 도서관에서 일했다고 한다.

오튼은 석방된 후 같은 집에서 〈슬로언 씨를 위하여(Entertaining Mr Sloane)〉와 〈돈(Loot)〉을 썼다. 그러나 안타깝게도 오튼은 그 집에서 핼리웰에게 망치로 흠씬 두들겨 맞은 뒤 넴뷰탈(Nembutal, 최면 · 진정제의 일종-옮긴이) 스물두 알을 먹고 자살했다.

끝으로 여성 작가들이라고 해서 법망을 전적으로 피해갔던 것은 아니다. 다이애나 모슬리(Diana Mosley, 2차 세계대전 당시 영국의 파시스트동맹 당수였던 오스월드 모슬리의 부인으로 몇 편의 전기를 집필했다. 결혼 전 성은 '미트포드'다-옮긴이)는 2차 세계대전 중에 파시스트 성향 때문에 몇 년 동안 홀로웨이 교도소(Holloway Prison, 런던의 북쪽 지역에 위치한 여성 교도소-옮긴이)에 수감됐다. 수감 생활 중에도 그녀의 생활 태도는 흐트러지지 않았다. 훗날 그녀는 교도소 화단에서 키웠던 산딸기만큼 맛좋은 것은 없었다고 즐겨 말하곤 했다. (《한밤이여, 안녕》과 《광막한 사르가소 바다》 등을 쓴) 진 리스(Jean Rhys, 1890-1979) 역시 이웃을 때린 죄로 1949년에 홀로웨이 교도소에 잠시 들어갔다 나왔다.

주요장소 주소

런던탑(Tower of London), Tower Hill, EC3N (지하철역: Tower Hill)

마셜시 채무자 감옥(The Marshalsea), Mermaid Court, Sourthwark, SE1 (지하철역: London Bridge) (*이 주소는 마셜시 채무자 감옥이 있던 대략적인 위치일 뿐이다. 19세기에 폐쇄된 이 감옥은 현재 아치형 문과 담벼

락 일부만 남아 있다-옮긴이)

플릿 교도소(The Fleet Prison), Farringdon Street, EC4 (지하철역: Farringdon, 이곳 역시 예전 주소일 뿐 19세기에 철거되어 현재는 그 부지만 남아 있다-옮긴이)

뉴게이트 교도소(Newgate Prison), NEwgate Street and Old Bailey, EC4M (지하철역: St Paul's)

홀로웨이 교도소(Holloway Prison), Parhurst Road, N7 (지하철역: Caledonian Road)

추천도서

대니얼 디포, 《몰 플랜더즈》

토머스 모어, 《유토피아》

조 오튼, 《돈(Loot)》

11

어린이와 말하는 동물들

Children and Talking Animals

1899년에 조지프 콘래드(Joseph Conrad, 1857-1924)는 《암흑의 심장(Heart of Darkness)》을 출간했다. 이 소설은 식민지 아프리카의 오지로 떠난 악몽 같은 여정을 담았지만 소설 속 화자는 템스 강에 정박해 있던 유람선의 갑판에서 그 이야기를 들려준다. 종잡을 수 없는 의미, 불문명한 의도, 난해한 문장 등으로 이 작품은 모더니즘 시대의 서막을 열었다. 곧이어 버지니아 울프와 H. G. 웰스 같은 다양한 작가들이 실험적인 형식을 선보이면서 문학의 미래를 영원히 바꿔놓고 있었다. 하지만 이 시기에 모더니즘 계열의 작가들만 유일하게 영향력을 발휘했던 것은 아니다. 20세기 초에 탄생한 몇몇 불후의 걸작들은 그렇게 난해하거나 어려운 작품이 아니었다. 또한 이때 런던에서는 아동문학이 황금기를 맞아 수백만의 열혈 독자들에게 영감과 감동을 주는 작품들이 쏟아져 나왔다.

콘래드가 《암흑의 심장》을 출간한 해에 이디스 네스빗(Edith Nesbit, 1858-1924)도 자신의 처녀작 《보물을 찾는 아이들(The Story of the Treasure Seekers)》을 발표했다. 이 책은 아마 나름대로 콘래드의 작품만큼 중요한 의미가 있었을 것이다. 클라이브 스테이플스 루이스(C. S. Lewis, 1898-1963)와 아서 랜섬(Arthur Ransome, 1884-1967) 같은 작가들은 후에 이 작품이 자신들의 상상력을 자극했다고 믿었다. 또한 이 작품은 풍성한 연작의 시초였다.

로어 케닝턴 레인 28번지에서 태어난 네스빗은 계속해서 40편이 넘는 아동 도서를 집필했다(이 시기에는 런던에 본부를 둔 페이비언 협회에서 활동하고 있지 않았으며 런던정경대학교에서 노동권을 역설할 때도 아니었다. 이디스는 지칠 줄 모르는 사회운동가이기도 했다.) 이디스의 몇몇 작품들은 런던을 탁월하게 그려냈다. 《불사조와 양탄자(The Phoenix and the Carpet)》에서는 《다섯 아이와 모래 요정(Five Children and It)》에 등장했던 다섯 명의 아이들이 런던의 집에서 다시 살아가다가, 엄마가 (올드 켄트 로드의 가게에서) 사온 새 양탄자에서 알을 발견하는데 이후 부화된 이 알에서 말하는 불사조가 탄생한다. 네스빗의 가장 유명한 소설 《기찻길의 아이들(The Railway Children)》은 대부분의 내용이 런던이 아닌 곳에서 펼쳐지지만 이야기가 시작되는 곳은 런던이다. 이후 아버지가 감옥에 가면서 아이들은 다른 지역으로 이사를 간다. 런던 남동쪽에 자리한 그로브 파크(Grove Park)의 200미터짜리 산책로는 소설 속 아이들과 이 지역의 관계를 기념하기 위해 '기찻길 아이들의 길'이라는 이름으로 불린다.

네스빗이 첫 주자로 성공을 거둔 뒤 곧이어 베아트릭스 포터(Beatrix Potter, 1866-1943)가 사비로 《피터 래빗 이야기(Tales of Peter

Rabbit)》를 출간했다. 피터 래빗을 창조한 포터는 유모가 (처음에는 학교에 보내주지 않아 실망한 베아트릭스를 달랠 목적으로) 얼스 카운트의 볼턴 가든스의 집으로 몰래 가지고 들어왔던 작은 생물체들을 시작으로 오랫동안 동물들을 그려왔다. 그러다가 마침내 1901년에 푸른 제복을 입은 당근 도둑, 피터 래빗이 세상으로 나왔다. 그러자 곧바로 대형 출판사가 뛰어들어 피터를 더 많은 사람들에게 소개했고 엄청난 성공을 거둔 베아트릭스는 런던을 떠나 잉글랜드 북서부의 호수 지역으로 이주했다. 그러나 늘 가슴 한켠에 런던을 간직하고 있던 베아트릭스는 유언을 통해 빅토리아 앨버트 박물관(Victoria and Albert Museum)에 많은 재산을 남겼다. 그녀가 이렇게까지 한 데에는 특별한 이유가 있었다. 그녀의 가장 유명한 캐릭터 중 하나인 글로스터의 양복장이가 입고 있는 재킷은 그녀가 1903년에 켄싱턴 박물관에서 봤던 외투를 본떠 만든 것이었다. 베아트릭스는 또한 브롬프턴 오라토리(Brompton Oratory) 근처를 거닐 때 봐왔던 묘비에서 미스터 넛킨, 미스터 맥그레거, 토미 브록 같은 여러 인물들의 이름을 빌려왔다.

1901년에 출간된 명작이 피터 래빗 하나뿐이었던 것은 아니다. 조지프 러디어드 키플링의 걸작 《킴(Kim)》 또한 그해에 세상에 나왔다. 《킴》이 출간됐을 무렵에 키플링은 이미 유명한 시인이자 성인용 도서는 물론 아동도서를 집필한 기성 작가였다. 《정글북(The Jungle Book)》은 1894년에 출간됐다. 1891년에는 채링크로스 근처에서 템스강이 내다보이는 방을 빌린 주인공이 등장하는 자전적 소설 《꺼져버린 불빛(The Light That Failed)》이 발표됐다. 키플링 본인도 2년 동안 빌리어즈 스트리트 43번지에서 소설 속 장소와 비슷한 집에서 살았다. 그는 자서전《나의 이야기(Something of Myself)》에 다음과 같이 썼다.

내 방은 작고 그다지 깨끗하지도, 잘 관리되지도 않았지만 책상이 있는 창가에 서면 길 건너에 자리한 가티 음악당 입구의 채광창을 통해 거의 음악당 무대까지 내다보였다. 잠자리에 들면 한쪽에서는 채링 크로스 역의 기차들이 덜커덩거리며 지나갔고, 나머지 한쪽에서는 스트랜드 가의 소음이 울려 퍼졌다. 그 사이 창문 앞에서는 템스 강이 배들과 함께 탄환 주조탑 아래를 왔다 갔다 했다.

타워브리지에서 큐까지 스무 개의 다리들은
(스무 개 혹은 스물두 개의 다리들은)
템스 강이 아는 것들을 알고 싶어 했노라,
다리들은 경험이 적고 강은 연륜이 깊었기에,
그리하여 템스 강이 들려준 이야기는……

조지프 러디어드 키플링, 〈강의 이야기(The River's Tale)〉

키플링은《킴》을 집필할 무렵에 서식스 주 시골에 베이트먼즈(Bateman's)라는 저택을 사서 여생을 보냈다. 그러나 자주 런던을 찾았던 그는 1936년 1월 12일에 브라운 호텔에 묵을 당시 갑작스럽게 궤양에 걸린 후 1월 18일에 핏즈로비어의 미들식스 병원에서 숨을 거뒀다.

다시 1901년으로 돌아가면, 베이스워터 로드 100번지(100 Bayswater Road)에서는 제임스 매튜 배리(J. M. Barrie, 1860-1937)가 어른이 되지 않는 피터 팬이라는 소년의 이야기를 쓰고 있었다. 렌스터 코너(Leinster Corner)라고도 알려진 베이스워터 100번지에 가면 파란색 명판이 붙어 있고 현재 피터 팬 동상이 있는 전설적인 켄싱턴 가든이 내려다보인다. 피터 팬과 이 유명한 공원과의 관계 때문에 소설 속에 등장하는 달링네 집은 이 근처 어디일 것이라고 추정하는 게 일반적이다. 하지만 실제 달링네 가족은 블룸스버리의 주택가에 살았다. 배리는 훗날 (〈로제 유어 분류사전〉의 저자) 로제 씨(Mr Roget, 1779-1869)가 한때 살았던 곳이라서 달링네 집을 그곳으로 설정했다고 설명했다. 그러면서 로제 씨는 '우리가 인생을 헤쳐 나가는 데 도움을 준 분이라서 늘 조금이나마 은혜에 보답하고 싶었다'고 말했다.

피터 팬 자체는 열세 살의 나이에 스케이트 사고로 사망한 배리의 형 데이비드가 얼마간 반영된 인물이다. 당시 엄청난 충격을 받은 배리의 어머니는 그나마 데이비드가 더 이상 자라지 않은 채로 자신의 기억 속에 남아 있다는 사실에 위안을 얻고자 했다. 어머니의 이런 태도는 어린 배리에게 틀림없이 큰 영향을 미쳤을 것이다. 거기에 덧붙여 (켄싱턴의 캠튼 힐 스퀘어에서 가까이 살았던) 이웃이자 친구였던 아서와 실비아 르웰린 데이비스의 집에서 보낸 행복하고 유쾌한 기억들 또한 피터 팬이 탄생하는 데 큰 밑거름이 되었다. 데이비스 부부에게는 조지, 존, 피터, 마이클 그리고 니콜러스까지 다섯 명의 아들이 있었는데, 배리는 이들을 찾아가 재밌는 이야기를 들려주는 일을 즐겼다. (배리에게는 귀와 눈썹을 꿈틀거리는 재주까지 있었다.) 배리는 특히 조지와 존에게 잠시도 가만히 있지 않는 동생 피터가 날 수 있다고 말하며 그 아이가 등장하는 이야기를 만들어 들려줬다. 한 번은 피터가 초콜릿을 너무 많이 먹어 혼난 적이 있었다. 피터의 엄마는 그렇게 먹다가는 다음날 탈이 날 것이라고 경고했다. 그러자 피터는 더 많이 먹으면서 '나는 오늘 밤에 아플래'라고 말했다.

피터 팬이라는 이름은 1902년에 발표된 소설《작은 흰 새(The Little White Bird)》(또는《켄싱턴 가든의 모험》)에서 처음 등장했다. 이후 1904년에 발표된 희곡《피터 팬(Peter Pan, the Boy Who Wouldn't Grow Up)》에서 주인공으로 우뚝 섰다. 이 작품에서 피터는 '켄싱턴 가든으로 도망쳐 요정들 틈에서' 잃어버린 아이들과 오래오래 산다.

연극이 성공을 거두자 배리는 이 희곡을 소설로 바꾸기로 결심한다. 이렇게 탄생된 소설이 바로 1911년작《피터와 웬디(Peter and Wendy)》다. 그러나 이 무렵 비극이 덮쳐왔다. 아서 르웰린 데이비스가 1907년에 사망하고 실비아도 뒤따라 1910년에 세상을 떴다. 따라서 배리가 보호자로 나서지 않으면 이들 부부의 아이들은 말 그대로 전부 잃어버리게 될 터였다. 배리는 아낌없이 아이들을 보살폈다. 하지만 결과는 엇갈렸다. 정말이지 그와 관계된 사람들이 놀라울 만큼 많이 세상을 뜨자 그즈음 짐 배리의 저주라는 말이 떠돌기 시작했다(데이비드 허버트 로런스는 "배리에게는 사랑하는 사람들만 노리는 살기가 있다. 그래서 그들이 죽는 것이다"라고 말했을 정도다). 더구나 이런 비극적인 사연들 중에는 아주 공공연하고 고통스러운 것들도 있다. 일례로, 배리는 스코트 대령(Captain Scott, 1868-1912)과 친한 친구 사이였다. 그런데 그 역시 1912년에 남극의 설빙에서 비명횡사했다. 당시 스코트 대령은 생사가 오가는 절망적인 상황에서도 베이스캠프에서 240킬로미터나 떨어진 런던의 배리에게 편지를 썼다. 이후 배리는 이 편지를 양복 주머니에 넣어 죽는 날까지 간직했다. 하지만 더욱 비극적인 일이 벌어졌다. 이번에는 르웰린 데이비스 가의 아이들과 관련된 일이었다. 1차 세계대전에 참전했던 조지가 1915년에 사망했고 그로부터 6년 뒤에는 마이클이 옥스퍼드 남쪽 템스 강의 샌포드 수문에서 익사사고를 당했다. 존과 니콜러스는 적어도 1937년에 사망한 배리보다는 오래 살았다. 피터 역시 그보다는 오래 살았지만 폐기종에 걸린 데다 아내와 세 아들이 모두 헌팅턴 무도병(Huntington's disease, 유전성 중추 신경 질환-옮긴이)에 걸렸다는 것을 알고 1960년에 자살했다.

피터 팬 이야기는 이쯤에서 접기로 하자.

크리스토퍼 로빈 밀른(Christopher Robin Milne, 1920-96) 또한 말년 복이 없었던 아동문학의 영웅이었다. 그는 아버지 앨런 알렉산더 밀른(A. A. Milne, 1882-1956)이 쓴 작품에서 꿀을 사랑하는 곰돌이 옆에 등장하는 것이 '극도로 황당하여, 주먹을 꼭 쥐고, 입술을 깨물 만큼 창피'하다고 불평했다.

곰돌이 푸(Pooh) 이야기는 밀른이 1924년에 아내와 어린 아들을 데리고 런던 동물원에 갔던 행복한 날에 시작됐다. 밀른 가족은 그곳에서 미국산 흑곰을 보았는데 어린 크리스토퍼 로빈이 특히 즐거워했다. 밀른의 동료(그리고 까다롭기로 악명 높았던) 작가 이니드 블라이튼(Enid Blyton, 1897-1968)은 그 곰과 아들이 서로 보자마자 (곰이 크리스토퍼를 껴안고 함께 뒹굴면서 서로의 귀를 잡아당기는 등 '온갖 행동'들을 할 정도로) 좋아하게 됐다는 밀른의 말을 근거로 이 이야기를 아름답게 꾸몄다. 하지만 그녀보다 상상력이 풍부하지 않았던 밀른은 훗날 일기에 그저 자신의 아들이 그 흑곰을 무척 좋아했다고만 썼다. 위니펙이라 불리던 이 곰은 1914년에 프랑스의 참호에서 전투를 벌이던 어느 캐나다 부대가 발견해 런던 동물원에 보낸 것이었다. 사육사가 꿀을 한 숟가락씩 떠먹여 주는 것을 좋아했던 이 곰돌이는 현재 런던 동물원에 동상으로 남아 관람객들을 맞이하고 있다. 위니펙을 본뜬 소설 속 곰돌이는 1925년 크리스마스 이브에 〈런던 이브닝 뉴스〉에 실린 〈어딘가 잘못된 꿀벌들(The Wrong Sort of Bees)〉에서 첫선을 보였다. 이즈음 밀른 가족은 도망치다시피 시골로 떠났지만 (로빈이 태어난) 첼시의 맬로드 스트리트 13번지의 집은 그대로 남아 있었다. 밀른은 주중에 하루 날을 잡아 런던에 올라와서 머리를 깎고 개릭 클럽에서 점심을 먹곤 했다. 개릭 클럽을 굉장히 좋아했던 밀른은 저작권의 일부를 이 클럽에 넘겼다. 그 덕분에 오늘날 개릭 클럽의 아침 식사는 밀른 룸에 차려진다.

참고로 크리스토퍼 로빈 밀른은 오래 살았다. 심지어 피터 르웰린 데이비스도 비극적인 사건들이 덮치기 전까지는 최고의 전성기를 보내며 '피터 데이비스'라는 출판사까지 차렸다. 이 출판사에서 가장 크게 성공한 작가는 바로 패멀라 린든 트래버스(P. L. Travers, 1899-1996)다. 그녀는 나름대로 비범한 인물로 올라선 제임스 매튜 배리의 골수팬이었다.

(헬렌 고프라는 이름으로 태어났지만 스물한 살 때 패멀라 트래버스로 바꾼) 그녀는 최근 제작된 할리우드 영화 〈세이빙 미스터 뱅크스(Saving Mr Banks)〉에서 까칠하고 뻣뻣한 노처녀로 그려졌다. 실제로도 트래버스는 까칠했을지 모르지만 훨씬 더 다채로운 사람이었다. 그녀는 나이든 남자들과 연이어 염문을 뿌렸고, 양성애자임을 숨기지 않았으며, 못마땅해 하는 시선에 아랑곳하지 않고 바지를 즐겨 입었다. 또한 다른 방면으로도 특이했던 그녀는 자신의 열일곱 살짜리 하녀를 입양하려고 했으며 신비주의에 빠지기도 했다. 20대 초반에 이름을 바꾼 트래버스는 시드니에서 사우샘프턴행 여객선에 올라탔고, 블룸스버리의 작은 다세대 주택에 가게를 차렸으며, 런던에서 작가로 출세하겠다고 마음먹었다. (그녀는 평소 호주머니에 10파운드 말고는 아무것도 없었다고 말하곤 했지만 사실 명망 있는 여자 친척들의 재정지원을 받았다.) 곧이어 그녀는 플릿 스트리트의 술집에서 술을 마시며 신문사에 보낼 기사거리를 쓰고 있었다. 그리고 마침내 1934년에 그녀의 첫 책《메리 포핀스(Mary Poppins)》가 세상에 나왔다.

이 마법을 부리는 유모의 모델은 트래버스의 고모할머니 엘리일 것으로 추정된다. 호주 출신의 독신녀였던 엘리는 카펫으로 만든 가방을 들고 다녔고, 조카들에게 예의범절을 가르쳤으며, 밤이 되면 '빨리 빨리 침대로!'라고 말하곤 했다. 이 책에 나오는 다른 등장인물들을 살펴보면 메리가 유모로 일하는 뱅크스 가족은 체리 트리 가든스 14번지에 산다. 애석하게도 이 런던 주소는 현실에 존재하지 않는다. 그러나 포핀스의 열렬한 팬들은 뱅크스 가족의 집을 런던 북서쪽에 자리한 리젠츠 파크 지역 근방으로 생각한다. 뱅크 씨가 극중에서 다니는 직장의 모델인 영국은행까지 출퇴근하기도 쉬운 위치기 때문이다. 물론 이 작품에는 실제 주소도 나온다. 가장 대표적인 곳은 햄스테드 히스의 애드미럴스 워크에 있는 제독의 집(Admiral's House)을 본떠 만든 붐 제독(Admiral Boom)의 집이다. '제독의 집'은 1791년에 이 집에 살면서 왕의 탄신일을 축하하기 위해 지붕에서 대포를 쏘곤 했던 파운틴 노스 중위가 바다와 연관된 이름으로 바꾸어 붙인 것이다.《메리 포핀스》에 실린 삽화에 관해 말하자면, 트래버스는 삽화가 메리 셰퍼드(Mary Shepard)를 데리고 런던의 하이드 파크를 산책하면서 뱅크스 가족의 아이들에게 어울릴 만한 모델을 직접 가리켜 보여줬다고 한다.

트래버스는 계속해서 네 편의 포핀스 시리즈를 발표하면서 T. S. 엘리엇과 실비아 플래스, 그리고 물론 월트 디즈니처럼 다양한 숭배자들을 끌어 모았다. 디즈니는 런던을 근거지로 활동하는 또 다른 작가, 도디 스미스(Dodie Smith, 1896-1990) 또한 아주 좋아했다. 그녀는 열네 살이던 1910년에 랭커셔에서 런던으로 이주한 뒤 성인이 되어서는 (베이커 스트리트와 메릴르본 사이에 있는) 도싯 스퀘어 19번지(19 Dorset Square, NW1)에 살았다. 그녀는 상대적으로 늦게 동화를 쓰기 시작했다. 그래서 《101마리의 달마시안(The Hundred and One Dalmatians)》은 그녀가 예순 살이었던 1956년에 출간됐다. 그전까지 도디 스미스는 극작가로 더 유명했다. 또한 여배우도 해봤고, 런던의 고급가구점인 힐스(Heal's)에서 일했으며, 그곳에서 장난감 매장을 운영하기도 했다(당시 그녀는 심술궂은 성격 때문에 유명해졌다. 한번은 점원 한 명을 들이받아 도자기 매장 너머까지 떠밀리게 한 적도 있었다).

스미스는 또한 악명 높을 정도로 게으른 직원이었지만 때맞춰 점주인 앰브로즈 힐과 사귄 덕분에 해고를 피했다……이 말은 곧 그녀가 상류생활과 안락함을 위해 사랑에 빠질 수 있는 인물이었다는 뜻이다. 힐의 도움을 받아 스미스는 자신의 집을 최신식 디자인의 가구들로 꾸몄다. 앰브로즈는 심지어 그녀를 위해 특별히 디자인한 가구 제품까지 출시했는데 현재까지도 형태만 바뀐 이 제품이 판매되고 있다('도디'세트로 불리는 이제품은 '현대의 아르데코 가구'로 광고되고 있다).

예상했겠지만, 도디는 괴상할 정도로 개를 사랑했다. 그녀는 집안에서 쥐들을 위해 일부러 음식을 놓아두었다. 그녀가 그렇게까지 한 데에는 자신의 개들이 더 재밌게 쫓아다니고 잡아먹을 수 있도록 쥐들을 살찌우기 위해서였다. 유명한 소설 《101마리의 달마시안》은 도디 스미스가 친구에게서 그녀의 애완견 달마시안이 멋진 모피코트가 될 것이라는 말을 듣고 자극을 받아 쓴 작품이다.

소설 속에서 디얼리 가족이 사는 집의 구체적인 주소는 나오지 않지만 스미스는 이 집이 리젠츠 파크의 아우터 서클에 있다고까지 말한다(사실은 금융의 귀재인 디얼리 씨가 정부의 빚을 다 갚아버렸기 때문에 이들 가족에게 임대된 집이었다). 디얼리 씨는 또한 리젠츠 파크에서 퐁고와 미시즈를 산책시킨다. 그리고 근처의 프림로즈 힐(Primrose Hill, 앵초 언덕)에서 퐁고와 미시즈는 '해질녘의 짖기'를 시작한다. 이 소설의 몇몇 부분은 현실에 근거하고 있다. 실제의 퐁고는 한때 한배에서 태어난 열다섯 마리 강아지들의 아버지였다. 이 가운데 한 마리는 소설에서처럼 사산됐다. 그리고 역시 소설에서처럼 도디의 남편이 그 강아지를 가까스로 다시 살렸다. 일설에 따르면 크루엘라 드 빌은 1920년대에 도디의 집 근처에서 살며 여봐란 듯이 엄청나게 큰 벤틀리를 타고 드라이브를 즐겼던 미국인 여배우이자 사교계 명사 탈룰라 뱅크헤드(Tallulah Bankhead, 1902-68)를 본떠 창조한 인물이라고 한다.

《101마리 달마시안》이 출간되고 2년이 지난 뒤 마이클 본드(Michael Bond, 1926년에 태어나서 이 책을 집필하고 있는 지금까지 런던[패딩턴 역에서 멀지 않는 곳]에 살고 있다)는 세상에 '곰돌이 패딩턴'을 선보였다. 본드는 어렸을 때 소개령에 따라 런던을 떠나는 어린이들을 봤던 기억을 바탕으로 패딩턴을 만들어냈다고 한다. 당시 어린이들은 소지품을 담은 작은 여행 가방을 들고 목에 표식을 건 채 기차역에 몰려들곤 했다. 본드는 또한 (매력적일 만큼 '비현실적'이었던) 자신의 아버지도

아서 랜섬의 소호

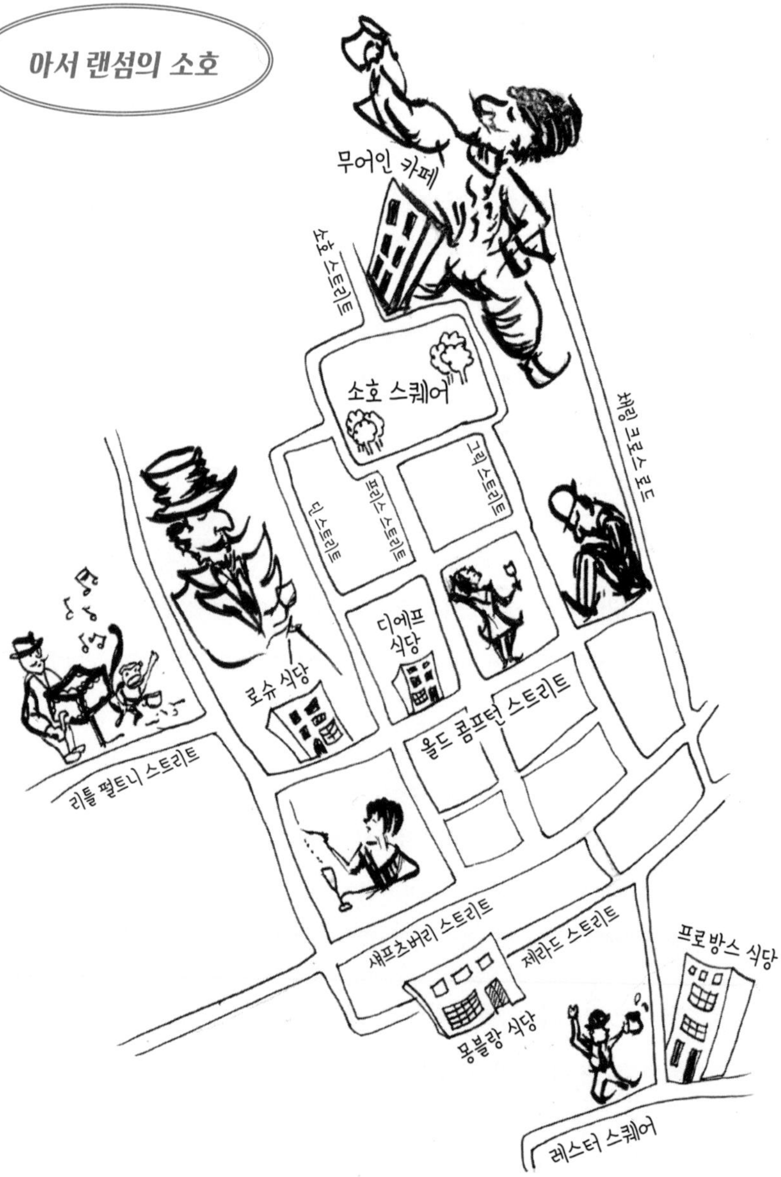

무어인 카페
소호 스트리트
소호 스퀘어
채링 크로스 로드
그릭 스트리트
프리스 스트리트
딘 스트리트
디에프 식당
로슈 식당
올드 콤프턴 스트리트
리틀 펄트니 스트리트
섀프츠버리 스트리트
제라드 스트리트
프로방스 식당
몽블랑 식당
레스터 스퀘어

아서 랜섬(Arthur Ransome)의 《제비호와 아마존호(Swallows and Amazons)》 연작은 호수지구 및 노퍽과 가장 밀접하게 관련되어 있지만 저자 자신은 견습기의 대부분을 런던에서 보냈다. 그는 열여섯 살이던 1901년에 런던에 도착한 뒤 망해가던 〈템플 바 매거진(Temple Bar Magazine)〉에서 저임금을 받으며 편집부 보조로 일하면서 첼시의 킹스 로드에서 자취를 했다(그의 집은 '적막하고 창문에는 커튼도 없는' 옥탑방이었다). 아서 랜섬은 훗날 런던에서 살던 시절을 다룬 작품 《런던의 보헤미아(Bohemia in London)》를 썼다. 이 책에서 그는 허송세월한 청춘과 유행을 선도하는 전위예술가가 되고 싶었던 강한 열망, 그리고 소호의 카페에서 보낸 신나는 날들을 애틋한 시선으로 들려준다.

무어인 카페(The Moorish) 랜섬은 이곳에 가서 '이상한 무어 음악'을 들으면서 남자들이 물담뱃대로 마리화나를 피우는 것을 지켜봤다.

*무어인(Moor, 8세기 이후 이베리아 반도를 정복한 아랍계 이슬람교도들을 가리킨다—옮긴이)

리틀 펄트니 스트리트(Little Pulteney Street) 랜섬은 낮에 이 길을 따라 걸으며 행상 수레에서 바나나를 사서 먹는 것을 좋아했다. 또한 손풍금 연주자의 음악을 들을 때마다 가슴이 두근거렸다고 한다.

몽블랑 식당(Mont Blanc) 랜섬은 이곳에서 '가지각색의 비단골들'이 저녁을 먹었다고 말했다. 그중에는 조지프 콘래드와 체스터턴, 그리고 힐레어 벨록(Hilaire Belloc, 프랑스 태생의 영국 소설가 겸 시인 겸 역사가—옮긴이)도 있었다.

로슈 식당(Roches/Beguinofs) 이 '인기 있는 작은 지옥'은 '보헤미아'였다.

디에프 식당과 프로방스 식당(The Dieppe and The Provence) 랜섬은 이 두 곳의 음식뿐만 아니라 그림도 좋아했다. 특히 프로방스 식당의 벽에는 땅속 요정들이 맥주를 벌컥벌컥 마시고 맥주통으로 굴러 떨어지는 모습을 담은 프레스코화가 그려져 있었다.

부분적으로 작품에 반영했고, 1956년 크리스마스 이브에 셀프리지스 백화점에서 본 외로운 테디 베어도 약간 참고했다. 아내의 선물로 그 곰 인형을 사버린 본드는 이후 열흘 만에 첫 번째 책을 완성했다.

패딩턴 시리즈에 등장하는 또 다른 캐릭터 그루버 씨는 본드가 전쟁 때 경험했던 것들이 바탕이 되어 탄생된 인물이다. 헝가리 난민이자 패딩턴의 멋진 친구인 그루버 씨는 포르토벨로 로드에서 골동품점을 운영한다. 본드는 캐버샴의 BBC 모니터링 부서에서 일할 때 직원들 거의 전부가 러시아인과 폴란드인이었던 상황에서 영감을 얻어 그루버 씨를 만들어 냈던 것이다.

패딩턴 시리즈에는 여러 다른 런던의 장소들이 비중 있게 등장한다. 한 책에서 패딩턴은 버킹엄 궁전으로 소풍을 가서 경비병 교대식을 지켜본다. 크리스마스 때에는 패딩턴과 브라운 가족 그리고 그루버 씨까지 옥스퍼드 스트리트로 크리스마스 등불을 보러 가고 웨스트민스터 사원도 방문한다(이곳에서 그루버 씨는 딕 휘딩턴의 고양이 그림이 들어가 있는 스테인드글라스를 가리켜 보인다). 패딩턴은 생일날 도체스터(소설 속에서는 '포체스터' 식당으로 등장)식당에 가서 마멀레이드 샌드위치와 커스터드 소스를 주문해 직원을 깜짝 놀라게 한다. 패딩턴 일행은 하이드 파크에서 열리는 야외 음악회에 가서 연주를 듣는다(연주곡은 슈베르트의 〈미완성 교향곡〉이었는데 패딩턴이 나서서 완성시키려고 한다). 또한 '밀랍인형 박물관'을 방문해 '공포의 방'을 서둘러 통과한다. 그 외에도 런던의 명소를 관광하는 내용의 책에서 패딩턴은 포트넘 앤 메

버킹엄 궁전은 많은 동화책에 등장한다. 앨런 알렉산더 밀른은 소설 속의 유명한 장면에서 크리스토퍼 로빈과 앨리스를 그곳에 보내 경비병 교대식을 구경하게 한다. 로알드 달(Roald Dahl)의 아주 멋진 소설에서도 선량한 꼬마 거인과 소피가 버킹엄 궁전을 찾아간다. 《페파피그, 여왕을 만나다(Peppa Pig Meets the Queen)》의 페파피그 또한 여왕을 만난다.

이슨 백화점의 마멀레이드 매장에서 점원으로 일했으면 좋겠다고 생각한다.

마지막으로 곰돌이 패딩턴이 발견된 장소인 패딩턴 기차역이 있다. 발견 당시 곰돌이 패딩턴은 외투에 '부디 이 곰을 보살펴 주시면 고맙겠습니다'라고 적힌 쪽지를 붙인 채 여행가방 위에 앉아 있었다. 지금도 패딩턴 역 1번 플랫폼에 가면 시계 아래에서 아주 예의 바른 곰돌이의 청동 조각상을 만날 수 있으며 세계에 하나뿐인 '패딩턴 베어 샵'에서 선물도 살 수 있다.

곰돌이 패딩턴의 모험담은 전 세계에서 3천5백만 부 이상이 팔렸고 20개 국어로 번역됐다. 하지만 패딩턴 역은 더 이상 문학과 관련된 런던의 가장 유명한 기차역이 아니다. 이제 문학의 도시 런던에서 가장 유명한 기차역은 해리 포터가 호그와트행 급행열차를 탔던 킹스 크로스역이다. 더 정확히 말하자면, 전 세계 수많은 어린이들과 어른들이 잘 알고 있듯, 9와 3/4 플랫폼이다. 요즈음 킹스 크로스 역에는 해리포

패딩턴 연작에 등장하는 또 다른 런던의 장소는 브라운 가족과 사랑스러운 곰돌이 패딩턴이 사는 윈저 가든스 32번지(32 Windsor Gardens)다. 런던에는 실제로 해로우 로드(Harrow Road) 인근, 노팅힐(Notting Hill)과 메이다 베일(Maida Vale) 사이에 윈저 가든스가 있다. 그러나 이곳에 가면 아주 볼품없는 거리밖에 없다. 더구나 32번지는 존재하지도 않는다. 패딩턴 연작에서 단지 이 동네의 이름만 빌려다 쓴 것이기 때문이다. 따라서 《곰돌이 패딩턴》에 나오는 곳과 좀 더 비슷한 장소를 보고 싶으면 최근에 동명의 영화를 촬영한 곳인 프림로즈 힐의 찰콧 크레슨트(Chalcot Crescent)에 가는 게 좋다.

터 기념품 가게뿐만 아니라 9와 3/4 플랫폼을 안내하는 표지판이 설치돼있다. 조앤 롤링(J. K. Rowling, 1965-) 또한 해리포터 시리즈에 런던을 등장시켰다. 예를 들면, 《해리포터와 마법사의 돌(Harry Potter and the Philosopher's Stone)》에서 해리는 리젠츠 파크의 런던 동물원에 가서 자신이 뱀과 이야기를 나눌 수 있다는 사실을 알게 된다. 안타깝게도 리키 콜드런(Leaky Cauldron) 펍은 많은 이들이 채링 크로스 로드에 있다고들 하지만 찾기가 좀 어렵다. 리키 콜드런과 이어져 있는 다이아곤 앨리(Diagon Alley)는 보행자전용도로인 세실 코트(Cecil Court)를 본떠 만든 것이라는 말들이 있다. 레스터 광장과 가깝고 런던에서 유일하게 순수 빅토리아풍 점포들이 자리하고 있는 세실 코트는 분명 다이아곤 앨리에 잘 어울린다. 그 외에도 플뢰르와 빌의 결혼식에 참석했던 허마이어니(헤르미온느)와 론과 해리가 토트넘 코트 로드(Tottenham Court Road)로 도망칠 때처럼 런던의 다른 많은 길들이 등장한다.《해리포터와 혼혈왕자(Harry Potter and the Half-Blood Prince)》에서는 마법부 장관이 총리와 이야기를 나누러 가는 장면에서 텐 다우닝 스트리트(Ten Downing Street)가 카메오로 출연하기도 한다(마법부 장관은 템스 강의 밀레니엄 브리지가 붕괴하는 등의 이상한 일들이 영국 전역에서 일어나고 있는 이유를 설명할 겸 해서 총리와 면담을 갖는다). 이때 마법부 장관은 패딩턴 역도 방문한다. 이로써 이번 단락은 패딩턴 역에서 시작해 패딩턴 역으로 끝난 셈이다.

주요장소 주소

렌스터 코너(Leinster Corner), 100 Bayswater Road, W2 (지하철역: Bayswater)

켄싱턴 가든스(Kensington Gardens), Princes Square, W2 (지하철역: Bayswater)

런던 동물원(London Zoo), Regent's Park, NW1 (지하철역: Camden Town)

맬로드 스트리트 13번지(13 Mallord Street), SW3 (지하철역: South Kensington)

제독의 집(Admiral's House), Admiral's Walk, NW3 (지하철역: Hampstead)

힐즈 스토어(Heal's Store), 196 Tottenham Court Road, W1T (지하철역:

Goodge Street)

리젠츠 파크(Regent's Park), NW1 (지하철역: Regent's Park)

셀프리지스(Selfridges), 400 Oxford Street, W1U (지하철역: Bond Street)

패딩턴 기차역(Paddington Railway Station), Praed Street, W2 (지하철역: Paddington)

추천도서

제임스 매튜 배리, 《피터 팬》

조지프 러디어드 키플링, 《킴》

앨런 알렉산더 밀른, 《위니 더 푸》

조앤 롤링, 《해리포터와 마법사의 돌》

도디 스미스, 《101마리의 달마시안》

패멀라 린든 트래버스, 《메리 포핀스》

12

모더니스트와 소용돌이파

Modernists and Vorticists

여성들의 옷단이 올라가고, 여성참정권 운동가들이 나타나고, 재즈라는 새로운 유형의 음악이 출현한 것과 더불어 문학에서도 또 다른 혁명이 일어나고 있었다. 20세기가 시작되면서 19세기의 오랜 확실성이 무너지자 모더니즘이 등장했다. 모더니즘은 다른 무엇보다도 실험적인 형식을 위해 리얼리즘을 거부한 새로운 철학운동이자 문학운동이었다. 모더니스트는 전할 수 있는 모든 이야기는 이미 다 전해졌다고 믿었다. 이들은 다른 것을 창조해내기 위해서 글쓰기 형식을 혁신적으로 바꿔야만 했다. 에즈라 파운드(Ezra Pound, 1885-1972)는 모더니스트들에게 '새롭게 만들라'고 말했는데 그들은 정말로 새롭게 만들었다.

모더니즘은 이미 19세기 말엽에 《암흑의 심장》 같은 작품들로 크게 두각을 나타냈다. 하지만 스물다섯 살의 젊은 T. S. 엘리엇이 1915년에 옥스퍼드에서 런던으로 이주할 무렵에 급부상했다. 새롭게 만들기에 런던만큼 좋은 곳은 없었다. 런던은 여전히 빽빽하게 들어선 부두와 공장과 창고에서 세계 곳곳에 기술을 퍼뜨리는, 세계의 작업장이자 연기가 자욱한 도시였다. 엘리엇은 런던에 온 지 1년도 지나지 않아 첫 번째 명시 〈J. 알프레드 프루프록의 연가(The Lovesong of J. Alfred Prufrock)〉를 완성했다. 이 시에는 황폐한 거리들과 하룻밤용 싸구려 호텔들, 그리고 희미하게 다가오는 누런 안개 같은 런던의 풍경이 담겨 있다.

그로부터 몇 년 후, 1922년에 이 '비현실적인 도시'는 엘리엇의 위대한 걸작 〈황무지(The Waste Land)〉의 배경이 돼줄 뿐만 아니라 죽음이 런던 브리지를 넘어가는 사람들을 파멸로 이끌어가는 것을 처연하게 묘사한 시구를 탄생시켰다.

엘리엇의 재능이나 전위적 성향은 의심할 여지가 없을 것이다. 하지만 그가 까다롭고 예리한 모더니스트 운동의 선봉에 선 것을 알았더라면 런던에 사는 그의 이웃이나 동료들은 대부분 크게 놀랐을 것이다. 초년생 시절의 엘리엇은 밤에는 시인이었을지 몰라도 낮에는 런던의 로이드 은행에서 일했다. 깔끔한 옷차림의 겸손한 인물이었던 그는 시를 쓸 수 있는 마음상태로 접어들기 위해서는 9시부터 5시까지 근무하는 규칙적인 생활이 필요하다고 주장했다.

그렇다고 엘리엇이 전형적인 보헤미안이었던 것도 아니다. 떠들썩한 파티나 늦은 밤까지 돌아다니는 일과도 거리가 멀었다. 1916년부터 1920년까지 메릴르본의 크로포드 맨션에 살 때 엘리엇은 사실상 소음 때문에 고통스럽다고 토로했다. 집 근처에 술집이 하나 있는데다 같은 건물에 사는 두 명의 시끄러운 자매가 어찌나 성가시게 구는지 엘리엇이 집주인에게 불만을 호소했다고 한다. 그러자 돌아온 답변은 이랬다. "선생께서도 잘 알다시피, 그 여자들의 예술가적 기질 탓이라오. 우리 같은 평범한 사람들은 예술가들을 너그러이 참아줘야 한다오."

이후 엘리엇은 채링 크로스 로드의 버레이 맨션으로 이사했다. 이곳에서 살 때는 적어도 한두 명의 손님을 들였고 가끔씩 파티까지 열었다. 1922년에 버지니아 울프는 엘리엇의 집을 다녀온 뒤 '그가 입술 화장을 한 것 같았다'라고 말했다. 같은 해 말에 클라이브 벨(Clive Bell, 1881-1964)은 울프의 언니 바네사(Vanessa Woolf, 1879-1961)에게 엘리엇이 얼굴을 초록색으로 칠하는 습관이 있다고 말했다. 5년 후에 오스버트 시트웰(Osbert Sitwell)이 방문했을 때 뺨에 '초록색 분'을 얇게 발라 '연하지만 억지로 은방울꽃 색깔을 낸 것처럼 초록빛이 감도는 것'을 보고 깜짝 놀랐다고 하니 분명 그의 습관이었던 모양이다. 시트웰은 이렇게도 덧붙였다. "내가 그걸 보고 특히 놀랐던 건 어떻게든 일부러 외모를 돋보이게 하는 것은 절대로 이목을 끌려고 하지 않는 그의 성격과 너무나 어울리지 않았기 때문이다."

오스버트 시트웰은 동생 사처베렐(Sacheverell Sitwell, 1897-1988)과 누나 이디스와 함께 시트웰 일가의 일원이었다. 이들 세 사람은 모두 20세기 초반의 런던을 주름잡았다. 엄청 마른 데다 180센티미터의 장신이어서 엘리자베스 1세와 닮아 보였던 이디스는 베이스워터의 펨브리지 맨션에 자리한 허름한 집에서 중세풍의 드레스를 입고 황금색 터번을 쓰고 반지를 주렁주렁 낀 모습으로 나타나곤 했다. 이웃에 살던 엘리자베스 보웬(Elizabeth Bowen, 1899-1973)에 따르면 '움직이는 중앙 제단 같았다'고 한다. 이디스의 추상시 연작집 《파사드(Façade)》는 실험적인 걸작인지 아니면 우스꽝스런 엉터리 시에 불과한지 여전히 논란 속에 있었다. 1923년 6월 12일에 런던의 이올리언 홀(Aeolian Hall)에서 윌리엄 월턴(William Walton)의 반주에 맞춰 이 시집의 낭독회가 열렸을 때, 이디스는 확성기를 들고 귀를 찢는 듯한 목소리로 일부 시구를 읊었다(확성기 자체만으로도 모슬린 커튼이 뚫릴 지경이었다). 이 시집은 '돈까지 내가면서 들은 쓸데없는 글'이라는 어느 신문의 머리기사 제목처럼 문제작이었다.

엘리엇의 화장에 대해서도 확인된 게 없기는 마찬가지였다. 아마 시적 정취를 조성하기 위한 장치일 수도 있었다. 아니면 엘리엇 스스로 고리타분한 은행원의 이미지를 벗어나 시인임을 보여주기 위해 일부러 그런 것일 수도 있었다(그와 같은 화장법은 당시에 꽤 인기를 끌어서 《나이트우드(Nightwood)》의 저자 주나 반스[Djuna Barnes, 1892-1982]도 얼굴에 누런 분칠을 한 채 아주 커다란 검정색 망토를 입고 런던을 활보하곤 했

엘리엇은 첫 번째 부인 비비언과 석 달 동안 불같은 연애를 한 끝에 함께 크로포드 맨션으로 이사했다. 《황무지》에 나오는 '서두릅시다, 시간 다 돼갑니다'는 그 동네 술집 '래릭'에서 들리던 소리다.

다). 아니면 엘리엇이 그냥 좋아서 그런 것일 수도 있었다. 어쨌든 그가 무슨 일을 벌이든 효과는 있었다. 이 시기에 발표된 엘리엇의 시들은 그의 역대 최고 작품으로 꼽히기 때문이다. 얼굴 화장과 더불어 런던의 건축물이나 분위기 못지않게 런던에서 엘리엇의 창작성을 활짝 꽃피우게 도와준 인물이 있었으니, 바로 에즈라 파운드다.

또 다른 천재 모더니스트였던 포드 매덕스 포드(Ford Madox Ford, 1873-1939)에 따르면, 엘리엇은 그저 집에서만 초록색으로 화장을 한 데 반해 에즈라 파운드는 초록색 바지를 입고 손으로 그림을 그려 넣은 타이를 매고 보라색 귀걸이를 한 채 사람들 앞에 나섰다. 포드는 작가 지망생들을 자주 불러 대접했던 바이올렛 헌트의 켄싱턴의 캠든 힐 로드 80번지 집에서 포드를 자주 보았다.

포드와 파운드는 그 집에서 테니스를 치곤 했는데 두 사람이 종래의 규칙도 무시한 채 어찌나 살벌하게 시합을 벌이는지 구경꾼들이 크게 놀랐다고 한다. 헌트와 가까이 어울렸던 브리짓 팻모어(Brigit Patmore, 1882-1965)는 이 두 사람이 테니스 공보다 상대방의 목구멍을 더 많이 노리는 것처럼 보였으며 누구도 심판으로 나설 수 없

었다고 회상했다. 포드는 파운드와의 시합을 '술에 취한 캥거루와 시합하는 것' 같았다고 말했다. 이에 파운드는 포드를 가리켜 '40마리의 미친개들이 와와(포드의 미들네임인 매덕스를 매드 독스[mad dogs]로 바꿔 언어유희 효과도 노린 것 같다-옮긴이)'거린다고 했다.

집요하리만치 파운드를 주시한 점에서는 훗날의 여러 비평가들도 그 앵무새 못지않았다. 하지만 포드 또한 주목을 받을 충분한 자격이 있었다. 그의 1915년작 《훌륭한 병사(The Good Soldier)》는 불멸의 명작이다. 또한 1924년부터 1928년까지 《퍼레이드의 끝(Parade's End)》이라는 제목으로 선보인 4부작도 마찬가지로 인상적이다. 어느 비평가는 《퍼레이드의 끝》을 가리켜 '더없이 근대적이고 모더니즘적'이라고 말했다.

런던에 파운드의 경쟁자가 포드만 있었던 것은 아니다. 에즈라가 켄싱턴의 홀랜드 플레이스에 살 때 또 다른 시인 라셀레스 애버크롬비(Lascelles Abercrombie, 1881-1938)에게 결투를 신청했다. 애버크롬비가 신인 시인들이 워즈워스에게서 영감을 받아야 한다고 주장했기 때문이다. 이에 파운드는 '어리석음이 도를 넘으면 공공의 위협이 된다'고 말했다. 애버크롬비는 파운드의 수준급 펜싱 실력 때문에 잠깐이나마 걱정했지만 결투를 신청 받은 사람에게 무기를 고를 권한이 있다는 것을 알고 안심했다. 이후 각자의 팔리지 않은 책들을 갖고 싸우자는 애버크롬비의 제안에 파운드가 웃음을 터뜨리면서 결투는 없던 일이 되었다.

파운드 못지않게 변덕스러운 작가이자 화가였던 윈드햄 루이스(Wyndham Lewis, 1882-1957) 또한 툭하면 무기를 휘둘렀다. 엄격히 말하자면 윈드햄은 풍경화나 누드화보다는 기하학적 형태를 신봉하는 '소용돌이파(Vorticist)'였다. 아무튼, 블룸스버리와 피츠로비아의 외설스러운 사람들을 좋아했던 사교계 명사이자 상속녀였던 낸시 커나드는 메이페어에서 열리는 오찬회에 애인 윈드햄 루이스를 초대하는 실수를 범했다. (분명 '유행을 따르는' 신진 작가들을 만나보고 싶었을) 황태자 에드워드 윈저까지 참석한 오찬장에 윈드햄이 권총을 흔들면서 등장하는 바람에 아수라장이 돼버렸기 때문이다.

물론 이런 장면들은 예외적인 경우였다. 대부분의 모더니스트들은 서로의 든든한 후원자였다. 아니, 좀 더 정확히 말하자면 에즈라 파운드야말로 상당수 모더니스트들에게 든든한 후원자였다.

엘리엇 외에 파운드가 후원해준 또 다른 유명인으로는 1911년에 런던으로 이주한 미국인 힐다 두리틀(Hilda Doolittle, 1886-1961)을 꼽을 수 있다. 그녀는 런던에 도착하고 머지않아 파운드의 지지를 받고서 블룸스버리의 메클렌버러 스퀘어에서 시인 리처드 올딩턴(Richard Aldington, 1892-1962)과 개방결혼 상태로 함께 살았다. (어디까지나 그녀가 부유한 영국인 소설가 '브라이어'와 눈이 맞아 도망가기 전까지 살았다는 뜻이다. 브라이어라는 필명을 썼던 애니 위니프리드 엘러먼(Annie Winifred Ellerman, 1894-1983)은 머리를 짧게 자르고 고대 그리스시대의 옷을 즐겨 입었으며 제임스 조이스(James Joyce, 1882-1941)와 이디스 시트웰 같은 여러 신

엘리엇의 〈J. 알프레드 프루프록의 연가〉는 해럴드 먼로(Harold Munro, 1879–1932)에게 거절당한 후 에즈라 파운드가 〈포이트리 매거진(Poetry Magazine)〉에 추천해 세상의 빛을 보게 되었다. 해럴드 먼로는 새로운 흐름을 주도하는 잡지로 유명했던 〈포이트리 앤 드라마(Poetry and Drama)〉를 발행하고 블룸스버리의 데본셔 스트리트 35번지(현재는 보스웰 스트리트)에서 시 전문 서점을 운영하는 런던의 영향력 있는 인물이었다. 에즈라 파운드의 아주 독창적인 모더니즘 시선집 《이미지스트(Des Imagistes)》를 출간한 뒤 '실험주의자들에게 관대'하다는 이유로 시 협회의 〈포이트리 리뷰(Poetry Review)〉에서 해고됐던 먼로는 프루프록을 가리켜 '완전히 미친놈'이라고 말했다. 1915년에 마침내 이 시가 런던에서 선보였을 때 〈타임스 리터러리 서플리먼트〉도 먼로의 말에 동의했다. 당시의 평 내용은 다음과 같다. "이런 것들이 엘리엇 씨의 머리에 떠올랐다는 사실은 시인이나 누구에게나 그다지 중요한 게 아니다. 이것들은 분명 시와 전혀 어울리지 않기 때문이다."

세대 작가들에게 보조금을 지급했다.)

아울러 힐다 두리틀과 파운드 그리고 올딩턴은 '이미지스트(Imagists)'라는 나름의 유파를 만들었다. 힐다는 대영박물관의 찻집에서 시를 수정하다가 에즈라 파운드를 만나 이야기를 나눈 뒤 자신을 '이미지스트 에이치 디(H. D. Imagiste)'라고 부르기 시작했다. 또한 그녀는 모더니즘의 위대한 명작의 하나로 꼽히는(하지만 크게 무시당하는) 13권짜리 연작 《인생행로(Pilgrimage)》의 작가 도로시 리처드슨(Dorothy

Richardson, 1873-1957)과도 친한 친구 사이였다.

엘리엇과 마찬가지로 리처드슨도 낮에는 직장을 다녔다. 할리 스트리트에 있는 어느 외과 의원에서 접수담당자로 일하면서 블룸스버리의 우번 워크에서 살았던 그녀는 절망적일 정도로 가난했다. 한동안은 레스터 스퀘어 인근에 자리한 에어레이티드 브레드 컴퍼니(ABC) 카페에서 구입한 커피 한 잔과 롤빵 한 개로 하루를 버텼다. 획기적인 작법의 작가였지만 이런 가난을 피할 수 없었다. 메이 싱클레어가 〈타임스 리터러리 서플리먼트〉에서 문학에 '의식의 흐름'이라는 문구를 처음으로 쓰게 해준 인물이 바로 리처드슨이었다. 그는 1924년에 《댈러웨이 부인(Mrs Dalloway)》의 서평을 쓰면서 이 소설은 '미스 도로시

신세대 작가들의 최고의 문학 비평 방식 중 하나는 서로의 작품을 실어주는 것이었다. 모더니즘 시대는 발행 부수가 아주 적은 기괴한 문예지와 잡지들의 황금기였다. 전부 런던에서 발행되는 것들로 에즈라 파운드의 〈디 에고이스트(The Egoist)〉(이 문예지의 좌우명은 '어떤 금기도 인정하지 않는다'였다. 제임스 조이스의 《율리시즈》의 일부도 이 문예지에 실렸다)부터 엘리엇의 〈더 크리테리온(The Criterion)〉(창간호에 《황무지》가 실렸다) 그리고 포드 매덕스 포드의 〈(디 잉글리시 리뷰(The English Review)〉 등이 있었다. 들리는 말에 따르면 모더니즘이라는 새로운 문예사조는 바로 이와 같은 잡지들과 그곳에서 일했던 열렬한 편집자들에게서 시작돼 마치 가스처럼 런던 전역으로 퍼졌다고 한다.

리처드슨의 기법을 확장한 것'이라고 설명했기 때문이다.

> "사람들의 눈에, 부산한 움직임에, 터벅터벅 걷는 발걸음에, 고함과 소란에, 마차, 자동차, 버스, 화물차에, 이리저리 발을 끌며 왔다 갔다 하는 샌드위치맨에게, 관악대에, 손풍금에, 승리에 취한 소리에, 짤랑거리는 소리에, 하늘 높이 날아가는 비행기의 이상한 굉음에, 그녀가 사랑하는 것들이 있었다. 삶, 런던, 그리고 6월의 이 순간이."
>
> 버지니아 울프, 《댈러웨이 부인》

《댈러웨이 부인》은 1920년대 중반에 런던에서 창작된 여러 모더니즘 계열의 걸작 가운데 하나에 불과했다. 물론 이즈음 모더니즘의 본보기였던 파운드는 런던에 없었다. 그는 1920년에 '잉글랜드에서는 더 이상 지적 생활이 불가능하다'고 말한 뒤 파리로 떠났다. 포드 매덕스 포드도 곧 뒤따라가서 〈트랜스애틀랜틱 리뷰(Transatlantic Review)〉를 창간했다. 그나마 엘리엇은 런던에 남아 있었다. 엘리엇은 1925년부터 페이버 앤 페이버 출판사의 러셀 스퀘어 사무실에서 오랜 시간 열심히 일에 몰두했다. 수시로 사무실에서 목격된 것으로 보아 첫 번째 부인 비비언의 질환으로 괴로운 나머지 가정사에서 벗어나고자 그랬던 것 같다.

그즈음 점점 정서불안이 심해진 가련한 비비언은 (모슬리의 검정색

셔츠를 입고) 출판기념회에 나타나거나 남편의 작업실에 찾아가 창구직원들에게 일장 연설을 늘어놓고 남편을 만나게 해달라고 졸라 엘리엇을 불안에 떨게 했다. 급기야 1934년에는 〈더 타임스〉에 '토머스 스턴스 엘리엇은 1932년 9월 17일에 나가버린 클래런스 게이트 가든스 68번지의 집으로 제발 돌아오시오'라는 광고까지 냈다. 그러다가 1938년 어느 날, 이른 아침에 런던 거리를 헤매다가 (소문에 따르면, 이때 그녀는 엘리엇이 목이 잘려 죽었다고 말했다고 한다) 발견된 뒤 시설로 들어갔다. 이후 비비언은 1947년에 남편이 자유롭게 재혼할 수 있도록 세상을 떠났다. 엘리엇은 자신의 비서였던 발레리 플레처와 1952년에 재혼한 뒤 곧바로 켄싱턴 코트 가든스 3번지로 이사했다. 그리고 이들 부부는 1965년에 엘리엇이 죽고 한 시대가 끝날 때까지 함께 살았다.

모더니즘의 두 거장인 새뮤얼 베케트(Samuel Beckett, 1906–89)와 제임스 조이스는 런던과 직접적인 관련은 없었지만 두 사람 모두 런던에서 시간을 보냈다. 베케트는 1934년에 첼시의 폴턴스 스퀘어 48번지에 살았고 조이스는 그보다 몇 해 앞선 1931년에 캠튼 그로브 28번지 근처에 가게를 차렸다. 베케트는 런던을 별로 좋아하지 않았지만 런던에서 지낸 시간은 유익했다. 그는 첼시에 살면서 첫 번째 소설 《머피(Murphy)》를 썼다(사실 소설의 배경도 런던이다). 조이스는 애초 런던에 올 때는 영구적으로 거주할 생각이었지만 캠튼 그로브를 '캠튼 그레이브(캠튼 무덤)'라고 부를 정도로 켄싱턴을 싫어했다. 결국 두 사람 모두 얼마 안 가 도망치듯 파리로 돌아갔다.

주요장소 주소

엘리엇의 집(T. S. Eliot's Flat), Crawford Mansions, 62-66 Crawford Street, W1 (지하철역: Baker Street)

바이올렛 헌트의 집(Violet Hunt's House), 80 Campden Hill Road, Kensington, W8 (지하철역: Holland Park)

페이버 앤 페이버 출판사(Faber & Faber), 원래 주소: 24 Russell Square 현재주소: 74-77 Great Russel Street, WC1B (지하철역: Russell Square)

추천도서

조지프 콘래드,《암흑의 심장》

T. S. 엘리엇,《황무지 외》

포드 매덕스 포드,《퍼레이드의 끝》

버지니아 울프,《댈러웨이 부인》

13

블룸스버리와 험담꾼들

Bloomsberries and Back-Stabbers

20세기 초반의 런던에는 모더니스트와 소용돌이파 외에도 (자주 겹치긴 하지만) 또 다른 유파의 작가들이 있었다. 그런데 이들 유파는 공유하는 사상뿐만 아니라 이들이 많은 시간을 보낸 장소로도 규정된다. 토트넘 코트 로드의 동쪽에 위치한 자그마한 동네는 런던에서 자타가 공인하는 지성의 심장부였다. 당대의 가장 중요하고 인상적인 작가들의 상당수가 그러했듯 대영박물관과 브리티시 라이브러리, 그리고 런던대학교가 그곳에 자리하고 있었다. 이 지역이 유명세를 탐에 따라 이곳을 기반으로 활동하는 문학유파에도 지역의 이름을 붙여 '블룸스버리 그룹(Bloomsbury Group)'으로 불렀다.

블룸스버리 그룹은 이해관계와 전문분야가 제각각인 다양한 작가들과 출판업자들의 느슨한 연합체지만 적어도 한 가지만큼은 공통된 게 있었다. 바로 버지니아 울프와 바네사 벨 자매와 관련된 사람들이라는 점이었다.

"블룸스버리 그룹 같은 게 실제로 존재한다면, 그 중심에는 이들 자매와 더불어 고든 스퀘어와 피츠로이 스퀘어에 자리한 그들의 집이 있었다."

클라이브 벨, 《오랜 친구들(Old Friends; Personal Recollections)》

블룸스버리 그룹은 1905년경 버지니아와 바네사가 고든 스퀘어 46번지의 집에서 마련한 '목요일 저녁' 모임에서 출발했다. 이 모임에는 그녀들의 오빠 토비 스티븐(Thoby Stephen, 1880-1906)의 캠브리지 친구들이 참석했다. 그들의 면면을 살펴보면, (훗날 버지니아의 남편이 되는 출판인) 레너드 울프(Leonard Woolf), 리턴 스트레이치(Lytton Strachey, 1880-1932, 유명한 작가), 클라이브 벨(바네사의 남편이자 미술비평가), 데이비드 가넷(David Garnett, 1892-1981, 작가 겸 출판인), 던컨 그랜트(Duncan Grant, 1885-1978, 화가), 존 메이너드 케인스(John Maynard Keynes, 1883-1946, 엄청나게 영향력 있는 경제학자이자 작가), 그리고 로저 프라이(Roger Fry, 1866-1934, 비평가 겸 화가) 등이다. 《하워즈 엔드(Howards End)》와 《인도로 가는 길(A Passage to India)》의 저자 E. M. 포스터(Edward Morgan Forster, 1879-1970) 또한 정기적으로 참석하는 중요인물이었다.

이 모임은 애초 굉장히 딱딱하고 격식을 갖춘 사교모임이었다. 그러던 어느 날 밤, 리턴 스트레이치는 바네사의 드레스에 묻은 얼룩을 보고 정액이냐고 물으면서 서먹서먹한 분위기를 깨버렸다. 처음 그 질문을 들었을 때 다들 놀라 잠시 정적이 흘렀지만 곧이어 웃음이 터져 나왔다. 버지니아는 그날 밤의 분위기를 이렇게 말했다. "삼가고 자제하게 했던 모든 장벽들이 무너졌다……[이후] 우리는 '빌어먹을'이라는 단어를 입에 달고 살았다."

얼마 뒤 버지니아는 레너드와 결혼했고 1917년부터 1924년까지 리치몬드의 호가스 하우스에서 살았던 때를 빼고는 거의 대부분을 블룸스버리에서 살았다. 물론 주소는 피츠로이 스퀘어 29번지, 브룬스윅 스퀘어 38번지, 태비스톡 스퀘어 52번지 그리고 메클렌버러 스퀘어 37번지에 이르기까지 조금씩 바뀌었다. 블룸스버리 지구의 여러 이

블룸스버리 회원들은 서로의 집을 자주 드나든 만큼 서로의 속옷도 자주 빌려 입었다. (행복한) 결혼 생활 중이던 오톨린 모렐(Ottoline Morrell)은 각각 다른 시기에 D. H. 로런스와 철학자 버트런드 러셀(Bertrand Russell, 1872–1970)과 염문을 뿌렸다. 리턴 스트레이치는 존 메이너드 케인스 그리고 던컨 그랜트와 바람을 피웠다. 던컨 그랜트는 케인스, 데이비드 '버니' 가넷 그리고 바네사 벨과 정사를 나눴다. 레너드 울프는 버지니아와 잠자리를 갖기 전에 바네사 벨에게 홀딱 반했다……그리고 바네사의 딸 안젤리카는 열일곱 살 생일에 자신의 생부가 클라이브 벨이 아닌 던컨 그랜트라는 사실을 들었다. 당시 그녀는 데이비드 가넷과 결혼을 앞두고 있었다. 가넷 또한 그랜트의 애인이었다는 것을 까맣게 모른 채 말이다. 도로시 파커(Dorothy Parker, 1893–1967)가 이런 말을 남길 만도 했다. "그들은 사각형 동네에서 살았고, 동그랗게 모여 그림을 그렸으며, 삼각관계로 사랑을 했다."

웃사촌들은 주로 버지니아의 독설 때문에 이들 부부를 '늑대 부부(The Woolves)'로 불렀다. 그럼에도 버지니아 부부 주변에는 부유한 친구들과 지식인들이 몰려들었다.

리턴 스트레이치는 1909년에서 1924년까지 고든 스퀘어 51번지에서 살았다. 문학과 연극 평론가로 시작한 그는 1911년에 턱수염을 기르기로 작정하고 벨벳 양복까지 구입해서 어머니를 놀라게 했다. 스트레이치는 고든 스퀘어에서 살 때 《탁월한 빅토리아시대 사람들(Eminent Victorians)》을 써서 유명세를 얻었다. 또한 버지니아 울프가 쓴 《파도(The Waves)》의 네빌과 《출항(The Voyage Out)》의 존 허스트 경, 그리고 E. M. 포스터가 쓴 《모리스(Maurice)》의 리즐리 등으로 수많은 블룸스버리 소설에 등장해서 명성을 얻었다. 아울러 윈드햄 루이스의 《신의 원숭이들(The Apes of God)》에서 사정없이 조롱당하기도 했다(스트레이치 혼자만 조롱당한 것은 아니다).

동료들의 예리한 펜 끝에 시달린 블룸스버리 회원 중에서 오톨린 모렐만큼 수십 편이 넘는 소설에서 무자비하게 조롱당한 이는 없다. 오톨린은 불타는 듯한 붉은 머리칼에 이국적인 의상을 즐겨 입는 괴짜 귀족(여왕 모후의 사촌)이었다. 그녀는 1908년에 버지니아 울프를 만난 뒤 블룸스버리 그룹과 친해졌다. 그녀의 주 거처는 옥스퍼드 인근의 가싱턴에 있었지만 베드포드 스퀘어 44번지에도 집이 있어서 그곳에서 매주 사교모임을 열었고 《사랑하는 여인들(Women in Love)》도 처음 읽었다. 이 책에서 오톨린의 전 애인 D. H. 로런스는 (레이디 허마이어니라는 등장인물을 내세워) 그녀를 너무 심하게 희화화해서 오톨린은 명예훼손으로 고발하겠다고 으름장을 놓고 두 번 다시 로런스를 보지 않았다. (은근슬쩍 독설을 날리는 것을 좋아했던) 버지니아 울프조차도 오톨린이 당한 일에 격분해서 그녀에게 다음과 같은 내용의 편지를 보냈다. "너무 화가 나서 그의 책을 끝까지 읽을 수가 없었답니다. 아니, 부인께서 그에게 셸리와 곰국을 보내주고, 집을 빌려주고, 가싱턴 집 계단에서 사진을 찍어주고, 돌아갈 때면 종종 주머니에 금붙이까지 넣어준 얘기는 다 뺐더군요."

한편, 버지니아의 언니 바네사 벨과 클라이브 벨은 1917년까지 고든 스퀘어 46번지에 살았다. 바네사의 아들 쿠엔틴 벨(Quentin Bell, 1910-96)이 말년에 이르러 회상한 바에 따르면, 다른 집들의 대문은 '보통의 수수한' 것들인데 그들 집의 대문은 '놀랍도록 선명한 주홍색'이 칠해져 있어 너무나 창피했다고 한다. 반면에 부모님이 개방결혼 상태로 지내는 것은 자유분방한 이웃들이 대체로 무난히 받아들였기 때문에 별로 당황스럽지 않았다고 한다. 정작 이 동네 사람들의 눈살을 찌푸리게 했던 사람은 1917년에 이사 온 존 메이너드 케인스였다. 리턴 스트레이치는 케인스가 고상한 체하는 속물에다 끊임없이 블룸스버리로 '공작과 총리들'을 끌어들여 동네를 망쳐놨다고 불평했다.

E. M. 포스터 역시 한동안 이 동네에 살았다. 서리(Surrey)에서 어머니와 지내는 것을 더 좋아하다 못해 《하워즈 엔드》에서 런던을 '악마 같다'고까지 표현했던 그였지만 1930년부터 1939년까지 블룸스버

리의 브룬스윅 스퀘어 26번지에 집을 빌려 살았다. 포스터는 이전에 1902년부터 1904년까지 블룸스버리 웨이에 있는 시슬 블룸스버리 호텔(현재는 '시슬 킹슬리 호텔'로 불린다-옮긴이)에 묵으며 글을 쓴 적도 있었다.

모더니즘의 선두주자 T. S. 엘리엇은 은행을 그만둔 뒤 죽을 때까지 페이버 앤 페이버에서 일했다. 또한 친구이자 자신의 책을 내주는 출판인이었던 울프 부부를 방문하곤 했다(15장 참조). 울프 부부는 태비스톡 스퀘어로 엘리엇을 불러 점심을 먹고 편집회의를 열었다. 제대로 된 식사를 대접받겠거니 기대했던 엘리엇은 진저비어 한 병과 기름에 전 감자튀김 한 봉지를 내놓자 적잖이 당황했다.

하지만 울프 부부는 다른 일로 너무 바쁜 나머지 음식과 옷에 신경 쓸 수 없었다. 더구나 대다수 블룸스버리 회원들은 특이하기로 유명했다. 헨리 제임스는 베드포드 스퀘어에서 열린 오톨린 모렐의 사교모임에 갔다가 그 집에 초대된 피츠로비아의 '보헤미안 폭도들'에게 정나미가 떨어졌다. 격식 없는 옷차림에다 고상함과 거리가 먼 그들의 행태가 오죽 마음에 안 들었으면 헨리 제임스는 오톨린에게 그들을 잘 대접하지 말라고 간곡히 애원하기까지 했다고 한다.

훗날, 울프 부부의 직원(이자 이들 부부의 몇몇 친구들의 애인)이었던 랠프 패트리지는 버지니아가 지하층에 있는 사무실을 '부스스한 천사처럼' 돌아다녔다고 회고했다. 1939년경 버지니아와 레너드는 메클렌버러 스퀘어 37번지로 이사해서 1940년에 폭격을 맞을 때까지 그

블룸스버리의 주요 장소들

고든 스퀘어 46번지(46 Gordon Square) 블룸스버리 그룹의 초기 '목요일 저녁' 모임장소

대영박물관(British Museum, Great Russell Street) 이곳에 간다면 울프가 《자기만의 방》과 《야곱의 사다리》에서 불후의 명성을 안겨준 앤터니 파치니 열람실(Anthony Pazzini's Reading Room)에 들러보라.

피츠로이 스퀘어 33번지(33 Fitzroy Square) 이곳에서 미술평론가 로저 프라이(Roger Fry)가 오메가 작업실(Omega Workshop, 스튜디오와 전시실 등을 갖춘 일종의 공동 작업실–옮긴이)을 운영했다.

브룬스윅 스퀘어 38번지(38 Brunswick Square) 버지니아 울프와 그녀의 남동생 에이드리언이 함께 살던 집으로 지식인들의 공동체로 탈바꿈했다.

소호의 그릭 스트리트 28번지에 자리한 메종 베르토 5호점(5 Maison Bertaux at 28 Greek Street, Soho) 런던에서 가장 오래된 프랑스 케이크 전문점. 블룸스버리 회원들은 너나할 것 없이 이곳 케이크를 즐겨 먹었다.

콘듀잇 스트리트에 자리한 램 술집(The Lamb in Conduit Street) 이곳은 특히 유명인사 엘리엇이 가끔 페이버 앤 페이버 사무실을 빠져나와 말없이 맥주를 즐기던 술집이다

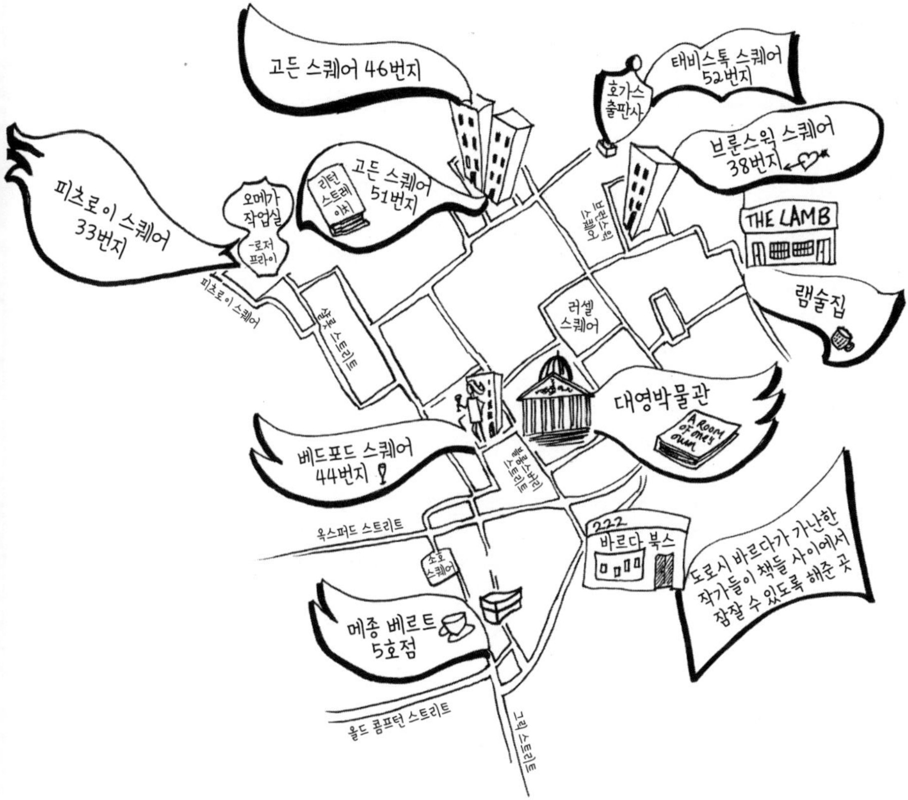

태비스톡 스퀘어 52번지(52 Tavistock Square, 현재는 '태비스톡 호텔'의 일부로 편입됐다) 이곳에서 버지니아 울프와 레너드는 함께 살면서 지하실에서 호가스 출판사를 운영했다.

베드포드 스퀘어 44번지(44 Bedford Square) 블룸스버리 그룹의 사교모임 주최자이자 후원자였던 레이디 오톨린 모렐의 런던 집

브룬스윅 스퀘어에 살 때 버지니아 울프는 처음으로 신경쇠약에 걸렸다. 증세가 굉장히 심했던 그녀는 2층 창문에서 뛰어내려 자살을 시도했다. 이때의 경험을 바탕으로 탄생된 인물이 《댈러웨이 부인》에서 전투 신경증에 시달리는 남자주인공 셉티머스 워런 스미스다. 셉티머스는 버지니아처럼 맨 처음 하이드 파크에서 새들이 고대 그리스어로 노래하는 소리를 듣고 정신이상을 겪는다. (결국 그 역시 창문에서 몸을 던져 자살한다.)

집에서 살았다. 울프 부부가 운영했던 호가스 출판사(Hogarth Press)는 엘리엇뿐만 아니라 캐서린 맨스필드(Katherine Mansfield)의 작품과 버지니아 자신의 작품, 그리고 지그문트 프로이트(Sigmund Freud, 1856-1939)의 번역서 전집도 출간했다. 애통하게도, 호가스 출판사로 쓰던 그 건물은 방화로 불이 나면서 온갖 종류의 서신과 원고가 사라져버리면서 한 시대가 종말을 고했다. 곧이어 버지니아 울프가 주머니에 돌을 가득 채운 뒤 우즈 강으로 걸어들어가서 직접 슬픈 최후를 맞았다. 그 후 블룸스버리는 더 이상 예전과 같을 수 없었다. 2차 세계대전이 끝나고 이 지역의 집값이 크게 치솟아 진정한 보헤미안들은 그곳에 남아 있을 수가 없었다. 결국 블룸스버리는 그렇게 끝이 나고 말았다.

주요장소 주소

대영박물관(The British Museum), Great Russell Street, WC1B (지하철역:

Tottenham Court Road)

고든 스퀘어 46번지와 51번지(46[and 51] Gordon Square), WC1H (지하철역: Russell Square)

피츠로이 스퀘어 29번지(29 Fitzroy Square), WC1H (지하철역: Russell Square)

메클렌버러 스퀘어 37번지(37 Mecklenburgh Square), WC1N (지하철역: Russell Square)

베드포드 스퀘어 44번지(44 Bedford Square), WC1B (지하철역: Russell Square)

브룬스윅 스퀘어 26번지(26 Brunswick Square), WC1N (지하철역: Russell Square)

추천도서

마이클 커닝햄, 《디 아워스(The Hours)》

E. M. 포스터, 《하워즈 엔드》, 《모리스》

캐서린 맨스필드, 《단편집》

리턴 스트레이치, 《탁월한 빅토리아 시대 사람들》

버지니아 울프, 《출항》, 《등대로》

14

술집과 야심만만한 젊은이들

Boozers and Bright Young Things

런던에서 술과 문학은 진과 토닉이나 맥주와 친밀감처럼 늘 함께 해왔다. 《캔터베리 이야기》도 런던의 어느 술집(태버드 여관)에서 시작된다. 셰익스피어의 희곡 속에는 포도주가 혈액처럼 퍼져 있다. 새뮤얼 피프스는 아침으로 맥주를 마셨고, 낭만파는 장밋빛의 포도주를 사랑했으며, 빅토리아 시대 사람들은 항구에서 거나하게 취했다.

이와 같이 오랫동안 이어져온 술집의 역사에서 어느 한 시점을 절정기로 꼽는 것은 안일한 선택일지도 모르겠다. 그럼에도 술집이 런던 문학에 전에 없이 강한 영향을 미친 때는 1차 세계대전 이후의 시기였다는 점은 부인할 수 없다. 1920년대의 작가들은 술집이라는 좋은 재료를 받아들여 현기증이 일어날 만큼 적극적으로 작품에 반영하기 시작했다.

이와 같은 과도기의 런던의 모습을 가장 잘 떠올리게 하는 작품 중 하나는 에벌린 워의 《타락한 사람들(Vile Bodies)》이다. 이 소설은 어느 만찬회에서 여우를 우리에 넣어 가져온 뒤 '샴페인 병을 던져서 죽이는' 장면으로 시작한다. 워는 이후 런던에서 끊임없이 이어지는 파티와 방탕한 행태를 묘사한다. 그중 가장 유명한 몇몇 파티 장면은 '셰퍼드 호텔'에서 펼쳐진다. 이 호텔의 소유주인 로티는 음식과 술값을 정작 그것들을 먹고 마신 사람들에게 직접 청구하는 대신에 가장 부유한 고객들(혹은 그녀를 가장 짜증나게 하는 사람들)에게 청구하는 사랑스러운 습성을 지닌 여성이다.

로티는 피카딜리 인근의 저민 스트리트와 듀크 스트리트가 합류하는 지점에서 캐빈디시 호텔을 운영했던 로사 루이스(Rosa Lewis, 1867-1952)라는 실존인물을 본떠 탄생됐다. 별난 성격의 로사는 샴페인 외에 어떤 와인도 팔지 않는 것으로도 유명했다. 또한 입이 걸어서 《타락한 사람들》을 읽고 워를 '돼지새끼'라고 욕한 뒤 자기 집에 '발을 들이지 못하게 할 두 명의 개자식 중 하나'라고 선언했다(나머지 한 명은 가십 기고가 에드워드 치체스터 도니걸이었다). 워는 로사가 죽는 날까지 로티와 로사는 아무런 관련이 없다고 극구 부인했다. 그러다가 고발당할 위험이 사라지자 이 책의 1965년도 판 서문에서 로티라는 인물에 로사의 모습이 '꽤 정확하게 묘사되어' 있음을 시인했다.

워는 양대 세계대전 사이의 런던 상황을 기록한 훌륭한 연대기 작가 앤터니 포웰(Anthony Powell, 1905-2000) 못지않게 소설의 바탕이 될 만한 관련 자료를 많이 갖고 있었다. 그중에서도 특히 런던을 주름잡던 야심찬 젊은이들의 존재가 소설에 많은 영감을 줬다.

인습에 반발하고픈 강한 열망의 소유자라는 공통된 배경의 '야심만만한 젊은이들'(Bright Young Things, 1920년대에 런던에서 방탕한 행태를 보이던 젊은 부유층을 가리키는 말이었으나 현대에 와서는 똑똑한 젊은이들을 가리키는 뜻으로 좀 더 폭넓게 쓰인다-옮긴이) 중에는 잉글랜드에서 가장 유서 깊고 부유한 가문의 자제들도 일부 포함돼 있었다(이들 가문 가운데 기네스 가문, 미트포드 가문, 테넌트 가문 등은 지금까지도 가십성 잡지에 등장한다). 이들 젊은이들은 또한 상당수가 대망을 품은 작가와 예술가들이었다. 예를 들면, 포웰과 에벌린 워뿐만 아니라 존 베처먼(John Betjeman 1906-84), 세실 비튼(Cecil Beaton, 1904-80), 헨리 요크(Henry Yorke, 1905-73, 필명은 헨리 그린[Henry Green])도 모두 '야심만만한 젊은이들'이었다.

부모들을 충격에 빠뜨리고 과음으로 치달을 정도로 메이페어 주변에서 흥청대며 마시는 행태로 유명했던 이들 젊은이들은 특히 '각자의 술을 지참하는' 파티를 좋아했으며, 이런 파티는 주로 부유한 동료의 집에서 열렸다. 또한 언제나 주제를 정해 파티를 열었는데 그중 가장 악명 높았던 파티는 1929년에 로즈머리 샌더스가 하이드 파크 인근의 럿랜드 게이트에서 개최한 '노망 파티(Second Childhood Party)'였다. 이 파티에는 낸시 미트포드(Nancy Mitford, 1904-73), 에벌린 워, 워의 아내 에벌린 가드너(Evelyn Gardner, 1903-94) 등이 참석했다. 하객들이 유모차를 타고 파티장에 도착하면 인형을 받아든 채 정원에 있는 회전목마를 탔고 유아용 컵에 담겨 제공되는 칵테일을 마셨다. 당시 〈선데이 익스프레스〉는 다음과 같이 불편한 심기를 드러냈다. "이런 식의 행태는 공산주의를 불러온다."

1928년 7월에 버킹엄 팰리스 로드의 세인트 조지 수영장에서 열린 '수영과 술병' 파티 또한 (그들 표현대로) 역겹기는 마찬가지였다. 그 당시 시립 수영장에 난입한 경박한 귀족들은 재즈 밴드의 연주에 맞춰 샴페인을 흔들어 사방으로 흩뿌렸다. 그로부터 불과 몇 달 후에는 브라이언 하워드(Brian Howard, 1905-58)가 옥스퍼드 서커스의 메릴르본 스트리트 1번지에서 '대도시 디오니소스 축제' 파티를 열었다. 브라이언 하워드는 에벌린 워가 쓴《브라이즈헤드 리비지티드(Brideshead Revisited)》에 나오는 세바스천 플라이트의 실제 모델 중 한 명으로 알려진 인물이었다. 그는 모든 하객들에게 그리스 신화 속 인물들의 복장을 입게 하고 그런 분위기에 맞춰 진탕 마시고 놀 계획이었다. 하지만 예상과 달리 그날 밤의 파티는 대실패로 끝났다. 어느 가십 기고가가 다음 날 아침에 쓴 표현대로 '교외 특유의 소박한' 파티가 되었기 때문이다. 그럼에도 정신을 못 차린 하워드는 이후 30년 동안 런던에 살면서 계속해서 파티를 열었다(또한 위스턴 휴 오든과 크리스토퍼 이셔우드 그리고 이디스 시트웰 등과 친구가 되었다). 그러나 그는 점점 런던에서 딱한 신세가 되었다. 쓸데없이 많은 파티를 열었던 하워드는 훗날 일기에 '술이 가장 큰 골칫거리가 됐다'고 썼다.

하워드를 본뜬 소설 속의 세바스천에게도 술이 가장 큰 문제였다.《브라이즈헤드 리비지티드》에서 가장 웃기면서 동시에 가장 슬픈 장면 중 하나는 그가 소호의 제라드 스트리트 43번지에 위치한 클럽 디 올드 헌드레스(The Old Hundredth)에서 실컷 마신 뒤 음주운전으로 체포될 때다. 참고로 포웰의 연작 소설《시간의 음악에 맞춰 춤을(A Dance to the Music of Time)》에 나오는 스트링햄 역시 이 술집으로 술을 마시러 간다.

이 '야심만만한 젊은이들'은 런던의 여러 다른 장소들도 잘 활용했다. 그중에서도 가장 유명한 곳이 머드 스트리트의 가고일 클럽(Gargoyle Club)이 아닐까 싶다. 사교계 명사 데이비드 테넌트(David Tennant, 1902-68)가 설립한 이 퇴폐적인 장소는 눈에 잘 띄지 않는 소호의 골목을 통과한 뒤 승강기를 타고 올라가야 들어갈 수 있었다. 그곳에는 프랑스의 어느 성에서 가져왔다는 거울들과 마티스의 그림들이 장식돼 있었다. 가고일 클럽은 작품과 씨름하는 작가들에게 밤낮으로 개방돼 있는 데다 보헤미안들의 주머니 사정을 고려해 값싼 포도주를 파는 곳으로 소문이 자자했다. 1920년대부터 1930년대에 걸쳐 이 곳을 즐겨 찾던 유명한 작가들과 그 패거리들은 다음과 같았다. 딜런 토머스(Dylan Thomas, 1914-53), 케이틀린 토머스(Caitlin Thomas, 1913-94), 화가 오거스터스 존(Augustus John, 1878-1961), 작가 니나 햄넷(Nina Hamnett, 1890-1956), 그리고 상속녀 낸시 커나드(Nancy Cunard, 1896-1965) 등이다. 젊은 에벌린 워가 가고일에서 마신 술값(거금 11파운드)을 치르기 위해 부도가 난 수표를 끊었을 때, 보헤미안이 아니었던 그의 아버지는 술집 주인의 편지를 받고 상당히 당황했다.

1922년에 카바레 클럽으로 설립되어 어느 잡지에서 '미래파의 소굴'이라고 묘사됐던 햄 야드 15번지(15 Ham Yard, W1)의 햄본

(Hambone) 클럽 또한 유명했다. 그곳에서 사람들은 생음악으로 연주되는 재즈를 들을 수 있었다. 《고독의 우물(The Well of Loneliness)》의 작가 래드클리프 홀(Radclyffe Hall, 1880-1943)도 양복차림으로 종종 이 클럽을 찾아 여러 애인들과 뺨을 비비며 춤을 췄다. 햄본 클럽의 인기가 점점 높아지자 회원들을 분류해 화가와 작가와 언론인들은 1기니(guinea, 영국의 옛 금화로 21실링에 해당됨-옮긴이)를, 기업가와 사교계 인사들은 3기니를 내게 했다. 이 클럽의 문에는 '술꾼들에게 일은 재앙이다'라는 메모가 적혀 있었다. 그레이엄 그린 역시 단명한 자신의 잡지 〈밤과 낮(Night and Day)〉의 비평 소재를 얻으러 이 클럽을 자주 찾았다(이 잡지에는 비평과 수필뿐만 아니라 가볼 만한 명소를 소개하는 난도 있었다).

예술가들의 후원자 노릇을 했던 또 다른 명소는 그릭 스트리트 17번지의 알앤제이 풀먼(R. & J. Pullman) 가죽 공장 이층에 자리한 크랩 트리 클럽(Crab Tree Club)이다. 1914년에 오거스터스 존이 세운 이 작은 클럽은 애초부터 주머니 사정이 넉넉지 않은 예술인들과 작가들 전용의 저렴한 술집임을 내세웠다. 버지니아 울프의 종손녀인 버지니아 니콜슨(Virginia Nicholson, 1955-)은 《보헤미안들 틈에서(Among the Bohemians)》에서 이 술집의 구내로 들어가려면 어떻게 연달아 계단을 지나가야 하는지, 그리고 주정뱅이들이 이 계단에서 얼마나 자주 굴러 떨어지는지를 자세히 설명했다. 니콜슨에 따르면, 이 술집의 '허름한 내부'에는 맨 나무탁자와 의자밖에 없었다고 한다. 또한 술을 가져다

주거나 술값을 계산해주는 직원이 없을 때도 있었다. 그러나 누구라도 예복을 입고 들어오면 음식과 담배 기금으로 쓰일 1실링을 내야 하는 엄격한 규칙이 있었다. 진 리스(Jean Rhys, 1890-1979)는 길 건너 가워 스트리트의 음침한 하숙방보다 이곳을 더 좋아해 아예 살다시피 했다. 그녀는 한밤중에 술집에 들어와 동이 틀 때까지 춤을 추고 술을 마시고 소시지로 아침 식사를 마친 뒤 하숙방으로 돌아가 낮에 내내 잠을 잤다. 훗날 진 리스는 이곳을 '퇴폐적인 장소'로 회상하며 '타락하려고 용쓰면서 프랑스 사람처럼 보이고파 압생트를 마시는 변변찮은 젊은이들로 가득했던 곳'이라고 말했다. 그녀의 소설《트리플 세크(Triple Sec)》에도 이 술집이 등장한다.

"나이를 먹는 것은 점차 짓지도 않은 죗값을 치르는 것과 같다."

앤터니 포웰

'야심만만한 젊은이들'은 옮겨갔지만 런던은 계속해서 활기가 넘쳤다. 무게중심이 소호의 북쪽 피츠로이로 이동했을 뿐이었다. 이 지역은 옥스퍼드 스트리트, 유스턴 로드, 토트넘 코트 로드, 그리고 그레이트 포틀런드 스트리트와 접해 있어서 1940년대에 잠시 런던의 전위파 예술가들의 활동 중심지였다. 이곳에서 정처 없이 떠도는 각양각색의 화가들과 작가들, 극작가들, 음악가들, 시인들, 언론인들 그리고 배우들은 맥주를 벌컥벌컥 마시고 오밤중까지 소란을 피울 수 있었다. 그러면서 딜런 토머스와 케이틀린 토머스, 로런스 더럴(Lawrence Durrell, 1912-90), 니나 햄넷, 알레스터 크롤리, 조지 오웰, 오거스터스 존 등과 어울릴 수 있었다.

작가이자 전설적인 술꾼이었던 줄리언 매클래런 로스(Julian MacLaren-Ross, 1912-64)는《40년대 회상록(Memoirs of the Forties)》에서 탬비머튜(J. M. Tambimuttu)의 안내를 받아 피츠로비아의 술집과 여관을 두루 탐방해봤던 일을 회상했다. 친구들에게는 탬비로 통했던 탬비머튜는 스리랑카 출신의 시인으로 상당히 영향력 있는 문예지 〈포이트리 런던(Poetry London)의 카리스마 넘치는 창간인이자 의뢰 편집자였다. 1938년에 런던에 온 그는 머지않아 피츠로비아를 제집처럼 여기게 되었다.

처음에는 하울런드 스트리트 45번지에서 하숙을 하다가 다음에는 피츠로이 스트리트 2번지로 이사했다가 후에 윗필드 스트리트 114번지(이 집에서 딜런 토머스는 탬비의 요강에 처박혀 있던 그의 시들 가운데에서 어느 시의 딱 하나 남은 초고를 발견했다)에 정착한 탬비는 자신의 술집 탐방을 '피츠 방랑'이라고 즐겨 부르면서 보헤미안들로 가득한 번화한 동네를 훤히 꿰는 전문가가 되었다. 다음 단락에 열거한 경로를 따라가면 지금도 탬비머튜가 줄리언 매클래런 로스에게 시켜줬던 술집 순례를 얼추 경험할 수 있다. 물론 탬비의 이 경로는 나름 괜찮지만 한동안 독보적인 인기를 누렸던 피츠로이 태번(Fitzroy Tavern)을 포함해 일부 중요한 술집들이 빠져 있다. 피츠로이 태번은 탬비가 빠뜨렸

탬비머튜의 피츠로이 술집 순례

(1) 더 블랙 호스 (The Black Horse)

(6 Rathbone Place, W1T)

애석하게도 블랙 호스는 현재 바이런 버거 가게로 바뀌었다(사람들이 '블랙 호스의 바이런 버거'라고 부를 만큼 상식이 있긴 하지만 말이다). 매클래런 로스에 따르면, 이 술집은 한때 옥스퍼드에서 래스본 스트리트로 진입하면 가장 먼저 나오는 술집이라서 사람들이 잘 안 들어가던 곳이었다고 한다.

(2) 더 브릭레이어즈 암스 (The Bricklayer's Arms)

(31 Gresse Street, W1T)

밤도둑들이 침입해 밤새 재고품까지 다 털어간 이후로 '밤도둑들의 안식처(Burglar's Rest)'라고도 불리는 이 술집은 탬비머튜가 제안한 술집 순례 중에서 가장 인기 있는 곳이다. 그러나 이 술집에서 문학과 관련된 일화는 거의 일어나지 않은 것 같다. 모두가 맥주를 마시느라 너무 바빠서 그런 모양이다.

(3) 더 마퀴즈 오브 그랜비 (The Marquis of Granby)

(2 Rathbone Street, W1T)

T. S. 엘리엇이 즐겨 찾던 술집으로 험하기로 유명한 곳이었다. 매춘부들과 동네 깡패들이 주 고객이었고 출항을 앞둔 선원들이 하룻밤 상대를 찾으러 오는 곳이었다. 딜런 토머스는 동성 파트너를 구하러 이곳을 찾는 근위병들과 싸워볼 꿈에 부풀어 이 술집을 자주 찾았다. 그는 또한 여기서 〈왕의 카나리아의 죽음(The Death of the King's Canary)〉을 썼다.

(4) 더 위치프(The Wheatsheaf)

(25 Rathbone Place, W1T)

이 술집은 딜런 토머스가 장차 아내가 될 케이틀린을 만난 곳이다. 그는 케이틀린의 무릎을 베고 자신을 소개한 뒤 곧바로 그녀에게 청혼했다. 조지 오웰은 낭만과 거리가 멀게도 술집 곳곳에 토했다. 또한 일화에 따르면, 오웰이 《1984》에서 쥐가 등장하는 끔찍한 101호 장면들의 아이디어를 얻은 곳 또한 이 술집이라고 한다. 오웰은 유명한 무대 장치가였던 길버트 우드(Gilbert Wood)에게서 〈쥐의 죽음(Death of a Rat)〉이라는 영화에서 작업했던 이야기를 듣고 영감을 얻었다고 한다.

(5) 더 뉴먼 암스(The Newman Arms)

(23 Rathbone Street, W1T)

이 전통 술집은 조지 오웰의 《1984》에 등장하는 '프롤레타리아 술집'의 모델이 된 곳인데, 얄궂게도 지금은 근처 광고회사의 임원들이 2층에서 파는 맛있는 파이를 먹기 위해 떼 지어 들어온다. 오웰이 단골이던 시절에 이 술집의 주인은 시인 조 젠킨스(Joe Jenkins)였다. 현재 그를 기리는 파란색 명판에는 '전 주인이자 시인이며 인생을 즐기며 살았던 자이자 늙다리 얼간이였던 조 젠킨스는 이곳에 오는 모든 사람들에게 꼬박꼬박 욕을 해댔다'라고 적혀 있다.

(6) 더 하이랜더(The Highlander)

(89 Dean Street, W1D, 지금은 'The Nellie Dean'으로 불린다)

인근의 다른 술집들이 문을 닫기 시작하면 예술가들과 술꾼들이 우르르 몰려갔던 심야 술집. 앤터니 버지스는 이 술집을 두고 다음과 같이 말했다. "40년대에 서로 하나 되는 문학 운동이 있었으니, 그것은 바로 위치프 술집이 10시 30분에 문을 닫으면 시인과 그 비슷한 인간들이 일제히 딘 스트리트의 하이랜더 술집으로 이동하는 것이었다……"

던 1940년대 무렵에는 성공이 되레 독이 되었을지 모르지만 1930년대에는 런던에서 문학적 가치가 높은 술집으로 꼽혔다. 전성기 내내 밤이면 밤마다 웨일스의 작가이자 뮤즈였던 니나 햄넷은 작은 깡통 하나를 들고 자신의 먹을거리를 마련하기 위해 다른 손님들에게서 기부금을 모으곤 했다. 그녀는 피츠로이 술집에 있는 손님들에게 '저기요, 돈 좀 있어요?' 혹은 '자기, 나한테 한 잔 안 사줄래요?'라고 물었다. 그리고 충분한 돈을 받고 나면 1920년대의 파리 이야기를 시작해 자신이 모델로 일했던 경험, 피카소와의 데이트, 제임스 조이스를 만났던 일, 모딜리아니와 섹스를 나눴던 이야기 등을 들려줬다.

딜런 토머스 또한 피츠로이 태번을 즐겨 찾아 그 술집에서 가장 예쁜 여성들에게 잔 받침에 시를 써주곤 했다. 알레스터 크롤리 역시 이 술집의 단골이었다.

문학적인 명성이 자자한 곳을 원하지 않는 사람이라도 래스본 스트리트의 듀크 오브 요크(Duke of York) 역시 꽤 들러볼 만하다. 1943년 어느 날 밤, 폭력배('퍼렐리스파')가 듀크 오브 요크에 들이닥쳤을 때 앤터니 버지스와 그의 아내 린은 그곳에서 술을 마시고 있었다. 폭력배는 유리잔을 박살내고 맥주를 바닥에 쏟아 부으며 손님들을 위협했다. 이때 버지스의 아내가 투덜대자 그들은 곧바로 그녀에게 엄청난 양의 술을 마실 것을 요구했다. 그런데 버지스의 아내가 아주 태연하게 그 많은 술잔을 다 비워버리자 이들 폭력배는 술값을 치르더니 다른 폭력배들에게서 그녀를 보호해주겠다는 제안까지 했다고 한다. 결국 이 사조지 오웰은 엄격한 도덕성을 갖추고 사회주의에 전념한 인물로 유명하지만 진탕 놀 줄도 알았다. 그는 《동물농장》이 미국 '북 오브 더 먼스 클럽'의 선정 도서가 됐을 때도 베이트먼 스트리트의 도그 앤 덕(Dog and Duck) 술집에서 압생트를 마시며 자축했다. 또한 (이즐링턴의 캐논버리 태번을 모델로 삼아) 이상적인 술집을 주제로 〈물속의 달(The Moon Under Water)〉이라는 유명한 수필을 쓰기도 했다. 오웰이 생각한 이상적인 술집은 이야기를 나눌 수 있을 만큼 조용하고, 스낵 코너에서 간 소시지를 팔고, 질 좋은 맥주를 손잡이가 있는 잔에 담아 주는 곳이었다.

건에서 영감을 받은 앤터니 버지스는 《시계태엽 오렌지(A Clockwork Orange)》라는 작품을 썼다.

딜런 토머스 역시 유명한 주당이었다. 런던에서 술에 관한 한 이 웨일스 출신의 시인을 당해낼 자가 없었다. 그러나 안타깝게도 1953년에 요절하면서 술에는 장사가 없다는 것을 다시금 확인해줬다. 행복했던 시절에 딜런 토머스는 랭햄 스트리트의 비비시 포틀런드 플레이스 스튜디오에서 술에 취한 (그러나 여전히 눈부신) 모습으로 종종 발견되곤 했다. 한번은 생방송으로 진행되는 시낭송회를 앞두고 곯아떨어져서 코까지 곤 적도 있었다. 다행히 방송 2분 전에 깨어난 토머스는 발음 하나 틀리지 않을 정도로 완벽에 가깝게 〈성 세실리아 축일(Saint Cecilia's Day)〉을 읊었다. 프로듀서의 말에 따르면, 언젠가는 안타깝게도 방송 중이던 토머스가 뜬금없이 '누군가 나를 넌더리나게 하는데, 아무래도 그 사람이 나인 것 같다'고 말하기도 했다.

딜런 토머스는 오랫동안 (첼시의 만레사 로드에 위치한) 웬스워스 스튜디오의 집에서 책을 가구삼아 살았다. 물론 1930년대에 잠시 동안 퍼시 스트리트 1번지의 에펠 타워 호텔에서 케이틀린 맥나마라(Caitlin Macnamara)와 방을 함께 쓰기도 했다. 마침내 두 사람이 호텔을 나왔을 때 토머스는 오거스터스 존(당시 케이틀린의 애인은 오거스터스 존이었다. 딜런과 케이틀린은 위스치프 술집에서 만나 첫눈에 반해 이 호텔에서 며칠을 보냈다고 한다-옮긴이)에게 호텔비를 청구했다. 이후 오거스터스는 호텔 사장이 자신을 속였다고 비난했다. "당신이 나를 철저히 속인다는 걸 알고 있소……하지만 점심 한두 끼에 43파운드면 너무 비싼 것 아니오." 그러자 (호주 출신의) 호텔 사장은 단지 점심만 먹은 게 아니라고 대답했다. "곱슬머리의 작은 웨일스 신사께서 2주 동안 묵고 식사한 값입니다. 그분께서 선생이 지불할 거라고 하셨소."

토머스는 또한 (첼시의) 킹스 로드를 비틀거리며 걸어 내려가다가 요리 작가 시어도라 피츠지본(Theodora Fitzgibbon, 1916-91)에게 발견된 적도 있었다. 그는 재봉틀을 들고 가는 중이었는데, 사실 (당시 그녀의 집 소파에서 잠을 자던) 토머스가 술을 사먹기 위해 피츠지본의 재봉틀을 팔러가던 길이었다.

설상가상으로 토머스는 1953년에 손으로 쓴 〈밀크 우드 아래에서(Under Milk Wood)〉 초고를 소호의 한 술집에 놓고 뉴욕으로 가버렸다.

20세기 말에 런던에서 가장 유명한 술꾼 중 하나는 언론인 제프리 버나드(Jeffrey Bernard, 1932–97)였다. 그는 원고를 쓰는 인물 못지않게 그릭 스트리트의 코치 앤 호스(Coach and Horse)의 단골로도 유명했다. 그는 종종 제때 기사를 발송하지 못해 그의 칼럼 대신에 '제프리 버나드가 몸이 안 좋다'는 문구가 실리곤 했다. 그럼에도 그는 뉘우치기는커녕 다음과 같이 말했다. "술이 일에 지장을 주지 않는지 사람들이 자주 묻는데, 그럴 때마다 나는 이렇게 대답하죠. 아뇨, 결코 일에 지장을 주지 않습니다. 되레 술 마시는 데 일이 방해가 될 때가 가끔 있소이다."

더글러스 클레버돈(Douglas Cleverdon)이라는 BBC방송국 프로듀서가 발견한 덕분에 토머스의 유산을 지킬 수 있었다. 술이 병 주고 약도 준 셈이다.

술만 마시면 머리가 아픈 사람은 문학의 도시 런던에서 가장 효과가 좋은 숙취 치료제 중 하나가 나오는 펠렘 그랜빌 우드하우스(P. G. Wodehouse, 1881-1975)의 작품에 흥미가 동할 것이다. 지브스(Jeeves, 우드하우스의 코믹 단편 소설 지브스 시리즈에 나오는 집사-옮긴이)는 버티 우스터에게 날달걀과 우스터소스 그리고 붉은 고추로 만든 '굉장히 기력을 북돋는' 숙취 치료제를 만들어 준 뒤 그의 눈에 들어 우스터의 집사가 된다.

이어지는 이 두 사람의 모험은 대부분 메이페어의 버클리 스트리트에 위치한 버티의 가공의 주소 버클리 맨션 3번지나 근처 드론스 클럽(Drones Club)에서 시작된다. 그런데 이 클럽은 실제 클리포드 스트리트 18번지에 있는 벅스(Bucks) 클럽을 본뜬 것으로 생각될 때가 많다. 버티와 그의 친구들은 또한 런던을 즐겨 돌아다닌다. 《우스터 가문의 법도(The Code of the Woosters)》에서 버티는 조정 경기가 열린 날 밤에 축제를 실컷 즐긴 후에 경찰의 헬멧을 훔친 혐의로 레스터 광장에서 체포된다. 그의 친구 거시 핑크 노틀은 《짝짓기 철(The Mating Season)》에서 트라팔가 광장의 분수로 뛰어들어 14일 동안이나 수감되어 훨씬 더 큰 곤경에 처한다.

> "퍼시는 마치 인생이라는 와인 잔을 찌꺼기가 보일 때까지 다 비웠지만 결국 잔 바닥에서 죽은 쥐를 발견한 사람처럼 계속해서 앞을 빤히 바라보았다."
>
> 펠렘 그랜빌 우드하우스, 〈놀라운 모자의 비밀(The Amazing Hat Mystery)〉

우드하우스 자신도 런던에서 범법자가 되었다. 1900년에 덜위치 대학을 그만둔 우드하우스는 가족의 재정 문제 때문에 어쩔 수없이 홍콩상하이 은행(그레이스처치 스트리트 7번지로 영국은행에서 멀지 않다)에서 사환으로 일했다. 우드하우스는 훗날 자신은 정각에 일을 시작하기 위해 항상 영업시간 바로 직전에 도착해 다른 사환들의 응원을 받으며 전속력으로 뛰어 들어가곤 했다고 주장했다. 하지만 그가 단편을 쓰기 위해 사무실 종이를 일부 훔쳐 나왔을 때 진짜 위기가 닥쳤다. 우드하우스의 말에 따르면, 그는 '홍콩상하이 은행의 정문으로 들어온 역대 최악의 강도'였다고 한다. 종이를 훔친 범죄가 발각됐을 때 지점장은 '바보천치가 아니고서는 회계원장의 첫 장을 뜯어낼 수 없다'고 소리쳤다. 그러고는 곧장 우드하우스를 호출했고 결국 자신의 죄를 실토한 우드하우스는 1년도 채우지 못하고 은행에서 해고됐다. 그때 은행을 그만둔 덕분에 우리는 불후의 작가를 얻었다. 그는 곧 〈더 글로브(The Glove)〉에서 칼럼 하나를 꿰차 전업으로 글을 쓰기 시작했다. 그리고 마침내 셰익스피어 이후 가장 재밌는 문장들을 쓰는 작가가 되었다.

주요장소 주소

캐번디시 호텔(The Cavendish Hotel), 81 Jermyn Street, SW1Y (지하철역: Green Park)

넬리 딘(The Nellie Dean), 89 Dean Street, WD1 (지하철역: Tottenham Court Road)

피츠로이 태번(The Fitzroy Tavern), 16a Charlotte Street, W1T 2LY (지하철역: Tottenham Court Road)

듀크 오브 요크(The Duke of York), 47 Rathbone Street, W1T (지하철역: Tottenham Court Road)

추천 도서

줄리언 매클래런 로스, 《40년대 회상록》

앤터니 포웰,《시간이라는 음악에 맞춰 춤을》

에벌린 워,《타락한 사람들》,《브라이즈헤드 리비지티드》

펠렘 그랜빌 우드하우스,《우스터 가문의 법도》

15

출판업자와 서적상들

PUBLISHERS AND BOOKSELLERS

역사학자 에드워드 기번(Edward Gibbon, 1737-94)은 '책을 좋아하는 사람들에게 런던의 책방과 할인판매는 거부할 수 없는 유혹'이라고 말했다. 조지 오웰은 책방이 선사하는 다른 혜택들도 지적하며 다음과 같이 말했다. "런던 같은 도시에는 언제나 온전한 정신이 조금은 남아 있는 미치광이들이 많은데, 이런 사람들은 책방에 쉽게 끌린다. 그 이유는 책방이 돈 한 푼 들이지 않고 오랫동안 어슬렁거릴 수 있는 몇 안 되는 장소 중 한 곳이기 때문이다."

런던의 유명한 서적상이었던 오웰은 캠든 타운 인근의 서점에서 일했던 터라 누구보다 잘 알았을 것이다. 그런데 오웰은 이 서점에서 일하면서 날이면 날마다 무거운 양장본 책들을 옮기느라 책에 대한 사랑이 거의 식어버렸다고 말했다.

오웰은 또한 책을 파는 사람들 중에 정말 멋진 괴짜가 많다는 사실도 눈치 챘을 것이다. 그중에서도 최고의 서적상 중 한 명을 꼽으라면 단연 제임스 래킹턴(James Lackington, 1746-1815)이었다. 그는 출판업의 잊힌 영웅이자 딕 위팅턴(Dick Whittington)과 맞먹을 정도로 인생

역전을 이뤄낸 사람이었다. 아내와 함께 처음 런던에 도착한 그는 마지막 남은 반 크라운(half-crown, 2실링 6펜스에 해당함-옮긴이)으로 책을 한 권 사면서 '우리가 이 돈으로 저녁거리를 사면 내일까지 배를 채울 수 있겠지만 만족감은 곧 사라져버릴 것'이라고 생각했다. 반면에 좋은 책 한 권은 평생 지속될 기쁨을 안겨줄 것이라고 판단했다.

결국 운이 좋게도, 래킹턴이 아내와 허기를 참으며 구입한 《밤의 상념(Night Thoughts)》은 정말로 좋은 책이었다. 에드워드 영(Edward Young, 1683-1765)이 밤 시간을 주제로 쓴 서사시가 들어 있는 그 책은 수년 동안 인기를 끌다가 훗날 1797년에는 윌리엄 블레이크의 삽화가 들어간 판으로 다시 출간됐다.

이 삽화 판이 나왔을 무렵 래킹턴 역시 이름을 떨쳤다. 그는 떨이 책을 팔겠다는 혁명적인 생각을 품고 소수의 사람만이 아닌 많은 사람들이 독서를 누릴 수 있게 하겠다고 결심했다. 충분한 돈을 모은 래킹턴은 1792년에 핀스버리 스퀘어에 대형 서점을 열었고 이 서점은 순식간에 뮤즈의 신전으로 알려지게 되었다. 서점 안이 얼마나 컸던지 개점식 때 네 마리의 말이 끄는 우편 마차가 계산대를 빙 돌아나갔다고 한다. 이 서점은 출판업자 존 테일러(John Taylor, 1781-1864)와 제임스 헤시(James Hessey, 1785-1870)가 이곳에서 책을 팔다가 만난 것 때문에 더 유명했다. 이 두 사람은 이후 출판사를 차려 존 키츠, 퍼시 비시 셸리, 그리고 찰스 램의 시집을 출간했다.

존 밀턴의 첫 시집 또한 자기 집에서 책을 팔던 서적상 새뮤얼 시몬스(Samuel Simmons, 1640-87)가 출간해줬다. 시몬스가 본인의 출판물 속에 인쇄한 주소에 따르면, 그의 집은 '알더스게이트 스트리트의 골든 라이언 옆에' 있었다. 그는 1660년대에 눈이 먼 밀턴에게 《실낙원》의 인세로 겨우 5파운드를 주면서 1천3백 부가 팔리면 추가로 5파운드를 지급하겠다고 약속했던 인물로 추정되어 오늘날 악명이 높다. 사실상 이 거래로 밀턴에게는 20파운드와 향후 수익의 일정 몫이 돌아갔다. 당시에는 작가들이 돈 한 푼 못 받는 경우도 허다해서 이 정도의 수입이면 그렇게 나쁜 것도 아니었다.

바이런 경의 서적상이자 출판업자였던 존 머리 2세(John Murray II, 1778-1843)는 아주 용서받을 수 없는 행위를 저질렀다. 그는 1824년에 바이런이 사망하자 알베말 스트리트 50번지에 위치한 자신의 집과 사무실에서 이 낭만파 시인의 일기들을 난롯불에 던져버렸다. 머리는 (아주 최근에 여동생과 불륜관계라는 추문 때문에 잉글랜드에서 쫓겨난 남자가 쓴) 그 일기가 바이런의 사후 명성에 큰 해를 끼칠까 봐 두려웠다. 그러나 그 일기들을 태운 탓에 후세의 독자들은 세상을 가장 떠들썩하게 했던 문학계의 추문을 제대로 알아볼 기회를 영영 잃어버렸다. 어차피 바이런이 여동생과 잠자리를 했다는 것을 모두가 알아버렸기 때문에 바이런의 평판은 달라질 게 없었다.

행복했던 시절이었던 1812년에 머리가 바이런의 장편시《차일드 헤럴드의 순례》중 첫 두 단락을 출간하면서 머리와 바이런은 런던의 문학계에 거대한 돌풍을 일으켰다. 플릿 스트리트 32번지에 자리한 머리의 서점에 내놓았던 이 시가 사흘 만에 다 팔리면서 바이런은 문학계 최초의 우상이 되었다. (바이런의 시에 반한 어느 소녀팬이 '호기심이 동한다면 두려워하지 말고 그 호기심을 채워야 합니다'라고 적은 편지를 보냈다. 그러면서 그 소녀는 저녁 7시에 런던의 그린 파크에서 기다리고 있겠노라고 했다.)

그로부터 10년 후에 바이런은 자신의 헌신적인 시종 플레처인 척 가장하여 알베말 스트리트의 사무실에 있던 존 머리에게 편지를 보냈다. 그 편지에서 '플레처'는 바이런이 죽었다는 끔찍한 소식을 전하게 돼서 애통하다고 말했다. 그런데 비극적이게도, 정확히 이틀 후에 진짜 플레처가 이와 비슷한 내용의 편지를 보냈다. 하지만 이번에는 코린스만에서 그리스의 독립을 위해 싸우던 바이런이 지독한 열병에 걸려 정말로 죽었기 때문에 보낸 것이었다. 편지의 시작은 이랬다. "송구합니다만, 제가 뭐라고 말하고 어떻게 해야 할지 몰라서 말입니다……" 슬픔에 빠진 머리는 곧바로 바이런의 일기를 불 속에 던져버렸다.

존 머리는 훌륭할 정도로 많은 책을 팔았다. 하지만 상당한 비용이 들었기 때문에 돈이 많은 고객들에게 팔았다. 잭 래킹턴의 전통을 따른 출판업자는 펭귄 북스의 창업자 앨런 레인(Allen Lane, 1902-70)이었다. 그는 모두가 책을 접할 수 있는 최선의 방법은 단순히 떨이책을 염가로 파는 것뿐만이 아니라 처음부터 저렴한 책을 출간하면 된다고 보았다. 전설에 따르면, 레인은 액서터에 가서 아가사 크리스티를 만난 후 런던으로 돌아오는 기차를 기다리다가 이런 아이디어를 떠올렸다고 한다. 읽을거리를 챙겨가지 않았던 레인은 기차역에서 파는 책들을 살펴봤지만 욕지기만 올라올 뿐이었다. 그래서 그때 저렴한 표지를 쓰는 대신 좋은 글과 감각적인 디자인을 겸비해 저렴하게 생산된 문고판 책들을 출간해야겠다고 마음먹었다. 또한 울워스 같은 슈퍼마켓에서도 책을 판매하고 기차역에 '펭귄큐베이터스(Penguincubators)'라는 자동판매기를 비치할 계획도 세웠다.

펭귄 북스는 1935년에 레인의 숙부가 운영하는 더 보들리 헤드(The Bodley Head)의 사무실에서 출판업을 시작했다(오늘날 메이페어의 비고 스트리트 8번지를 찾으면 '영어권 국가들의 독서 습관을 바꾼' 펭귄 북스를 기리는 파란색 명판을 볼 수 있다). 이러한 발상이 성공을 거두리라고 생각한 사람은 아무도 없었다. 더 보들리 헤드 역시 이들의 모험에 투자를 거부해서 레인의 부모가 집을 담보로 잡고 펭귄 북스의 초기 비용을 댔다. 그러나 도박은 성공을 거뒀다. 펭귄 출판사가 1935년에 설립된 직후 울워스가 6만3천 권의 책을 구입해 문고판 사업비를 댔다. 펭귄을 개별 사업체로 운영할 수 있게 된 레인은 곧바로 더 보들리 헤드를 나와 그레이트 포틀랜드 스트리트 지하철역 인근에 있던 메릴르본 로드의 홀리 트리니티 처치의 지하실로 이사했다.

펭귄 북스는 사실상 이 지하실을 벗어나기 위해서라도 꼭 성공해야만 했다. 별도의 화장실이나 세면대가 없어 직원들은 (말 그대로) 용변이 급할 때마다 그레이트 포틀랜드 스트리트 역의 화장실로 갔기 때문이다. 레인은 직원들에게 추가로 화장실 이용료까지 줘야 했다. 이 사무실의 다른 기괴한 장치들 중에는 꾸러미를 운반하기 위해 도로에서 지하실로 이어지는 활강운반장치도 있었다. 그러나 이런 것 때문에 회사가 지장을 받는 일은 없었다. 독립한 지 겨우 1년밖에 안 된 1936년 경에 펭귄 출판사는 100만 권 이상을 팔았다.

이러한 쾌조의 판매 수치를 고려하면, 1936년에 코번트 가든 인근의 헨리에타 스트리트에 또 다른 런던의 저가 출판사 뉴 레프트 북 클럽(New Left Book Club)이 설립된 것은 우연이 아니었다. 좀 더 정통적인 책을 내는 빅터 골란츠 회사(Victor Gollancz Ltd)의 자회사로 설립된 이 회원제 출판사는 영국의 정치적 좌파를 소생시켜 '굉장히 시급한 세계평화와 반파시즘 투쟁에 힘을 보태고자' 했던 빅터 골란츠(Victor Gollancz, 1893-1967)의 열망의 산물이었다. 뉴 레프트 북 클럽은 몇 시간 정도 여유가 있고, 주머니가 두둑하며, 코끼리를 쓰러뜨릴 수 있을 만큼 거나하게 마실 마음이 있는가? 그렇다면 아래와 같은 출판계의 유명한 술집들에서 영감을 얻고 싶을지도 모르겠다.

1. **룰스 레스토랑** (Rules Restaurant)
(34–35 Maiden Lane, WC2E)
1798년에 문을 연 룰스는 이후 존 머리와 바이런 같은 수많은 출판업자들과 그들의 고객들을 접대해왔다. 또한 이곳에서 막스 라인하르트(Max Reinhardt)와 앤터니 블론드(Anthony Blond)는 메뉴판 뒷면에 그레이엄 그린의 《열 번째 남자(The Tenth Man)》의 출간에 동의하는 메모를 끄적거렸다. "'열 번째 남자'는 BH[보들리 헤드]와 AB[앤터니 블론드]가 출간한다……GG에게는 거액의 인세와 큰 몫의 해외저작권료를 준다." 그린 역시도 룰스를 아주 좋아했다. 그의 작품 《불륜의 끝(The End of the Affair)》에서도 스테이크와 돼지갈비를 먹으며 불륜을 저지르는 중요한 만남의 장소로 등장한다.

2. **더 요크 민스터** (The York Minster, 현재는 'The French House')
(49 Dean Street, W1D)
한때 요크 민스터로 불렸던 이 술집 겸 식당은 1940년대에 샤를 드골이 이곳에서 자유프랑스군을 결성하면서 '프렌치 하우스'로 알려지게 되었다. 현재 이 술집 밖에는 프랑스 국기가 펄럭이고 있다. 술은 오직 (프랑스식으로) 반 파인트 잔으로만 제공되는 것으로 유명한 이곳의 단골손님에는 윈드햄 루이스, 알레스터 크롤리, 오베론 워(Auberon Waugh, 1939–2001) 그리고 앤터니 버지스 등이 있었다. 또한 실비아 플래스는 1960년 2월에 이곳에서 하이네만 출판사와 《거상(The Colossus)》의 출판 계약을 맺었다.

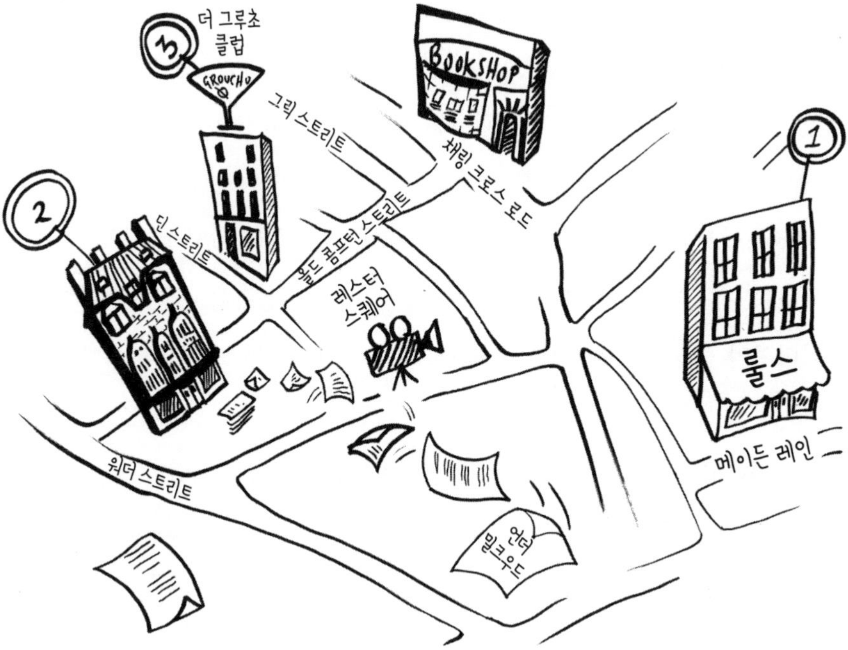

3. 더 그루초 클럽(The Groucho Club)

(45 Dean Street, W1D)

유명하면서도 악명 높은 이곳은 출판인 카르멘 칼릴과 리즈 콜더가 에이전트였던 에드 빅터(Ed Victor, 1939–)와 함께 차린 술집이다. 이들은 자신과 같은 사람을 회원으로 받아주는 클럽에는 결코 가입하지 않을 것이라는 명언을 남긴 그루초 막스(Groucho Marx, 미국의 유명한 희극배우–옮긴이)의 이름을 따서 그루초 클럽이라고 지었다.

회원들에게 매월 이달의 책을 선정해 배포하고 그 자체로 묵직한 정치 잡지나 다름없는 정기회보를 발행했다. 이 출판사의 초창기 저자들 중에는 조지 오웰과 클레멘트 애틀리(Clement Attlee, 1883-1967), 그리고 스티븐 스펜더(Stephen Spender, 1909-95) 등이 있었다. 애초 2천5백 명 이상의 회원을 목표로 했던 이 출판사는 채 1년도 안 돼서 4만 명 가까운 회원을 확보했고 1939년에는 회원수가 5만7천 명에 달했다. 또한 이 출판사에서 선정한 이달의 책으로 토론하기 위해 전국에서 1천2백 개가 넘는 북 클럽이 생겨났다. 따라서 1945년에 노동당이 선거에서 기념비적인 승리를 거두는 데 이 출판사가 기여했다고 해도 과장이 아니다.

그렇다고 이 출판사가 형제애로만 똘똘 뭉친 것은 아니었다. 골란츠는 오웰의 《위건 부두로 가는 길(The Road to Wigan Pier)》(잉글랜드 북부 지역에 거주하는 노동자들의 삶을 기록한 책)을 출간할 때, 서문에 중산계급 사회주의자들의 책이 아님을 밝히겠다고 고집했다. 사실 그는 오웰이 노동계층의 삶을 제대로 이해하지 못한다고 말했으며 오웰과 같은 이들을 중산계급 사회주의자로 봤다. 심지어 《위건 부두로 가는 길》을 재출간할 때는 본인이 못마땅하게 여겼던 2부를 전부 빼버렸다. 오웰이 다음 작품 《카탈로니아 찬가(Homage to Catalonia)》를 (길 건너 소호의 칼라일 스트리트 14번지에 자리한) 세커 앤 워버그(Secker & Warburg)에서 출간할 만했다.

조지 오웰을 못마땅하게 여긴 편집자는 골란츠만이 아니었다. (대영박물관이 코앞에 있는 러셀 스퀘어 24번지에 위치한) 블룸스버리의 페이버 앤 페이버에서 일하던 T. S. 엘리엇은《동물농장》의 '트로츠키식' 정치관을 비난하며 오웰에게 사실상 '말할 것들이 있긴 한 것인지' 의문을 제기했다. 이와 같은 논평은 엘리엇이 과거 1932년에 오웰의 첫 작품《파리와 런던의 밑바닥 생활(Down and Out in Paris and London)》의 출간을 거부한 뒤 오웰이 몇몇 후속작에서 엘리엇을 공격했던 일과 관련돼 있었을 것이다. 오웰은《위건 부두로 가는 길》에서 엘리엇을 가리켜 파시스트도 모자라 '실패작'이라고까지 했다.

그러나 엘리엇 역시 페이버 출판사가 설립된 직후인 1925년부터 1965년에 세상을 뜰 때까지 편집자로 일하면서 여러 차례 큰 성공을 거뒀다. 첫 번째 성공은 1928년에 시그프리드 서순(Siegfried Sassoon, 1886-1967)의《여우사냥꾼의 추억(Memoirs of A Fox-Hunting Man)》을 출간하기로 결정했을 때 찾아왔다. 이 시집은 6개월 동안 무려 8쇄를 찍었다. 엘리엇 덕분에 페이버 출판사는 에즈라 파운드, 장 콕토(Jean Cocteau, 1889-1963), 위스턴 휴 오든(W. H. Auden, 1907-73) 그리고 윌리엄 골딩(William Golding, 1911-93) 같은 불후의 작가들과 계약을 맺을 수 있었다.

엘리엇은 페이버 출판사에서 일하는 동안 '책 위원회'를 만들고 위원장까지 맡았다. 매주 수요일마다 장시간에 걸쳐 열리는 이 편집 회의에서 모든 부서장들과 편집자들이 오전 11시부터 오후 4시까지 모여앉아 어떤 책을 출간할 것인지를 결정했다. 이 회의는 넉넉한 양의 맥주와 엘리엇이 툭툭 던지는 풍자적 세평이 곁들여져 더욱 흥겨워졌다. 그렇다고 누구나 참석할 수 있는 것은 아니었다. 그즈음 페이버 앤 페이버의 직원들에게 엘리엇과 별거 중인 아내 비비언에게서 엘리엇을 지키는 일은 일상이 되었다. 직원들은 엘리엇이 사무실에 있을 때 비비언이 접수처에 나타나 필사적으로 남편을 만나려 할 때면 그녀에게 말조차 걸지 않았다.

엘리엇의 몇몇 친구들은 버지니아 울프와 달리 비비언의 처지를 동정했다. 신랄한 작가 버지니아는 그 불쌍한 여인네가 엘리엇에게 '찰거머리처럼 붙어' 떨어지지 않는다고 말했다. 울프는 단순히 엘리엇의 출판업자라서 그렇게 말한 게 아니라 그런 거침없는 말을 내뱉을 정도로 엘리엇을 잘 알고 있었다. 버지니아 울프가 남편과 함께 운영하던 작은 출판사 호가스 프레스는 처음부터 버지니아가 글을 쓰지 않

울프 부부는 런던 최초의 수작업 출판업자가 아니었다. 이 영예는 1476년에 웨스트민스터의 어느 셋집(애석하게도 정확한 위치는 알려지지 않았다)에서 잉글랜드 최초의 인쇄소를 세운 위대한 개척자 윌리엄 캑스턴에게 돌아가야 한다. 캑스턴은 (이름 따라 직업이 결정된다는 가설의 좋은 예인 윈킨 드 워드[Wynken de Worde]라는 남자의 도움을 받아) 1476년부터 1492년에 세상을 뜰 때까지 《아서 왕의 죽음》과 《캔터베리 이야기》를 비롯해 100권이 넘는 책을 인쇄했다. 그는 또한 표준영어를 확립하는 데에도 힘을 보탠 대단한 사람이었다.

을 때 '기분전환하기 좋은' 일에 몰두해 그녀의 불안한 마음을 덜어낼 목적으로 세운 수작업 출판사였다.

1917년에 설립된 호가스 출판사는 리치몬드 어펀 템스의 (패러다이스 로드에 위치한) 울프의 집, 호가스 하우스에서 그 이름을 따왔다. 이 출판사의 첫 출간작은 오자와 얼룩투성이였지만(물론 이 원고는 현재 큰 가치가 나간다) 울프 부부는 굴하지 않고 계속해서 밀고나갔다. 곧 이어 집 전체가 호가스 출판사로 변했다. 버지니아의 표현에 따르자면, 출판사가 '집 전체로 뻗어나갔다.' 한편 레너드는 이렇게 말했다. "우리는 식당에서 책을 제본했고, 거실에서 인쇄업자와 제본업자와 저자들을 면담했다……그리고 식품 저장실에서 인쇄했다."

1924년에 울프 부부는 블룸스버리 중심가에 위치해 페이버 앤 페이버 출판사가 코앞에 보이는 태비스톡 스퀘어 52번지로 다시 돌아왔

호가스 출판사는 1920년대에 전위 예술가들의 선두에 있었던 게 당연하지만 그렇다고 이 출판사가 모든 것들에 우호적이었던 것은 아니다. 사실 이들 출판사는 제임스 조이스에게 자기네같이 작은 출판사에서는 감당이 안 되는 수준의 조판 기술이 필요하다고 말하며 《율리시즈》의 출간을 거부했다. 개인적으로 버지니아 울프는 이 책이 '지루하고' '저속하며' '헛소리'로 가득하다고 말했다. 모욕을 결코 용서할 수 없었던 조이스는 훗날 《피네건의 경야(Finnegans Wake)》에서 울프 부부를 '소름끼치는 털북숭이 늑대들'이라고 불렀다.

다. 그리고 이후 몇 년 동안 이들 부부는 2층에 살림집을 차리고 지하실을 출판사로 쓰면서 E. M. 포스터와 캐서린 맨스필드의 작품뿐만 아니라 엘리엇의 시집까지 출간하기 시작했다.

2차 세계대전의 공포 속에서 히틀러는 의도와 무관하게 런던의 문학계에 큰 기여를 했다. 서점 주인이자 반체제 전문가였던 배리 마일즈(Barry Miles, 1943-)가 《런던 콜링(London Calling)》에서 설명했듯, 족히 여섯 개에 달하는 가장 획기적이고 대표적인 독립 출판사들은 박해를 피해 런던으로 건너온 유럽의 유대인들이 20세기 후반에 설립한 것들이었다. 예를 들면, 피터 오웬(Peter Owen, 1927-2016)은 본명이 오펜스타트(Offenstadt)로 1930년대에 베를린에서 도망쳐 나온 인물이다. 그는 1951년에 런던 서부의 켄웨이 로드에 위치한 자신의 집에 본인의 이름을 딴 출판사를 세우고 부엌 식탁에서 편집 작업을 했다. 오웬이 고용한 초대 편집자는 작가 뮤리엘 스파크(Muriel Spark)였다. 오웬은 그녀를 가리켜 '내 생전에 가장 끝내주는 비서'였다고 말했다. 뮤리엘은 훗날 이 별난 출판사에서 일했던 경험을 토대로 소설 《켄싱턴과는 아주 다른 경험(A Far Cry from Kensington)》을 썼다. 오웬은 폴 볼스(Paul Bowles, 1910-99)부터 앙드레 지드(André Gide, 1869-1951), 장 콕토, 콜레트(Colette, 1873-1954), 아나이스 닌(Anaïs Nin, 1903-77), 그리고 헤르만 헤세(Hermann Hesse, 1877-1962)에 이르기까지 독자들을 열광케 할 작가들의 작품을 출간했다. 또한 이 시기에 '활기 넘치는 60년대(Swinging Sixties)'의 주요 인물 중 한 명이었던 오웬의 사무실은 '환각의 소굴'로 불렸다.

마찬가지로 안드레 도이치(André Deutsch, 1917-2000)는 부다페스트에서 건너와 맨섬에 적국인으로 억류돼 있는 동안 유럽에서 온 어느 문학 편집자와 친분을 쌓으면서 출판업자가 되기로 결심했다. '안드레 도이치 유한회사'는 1952년에 정식으로 사업을 시작해서 《광막한 사르가소 바다(Wide Sargasso Sea)》와 비디아다르 수라지프라사드 나이폴(V. S. Naipaul, 1932-)의 초기 작품에 비견되는 명작 노먼 메일러(Norman Mailer, 1923-2007)의 《벌거벗은 자와 죽은 자(The Naked and the Dead)》를 출간했다. 안드레 도이치는 당시 영국의 검열 때문에 소설 전체에서 '젠장(fuck)'을 '꼴불견(fug)'으로 바꿀 수밖에 없었다. 하지만 그 결과로 초래된 논란 덕분에 이 책은 큰 인기를 끌었고 출판사는 돈방석에 앉았다.

도이치는 또한 6살 때 부모님과 함께 비엔나에서 런던으로 피난 온 톰 마슐러(Tom Maschler, 1933-)를 고용했다. 마슐러는 '성난 젊은이들'(Angry Young Men, 1950년대 말에 영국에서 등장한 반체제 성향의 젊은 작가들을 가리킴-옮긴이)의 선집이자 선언문인 《선포(Declaration)》를 출간했다. 이후 조너선 케이프 출판사로 옮긴 그는 1960년대에 《포트노이의 불평(Portnoy's Complaint)》과 《진퇴양난(Catch-22)》, 그리고 《파리는 날마다 축제(A Moveable Feast)》를 출간하여 유명인사가 되었다.

마지막으로 조지 바이덴펠트(George Weidenfeld, 1919-2016)는 1938년에 비엔나를 떠나 런던에 도착했다. 그리고 10년 후 '바이덴

과거 패터노스터 로우(Paternoster Row)에 있었던 출판사들의 영혼에 경의를 표하라. 이 동네는 한때 런던 출판업의 중심지였다. 그러다가 1940년 12월 어느 날 밤에 일어난 폭격으로 수십 개의 출판사 사무실과 함께 5백만 권의 책들이 소실되었다.

펠트니콜슨'이라는 회사를 공동으로 창업한 뒤 1959년에 《롤리타(Lolita)》의 영국판 초판을 출간했다.

2차 세계대전이 끝난 후에도 런던은 계속해서 맥밀런과 펭귄 같은 대형 출판사들의 본거지로 남았다. 하지만 더 새롭고, 유행에 밝고, 더 작은 출판사들 또한 쏟아져 나왔다. 그중에서도 특히 존 콜더(John Calder, 1927-)와 마리온 보야즈(Marion Boyars, 1928-1999)는 소호의 브루어 스트리트 18번지에 위치한 사무실에서 20세기 문학의 얼굴을 바꾸어 놓았다. 콜더보야즈(Calder and Boyars) 출판사는 헨리 밀러(1891-1980), 마르그리트 뒤라스(Marguerite Duras, 1914-96), 윌리엄 버로스(William Burroughs, 1914-97) 그리고 새뮤얼 베케트의 작품들을 출간했다. 애서가들이 '금서가 되기 전에' 콜더보야즈의 신간을 사러 몰려오고 세간의 이목을 끄는 이벤트를 보기 위해 줄서서 기다리면서 논란이 일었지만 콜더는 아랑곳 하지 않았다. 에든버러에서 열린 어느 낭독회에서는 나체의 젊은 여성이…… 쇼핑 카트에서 이쪽저쪽으로 돌아서는 이벤트를 벌여 분위기를 달구었다.

이와 같은 시대에 전위적인 작가들의 구미에 맞는 새로운 서점들이 많이 생겨났다. 베터 북스(Better Books)는 1947년에 채링 크로스 로드 92번지에 문을 열었다. 이 서점은 1950년대의 '성난 젊은이들'이 자주 찾는 곳이었지만 1960년대에도 그 명성을 유지하면서 큰 인기를 끌자 서점주인 토니 고드윈(Tony Godwin, 1920-76)은 가게를 넓혀 뉴콤프턴 스트리트 1번지, 3번지, 그리고 5번지에서 아주 가까운 건물로 이전했다. 당시 고드윈은 새 건물을 단장할 실내 장식가에게 책들을 '은빛 안개에 떠 있게' 해달라는 다소 이해하기 힘든 지시를 내렸다. 결국 실내 장식가는 받침대 없는 이동식 책장들을 배치했다. 또한 이들 책장을 은색으로 칠해서 은색 페인트가 벗겨져 책 위로 떨어졌다. 책장은 누구든 너무 세게 기대게 되면 넘어졌다. 그럼에도 이 서점은 영국에서 헨리 밀러의 책을 살 수 있는 몇 안 되는 곳 중 하나였다(밀러의 작품은 영국에서 여전히 금서였다. 베터 북스는 직원들이 밀러의 책이 금서라는 사실을 모르고 있던 그로브 출판사의 미국 도매점에 직접 그의 책을 주문

콜더가 쓴 《무검열판 존 콜더 회고록(The Uncensored Memoirs of John Calder)》에 따르면, 베케트는 어느 날 오후 소호의 한 카페에서 그를 처음 만나 '삶과 인생무상, 그리고 인간이 인간에 저지르는 잔인함'을 주제로 토론을 한 후 콜더의 출판사와 계약을 맺었다고 한다.

하는 방법으로 법망을 빠져나갔다).

베터 북스는 또한 샌프란시스코에 있는 '비트 제너레이션(Beat Generation, 2차 세계대전 후 1950년대 중반에 미국의 샌프란시스코와 뉴욕을 중심으로 활동한 자유분방하고 반체제 성향이 짙은 문학가와 예술가들을 지칭함-옮긴이)'의 중심지였던 시티 라이트 서점(City Lights Bookstore)과 교류했다. 시티라이트 서점은 한때 자신들에게 중요한 베터 북스를 '자유분방한 곳으로 변화'시키기 위해 관리자를 파견하기까지 했다. 한번은 이 서점에서 반체제 시인이자 1960년대의 선동가이며 지식과 교양을 갖춘 다재다능한 인물이었던 제프 넛톨(Jeff Nuttall, 1933-2004)이 청중들에게 커다란 생고기 덩어리들을 던지는 행위가 곁들여진 낭독회를 열었다……그 외에도 제프는 1966년에서 1968년까지 매주 월요일과 화요일에 '피플 쇼(People Show)'라는 자신의 공연단을 이끌고 이 서점에 나타났다. 그런데 이들 공연 예술가들의 임무는 사람들을 충격에 빠뜨리고 공포로 몰아넣어 안일함에서 벗어나게 하는 것으로, 폭력적인 시를 날카로운 소리로 읊는 동안 임신한 여성의 배에서 축축한 내장을 꺼내는 광경을 연출하기도 했다.

"베터 북스 서점에는 뭔가 특별하고 독특한 분위기가 감돈다. 신기하게도 여러 가지가 뒤섞인 분위기로, 약간 퀘이커교 같기도 하고, 약간은 무정부주의 분위기도 나며, 일부 퇴폐적인 느낌도 풍긴다. 이곳을 찾는 이들은 대개 출판계의 이상주의적이고 진취적인 인물들, 붙임성 있는 마리화나 상용자들, 유명인사 한두 명, 그리고 아직 애티가 가시지 않은 십대들이다."

제프 넛톨

1965년에 베터 북스가 런던에서 가장 오래된 서점이자 단호히 옛날식으로 초판 사인본을 공급하는 해처즈(Hatchards)에 팔리자, 런던의 반체제적인 문화 또한 침체되면서 또 다른 서점이 등장해야 할 이유가 분명해졌다. 그래서 그해 말에 등장한 서점이 바로 인디카 서점(Indica Bookshop)이었다. 이 서점은 특히 베터 북스와 마찬가지로 서점의 기능뿐만 아니라 전시 공간도 제공했다. 록 스타이자 언론인이며 공상과학소설 저자인 믹 파렌(Mick Farren, 1943-2013)은 처음에 (듀크 스트리트 인근이자 세인트 제임스 스트리트의) 메이슨 야드에 자리를 잡았던 이 서점을 가리켜 '마법의 왕국 입장권'이라고 말했다. 인디카 서점은 또한 활기 넘치는 런던의 중심지 중 한 곳이 되었다. 이 서점의 책장에는 윌리엄 버로스와 맬콤 엑스(Malcolm X, 1925-65) 그리고 제임스 그레이엄 밸러드(J. G. Ballard, 1930-2009)의 책들과 함께 선 라(Sun Ra, 미국의 재즈 연주가이자 작곡가-옮긴이)와 더 퍽스(The Fugs)의 LP판들이 꽂혀 있었다. 또한 에즈라 파운드와 레니 브루스(Lenny Bruce, 1925-66, 미국의 스탠드업 코미디언-옮긴이)의 육성이 담긴 음반도 있었다. 이 서점의 지하실에서는 지하 신문 〈인터내셔널 타임스(International Times)〉가 발행되

해처즈는 런던뿐만 아니라 영국에서도 가장 오래된 서점이다. 1797년에 존 해처드(John Hatchard)가 설립한 이 서점은 1801년부터 피카딜리 187번지를 지켜왔다. 당시 〈에든버러 리뷰(The Edinburgh Review)〉는 이 서점과 고객들을 가리켜 '기존의 모든 제도와 모든 환경에 기뻐하는 집권자들에게 잘 어울리는 서점에 매일 일단의 부유한 신사들이 모여 든다'고 표현했다.

그 이후에도 내내 이 서점의 고객들은 부유층이었다. 이곳은 샬럿 왕비 때부터 왕족들이 책을 구입해온 서점이기도 하다(찰스 왕세자와 필립 공, 그리고 엘리자베스 여왕 또한 이 서점의 고객이다).

이지적인 고객들은 더 많았다. 바이런은 런던 시절의 대부분을 이 서점의 건너편에서 살았다. 오스카 와일드 역시 해처즈 서점을 좋아했고 인근의 로열 아케이드에서 (단춧구멍에 즐겨 꽂던 꽃) 초록색 카네이션을 샀다. 가슴 아픈 이야기지만, 와일드의 아내 콘스탄스 와일드는 훗날 오스카 와일드의 《레딩 감옥의 노래(The Ballad of Reading Gaol)》를 이 서점에 여러 권 주문했다.

노엘 코워드 또한 이 서점의 단골이었다. 그는 십대 시절에 포트넘 앤 메이슨 백화점에서 여행 가방을 하나 훔쳐서 해처즈 서점으로 가져온 뒤 이 가방에 책을 가득 채웠다. 결국 붙잡혔지만 그만 둘 생각이 없었던 모양이다. 노엘은 또 다른 날에 책을 훔치다가 또 다시 붙잡혔을 때 이렇게 말했다고 한다. "정말이지, 이 서점이 얼마나 형편없이 운영되는지 보십시오. 내가 책을 열두 권이나 훔쳐가도 아무도 모를 겁니다."

었고 2층에는 존 레넌이 오노 요코를 처음 만난 전시회가 열렸던 전시관이 있었다. 1966년에 이 서점이 사우샘프턴 로우로 이전했을 때, 공동 소유주였던 배리 마일즈는 자신이 레넌에게 티모시 리어리(Timothy Leary, 1920-96)의 《티베트 사자의 서》 입문서를 한 권 줬다고 주장했다. 리어리는 이 책의 14쪽에 마음을 놓고 편안한 상태로 흘러내려 보내는 방법과 관련해 유익한 조언을 써놓았다. 그리고 이 조언은 비틀스의 노래 〈투머로 네버 노우즈(Tomorrow Never Knows)〉의 가사 첫 줄에도 등장한다.

1960년대의 해방의 물결 속에 안드레 도이치 출판사의 다이애나 애실(Diana Athill, 1917-) 같은 훌륭한 여성 편집자들이 등장했음에도 출판업계는 여전히 남자들이 주도하고 있었다. 1972년에 카르멘 칼릴(Carmen Callil, 1938-)이 친구들과 열띤 대화를 나눈 것도 바로 이런 현실 때문이었다. 당시 그녀는 페미니스트 잡지 〈스페어 립(Spare Rib, 여분의 갈비뼈, 혹은 속어로 정부나 첩이라는 뜻도 있다-옮긴이)〉의 창간호 홍보활동에 나섰다가 점심시간을 이용해 구지 스트리트의 어느 술집에서 술을 마시고 있었다. 생각이 비슷한 몇몇 친구들과 카르멘은 그 순간 갑자기 무언가를 깨달았다. 이들은 애초 출판사 이름을 '스페어 립 북스'로 결정했다가 우연히 사전에서 여장부를 뜻하는 '비라고(Virago)'라는 단어를 발견하고 비라고 출판사로 바꿨다. 이들의 물어뜯긴 사과 로고는 《거세된 여성(The Female Eunuch)》의 표지를 디자인했던 디자이너가 그렸다. 1975년에 이들은 첼시의 체인 로우에 위치한 칼릴의 집에서 운영을 시작한 뒤 1977년에 소호의 워더 스트리트 5번지에 자리한 건물 4층으로 이사했다. 이후 이들은 위층에 핀볼 게임장

포일스(Foyles) 서점은 창업자 윌리엄 포일과 찰스 포일의 집에서 1903년에 처음 문을 연 뒤 1904년에 고서적상들의 낙원인 세실 코트로 옮겨갔다가 이후 1906년에 채링 크로스 로드 135번지에 터를 잡고 오랫동안 영업해오고 있다. 이 서점은 한때 세계에서 책꽂이 길이가 가장 긴 곳(40킬로미터 이상)으로 기네스북에 올랐다. 따라서 그만큼 어느 책이건 찾는 게 아주 어려운 서점으로도 유명했다. 1945년에 윌리엄의 딸 크리스티나 포일이 이 서점을 물려받았다. 그녀는 오랫동안 지속되고 있는 유명한 저자들과의 문학 오찬을 비롯해 여러 획기적인 기획들을 성공시켰다. 그러나 꽤 많은 혼란도 야기했다. 크리스티나 포일은 오랫동안 전자계산대를 설치하지 않았다. 이 서점의 굉장히 복잡한 계산체계 때문에 고객들은 세 번이나 줄을 서야 했다. 먼저 구매서를 받기 위해, 그 다음은 돈을 지불하기 위해, 마지막으로 책을 받기 위해 줄을 서야했다. 이렇게까지 복잡하게 운영했던 이유는 '하류층 사람들'을 멸시하는 크리스티나가 돈을 다루는 판매직원들을 믿지 못했기 때문이다. 한편, 서가는 저자나 주제가 아니라 출판사별로 정리돼 있었다. 이 서점이 사실상 혼란의 명소로 소문이 나자 딜런스 서점은 채링 크로스 로드의 버스 정류소에 '포일스에 가서 또 당하셨나요? 딜런스로 가보세요'라는 광고를 내걸었다.

그러나 마지막에 웃은 쪽은 포일스였다. 딜런스 서점은 1990년대에 사라졌다. 비록 옛 모습이 아닌 새롭게 단장되고 규모도 훨씬 더 커졌지만, 포일스는 여전히 채링 크로스 로드를 지키고 있다.

* 당시 딜런스 서점이 썼던 광고 문구는 "Foyled again? Try Dillons"였다. 여기서 'Foyled again'은 포일스 서점의 이름과 당시 코믹한 공연이나 만화 등에 자주 등장하는 'Foiled again(또 당했군)'이라는 문구를 절묘하게 결합해 만들어낸 것이라고 볼 수 있다. 'foiled again'은 나쁜 일을 꾸미던 악당이 주인공에게 저지당하면서 내뱉는 말로 'Curses, foiled again'으로 많이 쓰인다. 'foiled'는 '좌절당한', '방해받은', '실패한' 등등의 뜻이다–옮긴이

과 남성전용 미용실이 있던 이곳 사무실에서 연이어 명작을 출간하면서 인구의 '나머지 50퍼센트'도 남성들과 똑같이 책에 관심이 많을 뿐만 아니라 책을 출간할 수 있다는 것을 입증했다. 이들의 성공과 의심할 여지 없는 탁월함에도 자매애로 뭉친 생활이 늘 안락했던 것은 아니다. 심지어 화장실에 가면 대개 울고 있는 직원을 만날 때가 많아 모두가 화장실에 가는 것을 꺼려 한다는 소문까지 나돌았다.

결국 비라고 출판사도 대다수 독립출판사들과 마찬가지로 대형 출판사에 팔렸지만 이후에도 수십 개의 출판사들이 새로 생겨났다. 지금 현재 런던에는 (토트넘에서 영업하고 있지만 거대한 오수처리단지 옆에 자리 잡은 덕분에 임대료가 저렴한) 인플럭스 출판사(Influx Press), 홀로웨이의 페이레네 출판사(Peirene Press), 나이츠브리지의 피츠카랄도 출판사(Fitzcarraldo Editions), 그리고 억스브리지 로드 인근의 시인 찰스 보일의 집에 둥지를 튼 시비 출판사(CB Editions)등이 있다. 또한 수십 개의 중형 출판사들이 있으며 영국의 5대 출판사인 펭귄 랜덤 하우스, 맥밀런, 하퍼콜린스, 아셰트, 그리고 사이몬 앤 슈스터 또한 여전히 런던에 터를 잡고 세계에서 가장 뛰어난 여러 작가들의 작품을 출간하고 많은 작가들에게 힘을 불어넣고 있다.

주요장소 주소

알베말 스트리트 50번지(50 Albemarle Street, W1S) (지하철역: Piccadilly Circus, Green Park)

비고 스트리트 8번지(8 Vigo Street, W1S) (지하철역: Piccadilly Circus, Green Park)

호가스 출판사(Hogarth House), 32-34 Paradise Road, TW9 (지하철역: Richmond)

세실 코트(Cecil Court, WC2) (지하철역: Tottenham Court Road)

해처즈 서점(Hatchards), 187 Piccadilly, W1J (지하철역: Piccadilly Circus, Green Park)

추천도서

다이애나 애실, 《그대로 두기(Stet)》

헬렌 한프, 《채링 크로스 84번지》

믹 파렌, 《무정부주의자에게 담배 한 개비를 주시오(Give the Anarchist a Cigarette)》

페이 웰돈, 《덩치 큰 여성들(Big Women)》

16

성난 젊은이들……

ANGRY YOUNG MEN . . .

1950년대의 런던은 폭격의 잔해로 여전히 엉망이었다. 거리 곳곳이 폐허가 됐고 복구는 느리고 조금씩 진행됐다. 나라에서 배급제를 실시하고 있는 마당에 좋은 커피는 사치였다. 그러나 변화의 기운 또한 감돌고 있었다. 젊은이의 문화가 급성장하면서 소호 전역에 스키플(skiffle, 재즈와 포크가 혼합된 형태의 음악으로 1950년대에 유행함-옮긴이) 클럽들이 생겨났고, 교외 지역에서는 테디 보이스(Teddy Boys, 1950년대 영국의 청소년들 사이에서 유행한 일종의 반항적인 하위문화로 미국의 자유분방한 복장과 에드워드 7세 시대의 고급 맞춤복이 접목된 스타일을 추구했다-옮긴이) 문화가 거침없이 퍼지고 있었으며, BBC의 코미디 라디오 프로그램 〈바보 쇼(The Goon Show)〉가 새로운 바람을 일으키며 배꼽 잡게 하는 초현실주의를 선보였다.

또한 산업 지역과 시골 벽지 출신의 중산계급 및 노동계급 작가들이 당시 상황에 좌절하고 기득권층을 맹렬히 비판할 작정으로 런던으로 모여들고 있었다. 존 오스본(John Osborne, 1929-94)은 서리(Surrey)를 '문화 불모지'라 부르며 혜성같이 등장했다. 데번 주의 스톤리에서 기숙학교를 다녔던 그는 (프랭크 시나트라의 방송을 들었다는 이유로 자신을 때린) 교장을 후려친 뒤 퇴학당했다. 레스터 출신의 조숙한 사회초년생 콜린 윌슨은 양모 공장을 나와 런던에 도착했다. 존 브레인(John Braine, 1922-86)은 브래드포드 근처의 빙리 출신이었다. 앨런 실리토(Alan Sillitoe, 1928-2010)는 노팅엄에서 왔다. 킹슬리 에이미스(Kingsley Amis, 1922-95)는 (노버리에서 자란) 사실상 런던토박이지만 코번트리 출신의 필립 라킨(Philip Larkin, 1922-85)과 함께 옥스퍼드 대학교에서 유배생활을 하다가 런던으로 돌아왔다. 해럴드 핀터(Harold Pinter, 1930-2008) 역시 런던 사람이었지만 '교외지역' 노동계급 출신이었다(그의 아버지는 해크니에서 재단사로 일했다).

1950년대 후반에 이들은 '성난 젊은이들(Angry Young Men)'로 알려지게 되었다. 물론 이들은 이런 명칭을 그다지 좋아하지 않았다. '성난 젊은이들'의 정치 · 문학 평론집 《선포》를 편집한 출판인 톰 마슐러조차도 다음과 같이 말했다. "이들은 공동으로 어떤 운동을 벌이는 게 아니다. 오히려 이들은 이 평론집 곳곳에서 직간접적으로 서로를 공격한다. 심지어 몇몇은 자신들이 격렬하게 반대하는 자들과 같은 표지에 등장하는 것조차 꺼렸다."

"당신의 첫 소설은 충격적일 정도로 독창적이었으니 새로운 기법을 찾아 나서지 않아도 된다오. 그저 사람들의 있는 그대로의 모습을 쓰시오. 기성 문인들처럼 당연히 그럴 거라고 생각되는 모습 말고요."

존 브레인

그러나 이런 꼬리표는 떨어지지 않았고 이후 계속해서 이들 젊은 (백인) 남성 작가들에게 적절하게 붙여진 명칭으로 받아들여졌다. 그리고 이들도 이 명칭에 걸맞게 전통적인 영국 사회를 불만스러워했고 자신들의 불만을 작심하고 드러냈다.

작가들은 성난 젊은이들로 굳어지는 것을 반대했지만 이 문구는 유용한 홍보효과도 발휘했다. 사실, 성난 젊은이들이라는 말은 1956년에 존 오스본의 희곡《성난 얼굴로 돌아보라(Look Back in Anger)》을 홍보하기 위해 로열 코트 시어터에서 처음 만들어냈다고 보는 게 일반적이다. 이 희곡의 배경은 미드랜즈의 우중충한 다가구 주택이었다. 따라서 좀 더 고상한 무대 배경에 익숙한 관객들은 무대에 설치된 (경악스러운 다리미판을 포함해) 지저분한 방을 보고 큰 충격을 받았다. BBC 라디오는 이를 두고 '말할 수 없을 정도로 더럽고 누추하다'고 표현하며 남자주인공의 아내가 어떻게 그런 밑바닥 생활을 견딜 수 있는지 의아해했다. 심지어 〈데일리 메일〉은 그렇게 예쁜 여배우가 무대에서 내내 다리미질이나 하는 굴욕을 당한다고 애통해하며 '그녀는 전국의 빨래를 혼자 다 하는 것 같았다'라고 썼다. 이에 반해 앨런 실리토는 만족스러워하며 다음과 같이 일갈했다. "오스본은 영국의 극장에 공헌하는 게 아니라 지뢰를 터뜨려 그곳의 대부분을 날려버린다."

관심을 끄는 데에는 악평만큼 좋은 게 없다. TV에서 25분짜리 다큐멘터리로 방영된 후 이 희곡은 큰 인기를 끌었다. 이와 관련해 로열 코트의 무대 감독 마이클 핼리팩스는 다음과 같이 말했다. "TV에서 발췌분이 방영된 후 많은 사람들이 보러 오기 시작했다. 극장에 절대 올 일이 없는 사람들이 오는 거다. 젊은 사람들이 두리번거리며 어디로 가야 하며 지켜야 할 규칙이 뭔지 궁금해 하면서 극장을 찾는 거다."

이 연극으로 인해 뭔가 심상치 않은 일이 벌어지고 있다는 생각이 확고해졌다. 사람들은 (1954년에 발표된) 킹슬리 에이미스의 걸작 희극 《행운아 짐(Lucky Jim)》에 이와 비슷한 좌절감이 반영돼 있다고 말하기 시작했다. 존 브레인의 《꼭대기 방(Room at the Top)》은 1957년에 훨씬 더 큰 인기를 끌면서 또 한 번 계층상승을 위해 몸부림치는 젊은이의 모습을 보여줬다. 뒤이어 1958년에 발표된 앨런 실리토의 《토요일 밤과 일요일 아침(Saturday Night and Sunday Morning)》에서도 마찬가지로 재미없는 직장에 분노하는 아서 시튼이 등장한다. 같은 해에 아널드 웨스커(Arnold Wesker, 1932-2016)는 《보리를 넣은 닭고기 수프(Chicken Soup with Barley)》에서 정치적 반감을 불러일으켰다. 이들 작가들이 전부 아주 똑같은 말을 한 것은 아니지만 최소한 외부인들의 눈에는 이들 모두가 하나같이 성난 사람을 그리고 있었다.

"누군가를 괴롭힐 수 없다면 글을 쓰는 게 무의미하다."

킹슬리 에이미스

1957년에 출간된《선포》는 또 하나의 맹렬한 사건이었다. 애초 로열 코트에서 출간기념회를 열기로 했지만 존 오스본의 공화제 지지론을 반대하는 극장 경영진이 허가를 해주지 않았다. 결국 출간기념회는 첼시의 킹스 로드 152-154번지에 자리한 페즌트리(Pheasantry)에서 열렸다(당시 이곳은 독보적인 보헤미안들만 드나들 수 있는 사교클럽이었지만 현재는 '피자 익스프레스'가 들어서 있다). 이 출간기념회에는 여러 작가들뿐만 아니라 정치인과 출판인 그리고 시대정신을 좇지만 그런 식의 사회적 평등이 실현되는 것에 익숙하지 않은 수많은 상류층 사람들이 몰려들었다. 훗날 도리스 레싱은 당시 어느 젊은 귀족 여성이 상류층 특유의 목소리로 '이 쪼그만 털북숭이 사람들은 다 누구죠?'라고 물어서 시끌벅적한 연회장을 일순간 조용하게 만들었던 일을 떠올렸다.

> "첫 두 작품, 《부엌(The Kitchen)》과 《보리를 넣은 닭고기 수프》를 쓸 때 나는 전통을 따라서 경험을 재현하고 있다고 생각했다. 하지만 아니었다. 남들이 말하길 나는 성난 젊은이가 돼 가고 있었다고 한다. 뭐라고? 내가? 화가 났었다고? 나는 행복하지 않으면 쓸 수 없다고 말하고 다니지 않았던가?"
>
> 아널드 웨스커

어떤 유파나 운동에도 잘 맞지 않는 이들이 있었으니 그중 한 사람이 바로 콜린 윌슨이었다. 그는 1956년에 《소외의 필요성뿐만 아니라》

1950년대에 과격파로 옥고를 치렀던 킹슬리 에이미스는 나이가 들어 훨씬 더 성난 노인이 되었다. 더 이상 개릭 클럽에서 장황하게 이야기를 하거나 프림로즈 힐의 리젠츠 파크에 위치한 화려한 집에서 살지 않았다. 또한 더 이상 걸을 수 없어 술집에서 집까지 택시를 잡아 타는 일도 없었다. 그의 견해는 확실하게 우파로 기울다 못해 마거릿 대처와 점심까지 먹으러 갔다. 하지만 여전히 《늙은 악마들(the Old Devils)》같은 뛰어난 작품을 썼다.

그의 아들 마틴 에이미스(Martin Amis, 1949–) 또한 성난 젊은이의 문학을 주도적으로 이끄는 작가가 되어 (전형적인 런던의 쾌락주의자 존 셀프가 등장하는) 《돈(Money)》과 《런던 필즈(London Fields)》같은 작품에서 1980년대의 런던을 신랄한 독설로 조롱했다.

소설 속 소외의 개념을 개괄적으로 고찰한 《아웃사이더(The Outsider)》를 출간했다. 이 책은 극찬을 받으며 엄청나게 팔려나갔다. 그때까지 몹시 가난하게 살아왔던 윌슨에게는 참으로 다행스러운 일이었다. 1953년에 처음 런던으로 이사한 그는 집세를 아낄 작정으로 햄스테드 히스에 텐트를 치고 잠을 잤다. 그는 대영박물관의 독서실에서 하루 종일 글을 쓰고 햄스테드로 돌아왔다. 배리 마일즈(《런던 콜링》)에 따르면, 윌슨이 작가였던 친구 빌 홉킨스에게 이러한 일상을 말하자 홉킨스는 '그래 바로 그거야, 콜. 전설을 만드는 거야!'라고 대답했다고 한다. 그러나 그건 유감스럽게도 모두 사실이었다. 윌슨은 결국 돈이 다 떨어져서 코번트리 스트리트의 리온스 코너 하우스에서 일을 했고 계속해서 야외에서 잠을 잤다. 《아웃사이더》가 출간될 무렵에는 그나마 노팅힐의 쳅스토 빌라스 24번지에서 여자 친구 조이와 함께 살고 있었다. 그러나 이때도 역시 소시지와 맥주와 초콜릿 비스킷으로 근근이 살아갔다. 《아웃사이더》 초판이 이틀 만에 다 팔리자 그의 집 앞에 기자들이 줄을 섰다. 윌슨은 그런 기자들을 안으로 초대해 그들에게 자신을 제2의 '플라톤'이라고 말하곤 했다.

성난 젊은이들이 연합을 거절하고 그럴 만큼 서로를 좋아하지 않는다고 천명했음에도, 꽤 많은 이들이 같은 장소에서 많은 시간을 보내곤 했다. 시인 돔 모라에스(Dom Moraes, 1938-2004)는 '도심의 모든 젊은 작가들'이 그릭 스트리트 34번지에 있는 데이비드 아처의 서점을 이용했다고 말했다. 아처(Archer, 1907-71)는 돈을 버는 데에는 관심이 없던 부자였다(사실 그는 서점 커피숍에서 손해를 보면서 케이크를 팔았고 여러 단골들에게 커피를 공짜로 주었다). 정말이지 그저 문학 살롱을 운영하고 싶었던 그는 종종 사람들이 책을 사려고 하면 말리면서 코앞에 있는 포일스 서점으로 보냈다. (그는 심지어 콜린 윌슨이 서점에 앉아서 저자 사인을 해주려 할 때에도 《아웃사이더》를 사러 온 사람들을 돌려보냈다고 한다.)

아처의 서점 외에도 젊은 작가들은 싼값에 커피를 마시기 위해 올드 콤프턴 스트리트에 위치한 프렌치 카페를 자주 찾았다. 쿠엔틴 크리스프(Quentin Crisp, 1908-99)에 따르면, 이곳에서 '말하기 좋아하고, 친절하며, 가난에 찌들고, 세간도 제대로 갖추지 못하고 사는 작가들이' 빈 커피 잔을 껴안듯이 들고 앉아 있었다.

(비록 돈에는 싫증이 나지 않아 첼시의 저택까지 구입했지만) 《성난 얼굴로 돌아보라》로 얻은 유명세에 싫증이 난 존 오스본은 1959년에 가십 기고가들을 그린 뮤지컬 〈폴 슬리키의 세상(The World of Paul Slickey)〉을 썼다. 이 희곡은 신랄한 악평을 받았는데 첫 공연이 끝난 후 평소 공연장을 자주 찾는 일부 관객들이 격노하여 채링 크로스 로드에서 오스본을 뒤쫓아 갔다.

이 신세대들은 또한 뮤리엘 벨처(Muriel Belcher, 1908-79) 소유의 회원제 클럽이었던 콜로니 룸(Colony Room)에도 모여들었다. 손님들에게 면박을 줄 때나 애정 표현을 할 때나 욕을 입에 달고 살았던 뮤리엘은 '성난 젊은이들'의 후기 대작 중 하나인 《철부지들(Absolute Beginners)》에서 주인공 '마벨'로 등장했다. 콜린 매킨스(Colin MacInnes)가 1958년에 완성한 이 소설은 런던이 실제 배경인 몇 안 되는 소설 중 하나였다.

주인공은 택시를 타고 템스 강 북쪽 강둑길을 내려가다가 '이 도시가 너무 좋아'라고 말한다. 악한을 소재로 한 이 소설은 소호를 시작으로 런던의 중심부와 서부 지역을 훑어가는 여정을 통해 새로 형성된 젊은이들의 문화, 즉 재즈와 의상과 커피 전문점에 집착하는 모습, 노숙자들과의 관계, 자유분방하고 가벼운 성생활, 그리고 충격적인 말투를 담아냈다. 이 작품은 급부상하던 모드(mod, 1960년대에 영국에서 최신 유행의 복장을 하고 오토바이를 즐겨 타는 자유분방한 젊은이들을 일컫는 말-

옮긴이) 문화에 지대한 영향을 미쳤다. 아울러 1960년대의 활기 넘치는 런던에서 뒤이어 등장할 젊은이들의 반항 문화에 중요한 길잡이 역할을 했다.

주요장소 주소

페즌트리(The Pheasantry), 152-154 King's Road, SW3 (지하철역: Sloane Square)

로열 코트 시어터(Royal Court Theatre), Sloane Square, SW1W (지하철역: Sloane Square)

첍스토 빌라스 24번지(24 Chepstow Villas, W11) (지하철역: Ladbroke Grove)

콜로니 룸(The Colony Room)(현재는 문을 닫음), 41 Dean Street W1D (지하철역: Tottenham Court Road)

추천도서

케네스 올솝(Kenneth Allsop), 《성난 10년(The Angry Decade)》

킹슬리 에이미스, 《행운아 짐》

존 브레인, 《꼭대기 방》

콜린 매킨스, 《철부지들》

배리 마일즈, 《런던 콜링》

존 오스본, 《성난 얼굴로 돌아보라》

콜린 윌슨, 《아웃사이더》

17

……그리고 여성들

. . . AND
WOMEN

오랜 세기 동안 런던의 여성 문인들은 열외로 취급받고, 무시당했으며, 심지어 글을 쓰는 것조차 금지 당했다. 버지니아 울프는《자기만의 방》에서 근대 초기에 영국에 살았던 '지성과 성격'이 있는 여성의 생각을 들을 수 없다고 말했다. "그런 여성은 자신의 삶을 결코 기록하지 않았고 일기도 거의 쓰지 않았다. 그래서 남아 있는 것이라고는 소량의 편지뿐이었다. 그런 여성은 우리의 판단 근거가 될 수 있는 희곡이나 시를 전혀 남기지 않았다."

울프의 말이 전부 사실이었던 것은 아니다. 17세기나 그보다 앞선 세기에도 여성들은 글을 썼고 소수이긴 하나 문학적 유물도 남아 있다. 그러나 그나마 이런 유물들도 거의 알려지지 않았다는 사실을 비춰볼 때 많은 것들을 유추할 수 있는 동시에 명확하게 알 수 있는 것들이 없다. 셰익스피어 시대에 여성들은 무대에 오를 수 없었다는 사실이나 이보다 한참 후인 19세기에 와서도 여러 탁월한 여성 예술가들이 자신의 이름을 내걸고 출판할 수 없었다는 사실 또한 의미심장하다. 메리 앤 에반스(Mary Ann Evans)는 조지 엘리엇이라는 이름을 썼고 브론티 자매는 처음에 벨 형제로 등장했다.

그러나 이런 엄청난 역경에도 마저리 켐프 이후로(그리고 그 이전 시기의 인물을 넣고 싶다면 타키투스 연대기에 나오는 보디카 여왕[고대 로마 시대 때 로마군에 맞서 반란을 이끈 브리타니아 왕비-옮긴이] 이후로) 계속해서 런던의 문학사 전반에 걸쳐 많은 반항적인 여성들이 제목소리를 냈다.

여성들이 무대에 오르는 게 금지되어 주로 남성들의 작품에 영감을 주는 뮤즈로만 나섰던 시절에도 반대의 목소리가 터져 나왔다. 셰익스피어 자신도 《헛소동》에서 남자주인공에게 자신의 '옷을 입혀서 그를 자신이 모시는 귀족부인으로 만들겠다'고 협박하는 베아트리체 같은 인물을 만들어냈다. 또한 《한여름 밤의 꿈》에서는 오베론에게 복종하기를 거부해 사건을 촉발시키는 티타니아가 등장한다. 레이디 맥베스와 클레오파트라 또한 누구한테도 방해받지 않는다.

한편, 무대 밖에서는 런던에서 살고 있던 실존인물 메리 프리스(Mary Frith, 1584-1659)가 플릿 스트리트의 암흑가에서 활동을 시작하고 있었다. 바지를 입고, 파이프 담배를 피우며, '왓 더 헬'을 입에 달고 살았던 프리스는 최소한 두 개의 희곡이 탄생하는 데 영감을 주었다. 한 작품은 존 데이(John Day, 1574-1638)가 쓴 《뱅크사이드 메리 몰의 터무니없는 장난(The Mad Prankes of Mery Moll of the Bankside)》이고 나머지 하나는 토머스 미들턴(Thomas Middleton, 1580-1627)과 토머스 데커(Thomas Dekker, 1572-1632)의 《포효하는 여자(The Roaring Girl)》다.

직접 무대에 서는 것도 좋아했던 프리스는 1611년에 포춘 시어터에서 연극을 방해하려고 노래를 부르고 류트를 연주해 관객들을 즐겁게 해줬다. 남장과 거침없는 태도 때문에 (차꼬를 찼을 때를 포함해) 수차례 처벌을 받았음에도 뉘우치지 않았던 그녀는 1659년에 세상을 뜰 때까지 계속해서 바지를 입었다.

이즈음, 애프라 벤(Aphra Behn, 1640-89) 역시 런던으로 진출했다. 곧바로 스피탈필즈의 도싯 스트리트에서 도싯 가든 시어터를 운영하게 된 그녀는 찰스 2세의 정보원으로 활동한 동시에 《방랑자(The Rover)》와 《어느 귀족과 그 여동생 사이에 오간 연애편지(Love Letters Between a Nobleman and His Sister)》 같은 희곡을 썼다. 버지니아 울프는 《자기만의 방》에서 '모든 여성들'은 벤의 무덤에 헌화해야 한다고 말했다. 그녀의 주장에 따르면, 벤 '덕분에 여성들에게 자신의 생각을 말할 권리가 생겼다.' (벤의 무덤에 헌화하고 싶은 이들은 웨스트민스터 사원의 동쪽 회랑으로 가보라.)

애프라 벤이 태어나고 26년이 흐른 뒤 메리 애스텔(Mary Astell, 1666-1731)이 등장했다. 첼시에서 문학을 하며 자신의 생각을 거침없이 말하는 여성들 틈에서 살았던 메리는 《숙녀들에게 보내는 진지한 제안(A Serious Proposal to the Ladies)》 같은 책을 썼다. 그녀는 '모든 남성들이 자유롭게 태어난다면 어째서 모든 여성들은 노예로 태어나는가?'라고 물었다. (그녀가 정확히 첼시 어디에서 살았는지 아는 사람은 없지만 그 동네에 그녀의 이름을 딴 애스텔 스트리트가 있다는 사실에서 오랫동안

이어지고 있는 그녀의 영향력을 엿볼 수 있다.)

벤이 사망한 1689년에 레이디 메리 몬터규(Lady Mary Montague)가 태어났다. 여류작가이자 정치잡지의 편집자였던 몬터규는 여성들을 대하는 당시의 태도에 대해 끊임없이 문제를 제기했다. 또한 런던 코트의 탁월한 인재였던 그녀는 유머가 풍부해 알렉산더 포프 같은 이들과 교류했으며 남편이 대사로 근무했던 터키를 여행하면서 연이어 아주 멋진 편지들을 썼다. 터키에서 돌아온 몬터규는 영국에 천연두 예방접종을 도입했다. (그녀는 예방접종의 효과를 입증하기 위해 뉴게이트 감옥에 수감된 일곱 명의 죄수들에게 사형 대신 예방접종을 받도록 했다.)

포프와 몬터규는 훗날 사이가 틀어졌다. 포프는 〈던시어드(The Dunciad)〉를 시작으로 이후 출간되는 대부분의 작품에 그녀를 해코지하는 내용을 담았지만 그럴수록 그녀의 명성만 높아질 뿐이었다. 특히 1762년에 몬터규가 세상을 뜬 뒤 〈터키 대사관의 편지(Embassy Letters from Turkey)〉가 출간되었을 때 그녀의 인기는 정점을 찍었다.

이후에도 몬터규라는 이름은 엘리자베스 몬터규(Elizabeth Montagu, 1718-1800)를 통해 그 명성을 유지했다. 엘리자베스는 사실상 메리와 아무런 관계가 없는 인물이었다. 원래 엘리자베스 스콧이었던 그녀는 (레이디 메리의 남편과 친척인) 에드워드 몬터규와 결혼하면서 몬터규라는 성을 쓰게 되었다. 그러나 이 두 여성은 비록 피를 나눈 사이는 아니었지만 열정은 비슷했다. 엘리자베스는 18세기의 '블루 스타킹(Blue Stocking)' 운동을 주도한 인물로 존슨 박사는 그녀를 가리켜 '블루 스타킹들의 여왕(The Queen of the Blues)'이라고 했다. 그녀는 또한 '다이아몬드를 걸쳤을 때는 찬란히 빛나고, 판단을 내릴 때는 확고하며, 말할 때는 비판적인' 인물로 통했다.

'블루 스타킹 회(Blue Stocking Society)'는 비공식적으로 결성된 모임이었다. 애초 이 모임은 (포트먼 스퀘어에 위치한) 엘리자베스 몬터규의 런던 자택과 엘리자베스 베시(Elizabeth Vesey, 1715-91)와 프랜시스 보스카웬(Frances Boscawen, 1719-1805)을 비롯한 다른 사교계 여주인들의 집에서 일단의 특권층 지인들이 만나기 시작한 데서 출발했다. 여성들은 여가시간에 뜨개질이나 바느질을 해야 하고 생각하는 것은 남성들에게 맡겨야 한다는 뿌리 깊은 생각에 반기를 들었던 이들 손님들은 지적인 화제로 의견을 나누고 재치 있는 대화를 주고받았다. 제임스 보즈웰은 이들의 모임을 다음과 같이 설명했다. "여러 숙녀들에게 저녁 모임을 갖고 거기서 즐겁고 싶은 욕망에 불타서 문학적이고 재치 있는 남성들과 대화를 나누는 것이 크게 유행했다. 이와 같은 모임들은 블루 스타킹 클럽이라고 불렸다."

'블루 스타킹'이라는 이름은 사실상 벤저민 스틸링플릿(Benjamin Stillingfleet, 1702-71)이 이들 모임에 무심코 파란색 양모 스타킹을 신고 나타난 후에 붙여진 것이다. 원래 파란색 양말은 노동자들이 신는 양말인 데다 모임의 복장 규정에 따라 흰색 비단 양말을 신어야 했지만 벤저민의 실수가 재미있었던 부인들은 이후 세속적인 허영을 초월하는 확실한 봉기의 뜻을 밝히고 (정신적 삶 같은) 더 나은 것들에 집중하기 위해 블루 스타킹이라는 명칭을 채택했다.

이름에서 풍기는 이미지는 촌스러웠지만 당시 이들 블루 스타킹들은 굉장히 매력이 넘쳤다. 이들이 주최하는 파티는 호화롭게 꾸민 방에서 열렸고 특정인들만 참석할 수 있는 화려한 행사였다.

다른 곳에서는 가장 유능한 여성 혁명가들 중 몇몇이 구호를 외치고 있었다. 아웃사이더 중의 아웃사이더인 메리 울스턴크래프트(Mary Wollstonecraft)가 바로 그런 여성이었다.

메리는 사실 상대적으로 안락한 가정 출신이었다. 그녀는 1759년에 현재의 리버풀 스트리트 근처로 오래전에 철거된 프림로즈 스트리트에서 태어났다. 메리의 할아버지는 견직공으로 상당한 재산을 모은 뒤 푸르니에 스트리트의 웅장한 조지 왕조풍 주택에서 살았다. 하지만 그는 돈이 많았으면서도 노동자들과 비국교도 그리고 급진적인 전도자들의 주거 지역에 살았다. 리버풀 스트리트와 스피탈필즈 인근은 무두질 공장들이 가득 들어서 있던 터라 짐승의 가죽에서 털을 제거할 때 요긴하게 쓰이는 거대한 오줌통들에서 악취가 심하게 났다. 이 동네에서는 어떤 부자든 자수성가한 사람이라서 이 지역 사람들은 '상류'층에 대해 상당한 의혹을 품었다. 또한 동네에 대한 자부심이 굉장해서 누구든 멍청하게 (제대로 된 영국산 옷감에 반대되는) 프랑스제 비단옷을 입고 거리를 지나갔다가는 옷의 등 부위가 찢기는 꼴을 당하곤 했다. 장차 급진적인 여성운동가가 탄생될 만한 좋은 환경이었던 셈이다.

런던에 살았던 여러 다른 유명 작가들이 그랬듯, 메리의 유년기도 아버지의 빚 때문에 혼란에 빠져 다섯 살의 나이에 런던을 떠나야만 했다. 이후 열다섯 살 때 혹스턴으로 돌아오긴 했지만 그 무렵 그 동네에는 빈민가이자 런던에서 가장 악명 높은 3대 정신병원 중 한 곳이 들어서 있었다. 메리 울스턴크래프트는 훗날 굶어 죽는 사람들을 보는 것보다 길거리에서 정신 질환자들을 보는 게 더 충격적이었다고 회상했다. 그들은 '인간의 영혼이 파괴된 가장 끔찍한 모습'을 하고 있었다고 한다. (그녀의 마지막 소설《마리아(Maria)》는 정신병원을 배경으로 쓴 작품이다.) 당시 번성하는 급진적 공동체였던 이 지역에는 혹스턴 아카데미(현재 뉴 칼리지 런던의 일부)가 설립되었다. 이 아카데미에서는 혁명을 촉진하고 인간은 선하게 태어났으며 자유를 누릴 자격이 있다는 전복적인 사상을 가르쳤다(당시 영국국교회의 교리에 반하는 사상이었다).

또한 혹스턴의 학구적인 이웃이 메리에게 진보적인 철학자 존 로크(John Locke, 1632-1704)의 저작을 소개해준 덕분에 그녀는 처음으로 '아내에게 남편에 대한 권한이 없는 것과 마찬가지로 남편에게도 아내에 대한 권한이 없다'는 로크의 생각을 접했다. 아내를 때리는 것은 물론이고 남편을 떠나려고 하는 아내를 감금하는 것이 합법인 데다 자녀도 남편의 법적 재산이던 시대에 이러한 로크의 견해는 대단히 파격적이었다.

그러나 메리와 가장 관련이 깊은 지역은 스토크 뉴잉턴이었다. 그녀는 1784년에 친구 패니 블러드(Fany Blood, 1759-86)와 이곳에 자유 사상을 가르치는 여학교를 열었고 〈딸들의 교육에 관한 소감(Thoughts on the Education of Daughters)〉이라는 소책자를 발표하면서 급진적인 저술 활동을 시작했다. 또한 그린에 있는 급진적인 유니테리언교에 입교했고 이 지역 카페에서 벤저민 프랭클린(Benjamin Franklin, 1706-90)과 토머스 페인(Thomas Paine, 1737-1809) 그리고 조지프 프리스틀리(Joseph Priestley, 1733-1804) 같은 정치 선동가들과 친분을 다졌다.

성인이 된 메리는 초반에 잠시 자신의 출판업자이자 후원자였던 조지프 존슨(Joseph Johnson, 1738-1809)과 세인트 폴 교회 경내에서 살았다. 이후 1787년에 강 건너 서더크의 조지 스트리트로 이사한 그녀는 소설 작업에 들어가고, 번역 일도 맡았으며, 존슨이 새로 창간한 급진적 성향의 잡지 〈애널리티컬 리뷰(Analytical Review)〉에 기고도 시작했다. 1791년에 메리는 좀 더 북쪽에 위치한 토트넘 코트 로드 인근의 스토어 스트리트로 다시 이사를 갔다. 그리고 이곳에 살면서 존슨의 집에 토머스 페인과 함께 저녁 식사 손님으로 온 윌리엄 고드윈을 만났다(그러나 두 사람은 수년 동안 사귀는 사이로 발전하지는 않았다).

"아주 어릴 때부터 아름다움이 여성의 최상의 가치라고 배운 탓에 정신을 육체의 틀에 맞추게 된 여성들이 금으로 도금된 새장에 갇힌 줄도 모르고 그 감옥을 치장하려고만 한다."

메리 울스턴크래프트

메리는 또한 스토어 스트리트에 살던 시절인 1792년에《여성의 권리 옹호》를 발표하면서 성 평등을 주창하고 남성들이 여성들에게 과도한 감정을 부추긴다고 비난했다. 경제적으로 독립한 미혼모 여성이 쓴 이 책은 토머스 페인의 대작《인간의 권리》에 대한 발칙한 도전으로도 읽히며 찬사와 동시에 혐오감을 불러일으켰다. 그러나 메리는 그저 변화에 대해 말하는 것으로 만족하지 않았다. 곧바로 혁명이 한창인 프랑스로 떠난 그녀는 그곳에서 길버트 임레이를 만나 사랑에 빠졌고 아이를 가졌다. 이후 임레이에게 버림받은 메리는 푸트니 다리에서 자살을 시도했다. (2장 참조)

메리는 몸을 추스른 뒤 펜튼빌의 커밍 스트리트로 이사하고 이웃에 살던 윌리엄 고드윈에게서 안식을 찾았다. 이후 고드윈과 함께 살던 그녀는 1797년에 장차 유명인이 될 딸 메리 셸리를 낳고 열흘 동안 산욕열에 시달리다가 세상을 떠났다.

울스턴크래프트가 살았던 다른 곳들도 대부분 그렇듯 커밍 스트리트도 더 이상 존재하지 않는다. 그녀에게 경의를 표하고 싶은 이들은 세인트 판크라스 묘지로 가서 그녀의 무덤이 있던 자리를 찾아보라. 그리고 그곳을 찾으면 메리 셸리의 발자취도 따라가게 될 것이다. 메리 셸리가 글을 깨치고 맨 처음 읽은 문구는 어머니의 묘비명에 적힌 '여성의 권리 옹호의 저자 메리 울스턴크래프트'였다고 한다. 이 묘지는 또한 (겨우 열일곱 살이었던) 메리가 (유부남이었던) 퍼시 셸리와 처음으로 밀회를 나누고 그에게 사랑을 고백했던 곳이기도 하다. (이후 메리 울스턴크래프트의 시신은 딸의 시신과 함께 본머스의 묘지로 이장됐지만 세인트 판크라스 묘지에는 아직도 기념비가 있다.)

메리는 그 어머니에 그 딸임을 입증하며 당대의 관습에 구애받지 않았다. 사랑의 도피에 나선 메리와 퍼시는 마치몬트 스트리트에 살림집을 차린 뒤 이례적이게도 메리의 이복 여동생 클레어 클레어몬트(Claire Clairmont, 1798-1879) 와 함께 셋이서 살았다.

마치몬트 스트리트의 집에서 셸리 부부와 클레어몬트 그리고 바이런은 자유로운 삶과 자유연애를 칭송하는 이야기들을 나눴으나 최근(2009년)에 발견된 클레어 클레어몬트의 회고록을 보면 아주 우아하고 지적인 만남은 아니었던 모양이다. 클레어는 말년에 바이런과 셸리는 '거짓말쟁이에 비열하고 잔인하며 배신을 일삼는 괴물들'이자 '서로를 등쳐먹는' 자유연애 숭배자들이었다고 썼다. 이는 노부인의 독설일 수도 있겠지만 다른 한편으로는 성 평등을 주장하는 좌파 성향의 급진주의자들까지도 당대의 여성들을 얼마나 깔봤는지를 적나라하게

클레어 클레어몬트는 셸리의 시 〈콘스탄시아에게(To Constantia, Singing)〉의 대상이었던 것으로 추정된다. 그녀는 또한 자주 왕래했던 바이런과 관계를 맺고 아이를 가졌다. 이후 바이런은 인정사정없이 아이만 빼앗아가고 클레어를 버렸다. 설상가상으로 그녀가 셸리의 아이를 낳았다는 소문도 있었다.

보여주는 글이 아닐까 싶다.

메리 셸리 역시 적잖은 고난을 겪었다. 1822년에 남편이 유럽에서 세상을 뜬 뒤에도 1년 동안 유럽에 머물렀던 그녀는 글을 써서 생계를 꾸리려고 마음먹었지만 어쩔 수 없이 1823년에 런던으로 돌아와야 했다. 귀국 후 처음에는 스트랜드에서 친정아버지와 의붓어머니의 신세를 지며 함께 살다가 나중에는 엄청나게 부자였던 시아버지 티모시 셸리 경에게 소액의 용돈을 받았으나 아들과 함께 여러 곳을 전전하며 가난하게 살았다. 또한 그 돈마저도 메리가 남편에 대해 어떤 식의 기록이나 회고록을 쓰지 않는다는 조건으로 받는 것이었다. 물론 그런 상황에서도 메리는 명작 공포물 《프랑켄슈타인》에 이어 연달아 좋은 소설들을 썼다. 이들 중 몇몇 소설들은 (그녀의 어머니가 자랑스러워했을 만한 방식으로) 더 나은 정치체제는 물론이고 상대를 더욱 공정하게 대하는 인간들을 옹호하는 내용이었다. 며느리가 그러거나 말거나 거의 신경 쓰지 않았던 인색한 시아버지가 1846년에 세상을 뜨면서 메리의 아들이 그의 유산을 받게 되자 그녀의 형편도 나아졌다. 이후 메리는 1851년에 뇌종양으로 의심되는 병을 앓아 사망할 때까지 나이트브리지의 체스터 스퀘어 24번지에서 안락하게 살았다.

그 무렵 《제인 에어》가 출간됐으며 새커리의 《허영의 시장》에서는 주인공 베키 샤프가 '나에게도 뇌가 있다'고 당당히 말했다(또한 '이 세상 사람들은 거의 다 바보'라고도 했다). 곧이어 조지 엘리엇 같은 천재들도 등장했다. 또한 애니 베전트(Annie Besant, 1847-1933) 같은 정치선동가들도 나타났다. 작가이자 사회 운동가였던 애니 베전트는 1887년에 실업자들의 불만과 집회로 촉발된 트라팔가 광장의 피의 일요일 사건으로 유명할 뿐만 아니라 1888년에 일어난 런던의 성냥팔이 소녀들의 파업을 조직하기도 했다.

1850년대 무렵부터 여성들은 조직적으로 단결하기 시작했다. 1858년에 런던의 랭햄 플레이스 19번지에 독서실과 커피숍 외에도 회의실까지 갖춘 〈잉글리시 우먼스 저널(English Woman's Journal)〉의 사무실이 들어섰다. 이곳은 처음부터 아주 의식적으로 런던 특유의 남성 전용 클럽의 대항마임을 내세웠다. 또한 실업 문제와 평등에 관한 열린 토론과 후원을 통해 새로운 흐름의 페미니즘을 일으켰고 나중에는 여성참정권 운동을 주도했다.

1865년에 이미 여성참정권 사상의 기운이 감돌았다. 그해 존 스튜어트 밀이 하원의원에 출마하면서 이 사상을 소개한 게 계기가 되었다. 이후 이러한 사상이 계속해서 발전한 끝에 19세기 말에는 수많은 관련단체들이 설립되었다. 그중에서도 1889년에 에멀린 팽크허스트(Emmeline Pankhurst, 1858-1928)가 러셀 스퀘어 8번지 자신의 집에 설립한 여성참정권연맹(Women's Franchise League)은 (훗날 그녀의 자서전 《싸우는 여자가 이긴다(My Own Story)》에서 회고했듯) 초창기 운동의 중추적인 역할을 했다.

'1909년 10월 8일 금요일에 크리스타벨 팽크허스트와 나는 뉴

캐슬로 가던 중이었다. 나는 돌을 던지기로 작정한 터였다. 우리는 로이드 조지(Lloyd George, 영국의 정치가)가 탄 차가 지나갈 가능성이 높은 런던 중심가의 헤이마켓으로 갔다. 마침내 그 차가 나타나자 나는 도로로 뛰어들어 차 앞에 똑바로 서서 "어떻게 감히 여성들의 대의를 지지한다는 사람이 여성들에게 투표권을 주지 않으면서 투표권을 달라고 요구하는 여성들을 처벌하고 있는 정부에 계속 남아 있는가"라고 소리친 뒤 그 차에 돌을 던졌다. 나는 운전기사나 다른 승객이 다치지 않도록 일부러 차 아래쪽에다 던졌다.'

콘스탄스 리튼, 《감옥과 죄수》

20세기 초에는 여성참정권 운동이 급속히 확산되어 여성들은 버킹엄 궁전 난간에 몸을 묶고, 메이페어 우편함에 불을 지르고, 웨스트민스터 창문을 깨뜨렸으며, 내셔널 갤러리에 걸려 있는 그림을 난도질했고, 아주 가끔은 폭탄도 터뜨렸다. 여성참정권 운동가들은 또한 런던의 감옥 체계를 마비시키고 있었다. 1차 세계대전이 발발하기 전까지 1천 명이 넘는 여성들이 투옥됐기 때문이다. (〈메리 포핀스〉와 같은 영화들 때문에 굳어진) 유쾌한 여성참정권 운동가들의 이미지와 달리, 당시 이들 여성들은 혹독한 취급을 받았다. 많은 여성들이 감옥에서 강제로 음식을 주입당한 탓에 건강에 문제가 생겨 수년 동안 고생했다. 상류층 출신의 여성참정권 운동가이자 《감옥과 죄수(Prisons and Prisoners)》

라는 회고록의 저자였던 콘스탄스 리튼(Constance Lytton, 1869-1923)은 런던의 홀로웨이 감옥에서 아주 심하게 학대를 당해 끝내 건강을 회복하지 못했다.

여성참정권 운동은 여러 회고록에 영감을 줬을 뿐만 아니라 이 운동을 촉진하는 것이 목표인 '참정권 소설'이라는 고유한 장르를 발전시켜 1911년에 거트루드 콜모어(Gertrude Colmore, 1855-1926)의 《여성참정권 운동가 샐리(Suffragette Sally)》가 런던에서 출간됐다.

콘스탄스 모드(Constance Maud, 1857-1929)는 같은 해에 《굴복은 없다(No Surrender)》를 발표했다. 이 소설의 마지막 문장에는 '동이 트고 있다……여성들의 주장은 두 번 다시 무시당하지 않을 것이다'라고 적혀 있다. 안타깝게도 그녀는 참정권이 완전히 보장되기까지 17년을 더 기다려야만 했다. 한편, 1918년에는 페이비언 협회의 정규회원이었던 마리 스톱스(Marie Stopes, 1880-1958)가 남녀가 평등한 결혼생활과 여성의 성적 욕망의 중요성을 옹호하는 《기혼의 사랑(Married Love)》을 출간했다. 그로부터 10년 후에는 버지니아 울프가 여성의 존재를 인정할 것을 호소한 명작 《자기만의 방》을 발표했다(뒤이어 또 10년이 흐른 1938년에는 《3기니》를 출간했다).

이즈음 또 한 명의 유명한 여성참정권 운동가이자 훌륭한 작가 레베카 웨스트(Rebecca West, 1892-1983)도 활발하게 활동했다. 웨스트는 브릭스톤에서 태어나 훗날 《넘쳐흐르는 분수(The Fountain Overflows)》에서 러브그로브 플레이스 21번지로 묘사한 스트리덤 플레이스 21번지에서 자랐다. (애석하게도, 이 집은 이후 철거되고 그 자리에 패스트푸드점이 들어섰다.)

웨스트는 열다섯 살 때 〈스코츠맨(Scotsman)〉에 편지를 발표해 성공을 거둔 뒤 기자로 사회에 첫발을 내딛었다. 그녀는 '여성의 선거권 주장'이라는 제목이 붙은 이 편지에서 '여성의 복종이 국가에 미치는 엄청난 영향'을 인정하지 않는다며 자유당을 혹평했다. 곧이어 웨스트는 〈클라리온〉과 〈프리우먼(Freewoman)〉 같은 급진적인 런던의 잡지들에 기고를 시작했다.

웨스트는 1912년에 바로 이 〈프리우먼〉에 기고한 어느 치명적인 기사에서 H. G. 웰스를 '소설계의 노처녀'로 표현했다. 웰스는 이 기사를 읽고 그녀를 저녁 식사에 초대했는데 이후 두 사람이 연인이 된 것을 보면 이때 웰스가 웨스트의 생각을 바꿨던 모양이다. (당시 웰스의 나이는 마흔여섯인 데 반해 웨스트는 겨우 스무 살이었다) 이후 1년 동안 이어지던 열애는 웨스트가 임신을 하여 떠밀리다시피 턴브리지 웰스에서 '혐오스러운 가사일'을 하게 되면서 끝이 났다. 다행히 그런 불행한 삶은 오래가지 않았으며 웨스트는 대중의 동의를 구걸하지 않고 계속해서 소설과 평론을 썼다. 1916년에 그녀는 얼마 전에 고인이 된 헨리 제임스의 여성관과 과장된 문장을 강하게 공격하는 책을 발표했다. 이듬해 출간된 그녀의 소설 《병사의 귀환(The Return of the Soldier)》은 폭넓은 호평을 받았다. 웨스트 자신도 크게 만족하여 '내 입으로 이렇게 말하면 안 될 것 같지만 좋은 작품인 것은 맞다'고 썼다.

"이전까지 그녀와 같은 사람은 한 번도 만난 적이 없었는데 과연 예전에도 그런 여자가 있었을까 싶다."

H. G. 웰스가 본 레베카 웨스트

웨스트는 또한 (포트넘 스퀘어 인근의 오처드 코트 15번지에 살고 있을 때인) 1930년에 출간된 대단히 비판적인 작품에서 D. H. 로런스를 비판했다. 이후에도 계속해서 20세기 후반까지 펜을 놓지 않았던 그녀는 유고슬라비아에서 부상하는 나치즘과 뉘른베르크 재판부터 1950년대의 공산주의와 관련된 매카시즘의 문제에 이르기까지 거침없는 필치로 기록했다.

노벨문학상 수상자 도리스 레싱(Doris Lessing, 1919-2013) 또한 1950년대의 공산주의에 관심이 많았다. 1949년에 남아프리카공화국에서 영국으로 건너온 레싱은 1962년에 《황금 노트북(The Golden

레베카 웨스트의 본명은 시슬리 페어필드(Cicely Fairfield)였다. 그녀는 1911년에 런던의 잡지 〈프리우먼〉에 기고하기 시작하면서 이름을 바꿨다 (그녀의 거침없는 견해 때문에 마음 졸이는 엄마의 걱정을 가라앉히기 위한 이유도 일정 부분 작용했다). '레베카 웨스트'라는 이름은 헨리크 입센의 《로스베리 저택(Rosemersholm)》에서 따왔다. 이 작품에서 유부남의 정부였던 레베카 웨스트는 애인의 설득에 넘어가 함께 투신해 극단적인 자살을 감행한다.

Notebook)》을 발표해 제2차 페미니즘 물결이 일어나는 데 힘을 보탰다. 이 소설은 1930년대부터 1950년대까지의 영국 공산당을 고찰하고 그즈음 싹트기 시작한 여성해방운동을 조명했다. 그녀는 '여성들은 너무나 오랫동안 반노예 상태로 살아왔기 때문에 지금처럼 겁쟁이가 됐다'고 썼다.

레싱은 런던에 도착한 직후 코번트 가든의 킹 스트리트 16번지를 찾았다. 그곳은 20세기 거의 내내 영국 공산당의 본거지였지만 1950년대에 이 당은 쇠퇴의 길로 접어들고 있었다. 따라서 도리스 레싱이 1952년에 이곳에 나타났을 때 사람들은 다른 많은 지식인들이 탈퇴하는 시점에 그녀가 공산당에 입당하는 이유를 궁금해 했다. 공산당 관계자는 조만간 그녀가 공산주의를 비난하는 글을 발표할 것으로 예상했다. 그리고 1956년에 헝가리 봉기가 잔인하게 진압 당하자 예상대로 그녀는 한 잡지에 신랄하게 비판하는 내용의 기사를 썼고 당을 탈퇴했다. 그럼에도 영국의 첩보기관은 그녀를 러시아 스파이로 확신하고 장기간에 걸쳐 끈질기게 감시하면서 그녀가 외국에 갈 때마다 미행하고 그녀의 거주지를 침입하는 등 극단적으로 대응했다. 영국의 첩보당국은 도리스 레싱을 가리켜 '매혹적이고 강인하며 위험한 여인'이라고 했으며 그녀가 살고 있는 아파트를 '부도덕한 활동'의 온상지라고 표현했다.

1950년대 말경에 여러 다른 여성 작가들도 가부장적인 현실에 맞섰다. 일례로, 린 레이드 뱅크스(Lynne Reid Banks, 1929-)는 《L자형 방

(The L-Shaped Room, 1960)》에서 런던의 황폐한 기숙사와 미혼모의 삶을 다뤘다. 미혼모의 삶을 담은 또 다른 작품으로는 마거릿 드래블(Margeret Drabble, 1939-)의 《맷돌(The Millstone)》을 들 수 있다. 이어 1960년대 말에는 런던의 전위적인 잡지 〈오즈(Oz)〉에서 성 장애 치료사로 일했으며 (그녀가 살았던) 킹스 로드를 환하게 비춰주었던 저메인 그리어(Germaine Greer, 1939-)가 1970년대를 뒤흔들 대작 《여성, 거세당하다(The Female Eunuch)》를 열심히 집필하고 있었다. 그리어는 성 평등과 관련해 주요한 문제 중 하나는 전통적인 핵가족 제도라며 여성들이 가정에서 더 이상 굴종적인 가정부로 살아가서는 안 된다고 주장했다 (그녀는 또한 독자들에게 자신의 생리혈을 맛보라는 다소 도발적인 제안도 했다). 《여성, 거세당하다》가 출간된 직후, 페미니즘 운동가들은 로열 앨버트 홀에서 개최된 1970년도 미스 월드 대회를 중단시켰다. 이들은 호각 소리에 맞춰 악취탄과 밀가루폭탄을 던지고 물총을 쏘면서 '우리는 아름답지 않다, 우리는 추하지 않다, 우리는 화가 났다'라고 외쳤다. 이 행사는 3천만 명이 시청하고 있던 터라 이들의 싸움도 생중계됐다.

이 시기의 런던에서는 공동으로 참여하는 문학 출판사와 문예지들이 우후죽순으로 생겨나고 있었다. 잡지 〈스페어 립〉이 큰 인기를 끌었고 비라고 출판사는 스톰 제임슨(Storm Jameson, 1891-1986)과 레베카 웨스트의 작품을 출간해 서점가를 강타했다. 위민스 프레스(Women's Press)는 구지 스트리트 인근에 조그만 사무실을 열고 앨리스 워커(Alice Walker, 1944-) 같은 작가들의 작품을 영국에 소개했다. 또한 중요한 서점들도 연이어 문을 열었다. 채링 크로스 로드(64-68)의 실버 문(Silver Moon), 이즐링턴의 (어퍼 스트리트 190번지) 시스터라이트(Sisterwrite), 그리고 1975년에 문을 열어서 현재는 웨스트민스터 브리지 로드 5번지로 옮겨 영업 중인 더 페미니스트 라이브러리(The Feminist Library).

1975년 무렵에는 앤절라 카터(Angela Carter, 1940-92)가 2년간의 도쿄 생활을 마치고 런던으로 돌아왔다. 그녀는 서머싯 몸 상을 타고 받은 상금을 이용해 남편에게서 도망친 뒤 일본에서 살았다. 런던 남부의 투팅 벡(Tooting Bec)으로 거처를 옮긴 그녀는 이후 20년 동안 소설에 전념해 강인한 런던의 여성들을 탄생시켰다. 예를 들면, 《서커스의 밤(Nights at the Circus)》의 (알에서 부화해 마 넬슨의 이스트엔드 사창가에서 성장한 런던토박이 '처녀') 페버스, 《현명한 아이들(Wise Children)》의 도라와 노라 챈스 그리고 브릭스톤에서 제멋대로 퍼져나가는 그들의 연극 가족, 그리고 《마법의 장난감 가게(The Magic Toyshop)》의 멜라니와 수정궁에서 그녀의 삼촌이 운영하는 이상한 장난감 가게…… 그러나 비극적이게도 카터는 1992년에 사망했다.

적어도 1992년까지만 해도 콘스탄스 모드의 오랜 염원이었던 새벽은 오지 않았다. 따라서 여성들의 투쟁은 이후에도 계속됐다. 하지만 어느 누구도 런던 문학계에서 여성들이 차지하고 있는 비중을 부인할 수 없을 것이다.

주요장소 주소

동쪽 회랑(East Cloister), Westminster Abbey, Dean's Yard, SW1P (지하철역: Westminster)

몬터규 하우스(Montagu House), 22 Portman Square, W1H (지하철역: Marble Arch)

혹스턴 아카데미(Hoxton Academy), N1 (지하철역: Old Street)

세인트 판크라스 묘지(St Pancras Churchyard), NW1 (지하철역: Mornington Crescent)

체스터 스퀘어 뮤즈 24번지(24 Chester Square Mews), SW1W (지하철역: Victoria)

랭햄 플레이스 19번지(19 Langham Place), W1B (지하철역: Oxford Circus)

러셀 스퀘어 9번지(9 Russell Square, 현재는 러셀 호텔의 일부), WCIN (지하철역: Russell Square)

추천도서

저메인 그리어, 《여성, 거세당하다》

도리스 레싱, 《황금 노트북》

에멀린 팽크허스트, 《싸우는 여자가 이긴다》

메리 울스턴크래프트, 《여성의 권리 옹호》

버지니아 울프, 《자기만의 방》, 《3기니》

18

비트족과 히피족

BEATS AND HIPPIES

1958년에 케네스 올솝(Kenneth Allsop, 1920-73)은 지난 10년을 조망한 《성난 10년(The Angry Decade)》을 발표했다. 그는 이 책의 마지막 페이지에 이제 흥분을 가라앉힐 때라고 썼다. 달에 로켓을 쏘아 올리는 세상에서 화는 별 쓸모가 없었다. 케네스는 이제 '사랑'할 때라고 말했다. 또한 미국의 연극 연출가 찰스 마로위츠(Charles Marowitz, 1934-2014)의 말처럼 파티를 벌일 때였다. 그리고 런던의 모든 이들도 그렇게 하길 원했다.

"요즈음 런던은 세상에서 가장 활기 넘치는 도시다."

1965년도 〈보그〉

1960년대 말경, 여성들이 킹스 로드의 메리 퀀트(Mary Quant, 영국의 여성복 디자이너-옮긴이) 매장에서 미니스커트를 사고 털이 많은 남성들이 카너비 스트리트에서 카프탄(kaftan, 터키나 아랍 남자들이 입는 기다란 상의로 소매가 길고 셔츠 양 옆이 밑으로 길게 터 있는 게 특징임-옮긴이)

을 고르고 있던 그때, 영국 인구의 40퍼센트 이상이 25세 이하였다. 런던의 주급은 평균 생활비를 훨씬 웃돌았다. 바야흐로 젊은이들에게는 호시절이었다. 이들은 문학뿐만 아니라 음악과 의상 그리고 예술에서도 유행을 주도했다. 심지어 젊은이들은 언어를 바꿔놓기도 했다. 앤터니 버지스의 《시계태엽 오렌지》에 등장하는 여러 언어로 이루어진 속어는 슬라브어, 러시아어, 그리고 미국 영어 등 다양한 언어의 영향력을 보여주는 것일 뿐만 아니라 런던에서 퍼지고 있던 거친 언어가 어느 정도 극단적으로 반영된 것이었다.

그렇다고 런던에 반문화만 넘쳐났던 것은 아니다. 해처즈 서점은 하퍼 리의 《앵무새 죽이기(To Kill a Mockingbird)》나 주세페 디 람페두사의 《표범(The Leopard)》 같은 책들이나 아가사 크리스티의 전집을 꽂아두는 것을 부끄럽게 여기지 않았다. 주류 문화에서도 여러 좋은 현상들이 나타나고 있었다. 하지만 60년대는 50년대의 '성난 젊은이'들의 뒤를 이어 커피숍과 서점과 훨씬 더 다채로워진 런던의 클럽들을 접수한 히피족과 비트족으로 가장 유명했던 시절이다.

이런 경우 종종 그랬듯 이들의 선두주자 역시 윌리엄 버로스였다. 그는 1960년대 초반에 여러 차례에 걸쳐 잠깐씩 런던을 방문하다가 마침내 세인트 제임스의 듀크 스트리트에 위치한 달메니 코트 22번지에 정착했다. 늘 그렇듯 당시에도 그는 헤로인을 찾고 있었지만 이 시기에 결실을 맺은 일도 있었다. 바로 이 달메니 코트의 집 부엌 식탁에서 그의 영향력 있는 컷업 기법(cut-up technique, 우연의 효과를 노리는 문

버로스는 소호의 프리스 스트리트에 있던 모카 바(Moka Bar)를 싫어했다. 이곳의 카푸치노 커피는 런던에서 최고로 꼽혔지만 버로스는 지나치게 달다는 이유로 못마땅하게 여겼다. 또한 이곳 직원들이 '참을 수 없을 만큼 그리고 정당한 이유 없이 무례하며 독을 넣은 치즈케이크'를 판다고 비난하면서 가게의 사진을 찍고 내부 상황을 테이프에 녹음한 뒤 밖으로 나와 녹음된 내용을 틀어보기 시작했다. 버로스는 이러한 행위가 '새로운 현실'을 창조해 그들의 '속을 끓게' 할 것이라고 믿었다. 결국 1972년에 모카 바가 문을 닫았으니 그의 목적은 달성된 셈이었다.

학기법으로 텍스트를 잘라낸 뒤 재배치해서 새로운 텍스트를 만들어내는 것을 뜻한다-옮긴이)을 개발했기 때문이다. 버로스는 또한 밤이면 창가에서 근처 런던 도서관의 벽에 외설스러운 영화를 영사하는 놀이를 즐겼다.

본격적으로 전위예술가로 나서기 전까지 버로스는 상류층이 사는 이웃동네를 한가로이 거니는 것을 좋아했다. 그는 비록 눈에 띄게 지저분한 신세대는 아니었지만 아주 독특한 취향의 소유자였다. 버로스는 애인이자 공저자였던 앤터니 볼치(Antony Balch, 1937-80)의 조언에 따라 세인트 제임스 스트리트에서 아주 가까운 존 롭 매장에서 수제화를 구입해 신었다(이 매장의 단골들은 엘링턴 공작부터 에든버러 공작까지 아주 화려했다). 또한 (역시 세인트 제임스에 위치한) 제임스 로크 매장에서 파는 챙이 넓은 몬테크리스티 파나마모자를 애용했으며 식료품을 구입할 때는 포트넘 앤 메이슨 백화점을 이용했다(버로스는 고향에 보낸 어느 편지에 감격에 겨워 '오늘밤 오리고기를 먹을 것'이라고 썼다).

그 외에도 그 지역에는 즐길 거리가 많았다. 버로스는 특히 젊은 남성 매춘부들이 자주 나타나는 리젠트 팰리스 호텔 입구를 좋아했다. 그곳은 동네에서도 '남성 동성애자의 집합소'로 유명했다. 사실, 그 장소는 19세기에 오스카 와일드가 찾아오면서부터 유명해진 곳이었다.

1964년 11월, 런던에서는 대단히 독립적인 출판인 존 콜더가 버로스의 《벌거벗은 점심(The Naked Lunch)》을 출간하면서 전설의 탄생을 알렸다. 그 전까지 버로스와 관계된 일들이 전부 그렇게 성공한 것은 아니었다. 한번은 런던이 아직 낯설던 1960년 12월에 런던현대예술원에서 행위미술을 시연하고 시 영사회(poetry projection, 시를 벽이나 특정한 공간에 영사해 전시하는 것을 말함-옮긴이)를 열었다. 당시 시인 브라이언 지신(Brion Gysin, 1916-86)이 미친 듯이 춤을 추고, 버로스는 컷업된 텍스트를 테이프에 녹음했으며, 전자기술의 귀재 이언 소머빌(Ian Sommerville, 1940-76)이 아랍의 북소리를 들려주고 빛의 쇼를 펼쳤지만 관객의 절반이 자리를 떴다.

비트족의 또 다른 주역 앨런 긴즈버그는 친구 버로스의 편지를 받고 실제로 런던이 얼마나 '활기가 넘치는지' 제대로 보고 싶어서 1965년 5월에 런던에 도착했다. 베터 북스의 공동 설립자 배리 마일즈(15장 참조)에 따르면, 긴즈버그는 도착하자마자 지체 없이 행동에 나섰다. 그는 숙소를 잡고 여행 가방을 푼 뒤 곧바로 채링 크로스 로드로 내려가 마일즈의 서점으로 들어갔다. 그곳에서 긴즈버그는 마일즈와

대표적인 사교계 입성 장소

더 파르티잔(The Partisan)

1958년에 작가 존 버거(John Berger, 1926)와 도리스 레싱이 일부 자금을 댄 덕분에 칼리일 스트리트 7번지에 자리한 격월지 〈레프트 리뷰(Left Review)〉의 편집실 아래층에 파르티잔이 문을 열었다. 최신 유행에다 초현대적인 내부 장식을 뽐냈던 이곳은 급진적인 예술 단체 '센터 42(Centre 42)'의 회의 장소가 돼주었고 대부분의 단골손님에게 무료로 술을 제공할 정도로 파리 좌안(left bank, 자유분방한 예술가들이 많이 사는 파리 센 강의 좌안 지역을 뜻함–옮긴이)의 분위기를 만들려고 많은 공을 들였다. 그러다가 아니나 다를까, 1962년에 파산했다. 페미니즘 문학의 정전으로 꼽히는 도리스 레싱의 장편 소설 《황금 노트북》은 바로 이곳의 어느 탁자에서 탄생됐다.

더 라운드하우스(The Roundhouse)

라운드하우스는 1964년에 극작가 아널드 웨스커와 그가 이끄는 극단 '센터 42'가 런던 북부의 초크 팜에 있던 폐기된 철로변의 창고를 점유하면서 알려진 곳이다. 애초에는 이 건물을 극장과 미술 전시실은 물론 영화관과 작업실

함께 그날 밤 저녁에 즉흥적이고 자유로운 낭송회를 열 준비를 했다. 미처 홍보할 시간도 없었던 그 행사는 성황을 이뤘다. 앤디 워홀(Andy

까지 갖춘 항구적인 문화 센터로 바꿀 생각이었다. 어쨌든 이후 10년 동안 이곳은 전위 문화의 중심지가 되어 핑크 플로이드가 참여한 공연부터 배우 전원이 나체로 등장하는 케네스 타이넌(Kenneth Tynan, 1927–1980)의 〈오 캘커타(Oh Calcutta!)〉 같은 실험적인 연극에 이르기까지 그야말로 모든 것을 주최했다. (〈오 캘커타〉가 초연될 때 런던 경찰청은 이 뮤지컬의 조사차 두 명의 경찰관을 파견했다……이들 가운데 한 경찰관은 두 번을 다시 보고 나서 외설죄를 적용하기로 결정했다.)

디 아츠 랩(The Arts Lab)

뉴웨이브 지도자 짐 헤인즈(Jim Haynes, 1933–)가 1967년에 드루어리 레인 182번지에 설립한 아츠 랩은 고작 2년 동안만 운영됐다. 그럼에도 이곳은 존 레넌과 오노 요코의 미술 전시회, 데이비드 보위의 공연, 시 낭송회, 그리고 즉흥 연극 같은 근사한 '해프닝들'을 적극적으로 유치했던 아주 영향력 있는 종합예술 센터였다. 1968년에 한 〈가디언〉 기자는 이렇게 썼다. "지난 주 그곳에 갔더니 어느 계층에도 속하지 않은 젊은이들이 북적이며 가판대에서 전위적인 잡지를 구입하고, 매점에서 값싸고 적당히 실험적인 음식을 맛보며, 신인 화가의 작품이 걸린 두 전시회를 관람했다." 또한 연극이 공연되고 있었는데, 배우들이 '무대 중앙에서 쪼그리고 앉아 생각나는 대로 말하더니……그중 한 명이 아무 의미 없이 오이를 두들겨 팼다.'

Warhol, 1928-87)과 에디 세즈윅(Edie Sedgwick, 1943-71)은 맨 앞줄에 앉았다. 도노반(Donovan, 1946-)과 그의 친구 '집시'는 문간에 앉아서 〈코

카인 블루스〉를 낭송했다. 팔망미인으로 시인이자 반문화 우상 제프 너틀 또한 참석했다. 그는 처음부터 끝까지 '아주 메말라 있는 집단정신에 치유의 바람'이 부는 것 같았다고 말했다. 그야말로 전위적이었다. 그날 밤 낭송회는 나체 상태의 긴즈버그가 속바지를 머리에 쓰고 아랫도리에 '방해하지 마시오' 팻말을 거는 것으로 끝이 났다.

낭송회의 밤이 열광적이었을지 몰라도 긴즈버그의 다음 행보에 비하면 아무것도 아니었다. 로런스 펄링게티(Lawrence Ferlinghetti, 1919-)와 그레고리 코르소(Gregory Corso, 1930-2001) 또한 런던에 막 도착했다는 것을 알게 된 긴즈버그는 안 그래도 낭송회의 성공으로 한껏 들떠 있던 터라 몇몇 다른 신세대 런던 지식인들과 함께 앨버트 홀을 예약하기로 마음먹었다. 이들은 런던에서 가장 크고 점잖은 공연장 중 한 곳인 이곳에서 적당한 '해프닝(happening, 관객이 즉흥적으로 참여하거나 연기자와 교류하는 방식으로 진행되는 연극이나 공연-옮긴이)'을 벌일 예정이었다.

드디어 6월 11일에 행사가 열렸다. 어마어마하게 넓은 객석에 고작 5백 명의 관객이 앉아 있는 게 아닐까 걱정했지만 막상 뚜껑을 열고 보니 7천 명이 넘는 사람들이 탈바꿈된 앨버트 홀을 찾았다. 무대 바닥은 꽃으로 뒤덮여 있었고, 와인 상자와 고깃덩어리를 나누어 주었으며, 정신과 의사 로널드 랭(R. D. Laing, 1927-89)과 많은 조현병 환자들이 통로에서 미친 듯이 춤을 추어 새로운 의미의 관객 참여를 선보였다.

로널드 랭은 런던의 태비스톡 연구소에서 정신과 의사로 일하다가 1967년에 이스트엔드의 보우 인근에 위치한 킹슬리 홀에 개인 병원을 열었다. 그는 1960년대 런던의 중요 인물로 《분열된 자아(The Divided Self)》 같은 베스트셀러들을 집필했다. (랭은 《분열된 자아》에서 정신병을 변형 질환으로 기술하고 정신 질환자들의 감정은 망상이 아니라 살아온 경험의 정당한 표현일 수 있음을 암시했다). 실비아 플래스(Sylvia Plath, 1932–63)와 테드 휴즈(Ted Hughes, 1930–98) 등의 열성적인 지지를 받았던 랭은 런던에서 '신랄한 마르크스주의자'라는 애칭으로 불렸다. 1960년대 초반에, 제임스 본드를 연기한 것으로 유명한 숀 코너리(Sean Connery, 1930–) 는 킹슬리 홀로 랭을 찾아가 조언을 구하기도 했다.

무대에서는 로런스 펄링게티가 〈성교하는 것은 다시 사랑하는 것(To Fuck is to Love Again)〉을 낭송했고 앨런 긴즈버그는 너무 취해서 누구도 그가 낭송하는 시를 알아들을 수 없었다. 그러나 그 공연은 실체가 없는 것이나 다름없었다. 1960년대의 문화사에서 획기적인 순간으로 기록될 공연이었다. 훗날 여러 관객들은 입을 모아 이 공연이 단순한 시 낭송회나 공연자들의 터무니없는 가식의 향연이 아니었다고 말했다. 또한 가장 충격적이었던 점은 주변을 둘러보면서 이 도시에서 자신들만 이상한 게 아님을 깨달았다는 것이라고도 했다. 그곳에 수천 명이 있었기 때문이다. 전위 문화는 이미 흥하고 있었다.

주요장소 주소

버로스의 런던 집(Burroughs's London address), 22 Dalmerny Court, Duke Street, SW1 (지하철역: Green Park)

포이스 로드의 킹슬리 홀(Kingsley Hall, Powis Road), London, E3 (지하철역: Bromley-by-Bow)

로열 앨버트 홀(The Royal Albert Hall), Kensington Gore, SW7 (지하철역: South Kensington)

더 라운드하우스(The Roundhouse), Chalk Farm Road, NW1 (지하철역: Chalk Farm)

〈오즈〉 사무실이 있던 곳(Site of Oz offices), 52 Princedale Road, W11 (지하철역: Holland Park)

추천도서

앤터니 버지스, 《시계태엽 오렌지》

쿠엔틴 크리스프, 《벌거벗은 공무원(The Naked Civil Servant)》

로널드 랭, 《분열된 자아》

배리 마일즈, 《런던 콜링》

제프 너틀, 《폭탄 문화(Bomb Culture)》

19

스파이와 냉전주의자들

Spies and Cold Warriors

정보기관의 문제는 비밀스럽다는 것이다. 첩보활동, 문학 그리고 런던은 오랫동안 밀접한 관계를 맺어왔지만 대부분 비공식적이고 은밀하게 진행돼왔다. 첩보의 세계는 암시와 밀담과 속임수가 판치는 곳이다. 이러한 요소 때문에 첩보활동이 굉장히 매력적으로 비춰지다 보니 책을 쓰는 사람들과 책을 읽는 독자들에게 더할 나위 없는 소재가 돼준다. 어차피 거짓말로는 소설가를 따를 자가 없다.

일찍이 엘리자베스 1세 때부터 런던의 문학과 첩보활동은 복잡하게 얽히게 되었다. 당시 가톨릭교도들의 반란과 스페인 침공 그리고 스코틀랜드의 음모를 둘러싸고 피해망상적인 소문들이 어두컴컴한 템스 강변의 술집과 극장을 중심으로 빠르게 퍼져나갔다. 일부의 주장이긴 하지만 셰익스피어가 정부의 간첩단을 이끌었다는 설까지 있다. 정말 그가 그랬다면 얼마나 바빴을지 신만이 아실 테지만 말이다. 셰익스피어 외에도 여러 명이 이런 의심을 받는다. 예를 들면, 셰익스피어가 여전히 극작가로 활동하고 있던 때에 그의 동년배였던 극작가 앤터니 먼데이(Anthony Munday, 1560-1633)는 '런던의 시인'으로 임명됐을 뿐만 아니라 동시대 사람인 윌리엄 웹(William Webbe, 1568-91)에게서 '우리 시대 최고의 음모자'라는 말을 들었다. 먼데이의 희곡이 얼마나 형편없었는지를 고려하면 많은 사람들이 웹의 '음모자'라는 표현은 그의 극작이 아닌 다른 활동을 뜻하는 것으로 생각한다. 일례로 추방된 가톨릭교도들의 활동을 감시하기 위해 가명으로 로마의 잉글리시 칼리지에 입학했던 때처럼 말이다.

스파이로 의심받는 이들 중에서 먼데이보다 더 유명한 인물은 《몰타의 유대인(The Jew of Malta)》과 《포스터스 박사》의 저자로 잘생기고 젠체했던 크리스토퍼 말로(1장 참조)다. 그는 계속해서 유럽으로 사라진 데다 한번은 네덜란드에서 화폐위조 작전에 연루된 것 같은데도 이상하게 가톨릭 선동죄로 체포됐기 때문에 의심을 받았다. 더구나 체포되고 나서도 번번이 기소당하지 않고 풀려났다. 그의 죽음과 관련해서도 많은 의혹이 불거졌다. 1593년 5월 30일에 뎃퍼드에서 목숨을 잃었을 때 그의 동료 작가 프랜시스 미어스(Francis Meres, 1565-1647)는 술집에서 싸움이 일어나 '말로의 음탕한 사랑의 경쟁자였던 음란한 하인의 칼에 찔려 사망'했다고 주장했다. 그러나 실제로 말로는 그때 술집이 아닌 집에 있었다. 집주인 엘리너 불(Eleanor Bull, 1550-96)은 정부의 고위층과 연줄이 닿아 있었는데 그래서 일부에서는 그녀의 집이 일종의 안가였으며 말로와 함께 있던 사람들은 정부의 공작원들이었다고 말한다. 만약 말로가 엘리자베스 1세의 궁정을 위해 스파이로 활동한 게 사실이라면 결국 홀대를 당했다고 볼 수 있다. 그의 시신은 뎃퍼드의 세인트 니콜러스 교회 경내의 이름 없는 묘지에 아무렇게나 던져지듯 묻혔기 때문이다.

엘리자베스 1세 시대 때 이야기는 이쯤에서 마치기로 하자. 런던의 문학인 스파이들은 20세기에 훨씬 더 왕성하게 활동했다.

조지프 콘래드는 평소의 그답게 이 분야에서도 남들보다 약간 앞서나갔다. 스파이 이야기가 나오는 책을 한 권 구입할 것이라면 콘래드의 1907년 작《비밀첩보원(The Secret Agent)》이 제격이다. 환상이 담긴 이 걸작에서 러시아의 지원을 받는 무정부주의자들이 그리니치 천문대를 폭파하려고 한다. 사악한 비밀작전과 무자비하고 어리석은 행위를 그린 콘래드의 이 소설을 읽고 나면 그리니치 공원을 산책하는 게 예전 같지 않을 것이다.

콘래드의 소설이 나오고 1년 후에 G. K. 체스터턴이 뒤를 이어 첩보 소설 분야의 가능성을 입증해보였다. 체스터턴의《목요일이었던 남자(The Man Who Was Thursday)》에서도 무정부주의자들이 등장하는데, 이야기는 런던의 지하철 시간표야말로 인류의 가장 시적인 창작품이라고 주장하는 '가브리엘 사임'을 중심으로 흘러간다.

1차 세계대전의 그림자가 짙어지면서 세상을 뒤엎으려는 무정부주의자들은 지고 독일의 비밀스파이들이 뜨기 시작했다. 1차 세계대전을 배경으로 하는 첩보소설의 고전은 존 버컨(John Buchan, 1875-1940)의《39계단(The Thirty-Nine Steps)》이다. 이 작품은 주인공 리처드 해네이가 웨스트엔드의 로열 카페에서 저녁을 먹는 장면으로 시작해 스커더라는 남자가 해네이의 집 인근에서 살해당하면서 본격적인 이야기가 전개된다(스커더가 살해되는 집은 '랭햄 플레이스 뒤편에 자리한 새로 지은 연립주택 1층'이다. 피카딜리 북쪽으로 10분만 걸어가면 나오는 이곳에 가고 싶다면 옥스퍼드 서커스를 지나 BBC에서 모퉁이만 돌면 된다). 한편, 마찬가지로 영국해협 건너편에서 전해지는 전란의 그림자에 온통 정신이 팔려 있던 아서 코난 도일 또한 《마지막 인사》에서 셜록 홈스에게 독일에 거짓 정보를 넘기게 하고 스파이를 잡아 런던경시청에 넘기게 만든다.

1917년에 러시아 혁명이 일어난 이후 볼셰비키 혁명가들은 가장 두려운 존재가 되었다. 《제비호와 아마존호(Swallows and Amazons)》의 작가 아서 랜섬은 1919년에 공산주의국가 러시아에서 런던으로 돌아오면서 세상을 떠들썩하게 했다. 그는 킹스 크로스 역에 도착하자마자 체포되어 런던 경시청의 특수부에서 적국의 스파이 여부를 가리기 위해 심문을 받았다. 정치적 소속을 묻는 질문에 아서 랜섬은 간단히 '낚시파'라고 대답했다.

"안 그래도 상당한 속력을 낼 수 있는데 그날 밤에는 날개까지 있었다. 나는 순식간에 폴 몰에 들어서서 계속해서 세인트 제임스 공원 쪽으로 내려갔다. 버킹엄 궁문에 있던 경찰관을 잽싸게 피해 폴 몰 입구의 혼잡한 마차들 사이를 뚫고 나와 다리로 가고 있었고 추격자들은 그제야 도로를 건넜다. 넓은 공원

길에 들어선 나는 전속력으로 달렸다. 다행히 오가는 사람도 거의 없고 누구도 나를 멈춰 세우려 하지 않았다. 나는 퀸 앤스 게이트에 도착하는 것에 모든 걸 걸었다."

존 버컨, 《39계단》

1930년대와 2차 세계대전까지는 또 다시 독일의 첩보원 이야기가 주를 이뤘다. 엘리자베스 보웬(Elizabeth Bowen, 1899-1973)은 소설 《한낮의 열기(The Heat of the Day)》에서 폭격을 당하는 런던에서 벌어지는 사랑과 속임수와 이중스파이의 이야기를 그렸다. 이 소설의 여주인공은 (할리 스트리트 인근이자 리처드 해네이의 집에서 멀지 않은) 웨이머스 스트리트에 살면서 스파이와 역스파이 사이에서 오도 가도 못 하는 신세가 된다. 이 소설에서는 특히 폭격을 묘사한 대목이 인상적이다. 보웬 자신도 리젠츠 파크 근처에 살 때 대공습을 겪었다. 1944년에 그녀가 살던 연립주택도 폭격을 당했지만 천만다행으로 다치지 않았다고 한다.

런던 대폭격은 그레이엄 그린의 《공포부(The Ministry of Fear)》에서도 큰 비중을 차지한다. 아서 로우가 우연히 많은 이들이 탐내는 마이크로필름을 손에 넣은 뒤 블룸스버리의 허름한 단칸셋방을 나와 도망갈 때 전쟁으로 파괴된 런던의 거리에 폭격이 쏟아진다. 그리고 아서는 그런 런던의 거리에서 폐쇄되고 움푹 팬 도로, 입구를 막아놓은 지하철역, 그리고 연기가 피어오르는 폐허와 번번이 씨름하면서 밤새 런던의 어느 곳이 사라졌는지 알아보기 위해 걱정스러운 마음으로 여기저기를 찾아가본다. 그린은 블룸스버리 지역과 소호와 피츠로비아로 퍼져 있는 주변지역을 훤히 꿰고 있었다. 2차 세계대전 때 그린은 런던대학교의 평의원 회관에 본부를 차린 정보부에서 일했기 때문이다.

그린은 스파이로 활동했다. 그는 1941년에 악명 높은 이중간첩이자 '캠브리지 5인방'의 일원이었던 킴 필비(Kim Philby, 1912-88)에게 비밀정보부 요원으로 발탁됐다. 참고로 킴 필비의 배신은 훗날 존 르카레라고도 알려진 데이비드 콘웰(David Cornwell, 1931-)의 소설에 큰 영향을 미쳤다(데이비드 콘웰은 실제 영국의 스파이로 활동하면서 존 르 카레라는 필명으로 여러 작품을 발표했다. 결국 소련으로 넘어간 킴 필비의 배신으로 정체가 탄로난 그는 스파이를 그만두었고 최근까지 작가로서 많은 작품을 발표했다-옮긴이). 그린은 고위층에 접근할 수 있고 외국에 자유롭게 나갈 수 있으며 샴페인을 들이키는 좌파 성향의 지식인들과 두루 친하다는 이유로 스파이로 뽑혔다. 그는 적에게 쉽게 넘어갈 것 같은 사람은 누구든 보고하라는 지시를 받았다. 그러나 정작 필비의 정체는 알아채지 못했다. 그레이엄 그린은 1963년에 필비의 정체가 밝혀졌을 때 그를 옹호한 몇 안 되는 이들 중 한 명이었다. 당시 그린은 필비의 공산주의 신념은 종교에 가까우며, 종교적 신념은 조국애를 뛰어넘는다고 주장했다. 이후 두 사람은 1988년에 필비가 사망할 때까지 편지를 주고받았다. 필비는 모스크바에 있는 자신의 아파트에서 편지를 썼고 그린은 그 즈음 머물고 있던 프랑스 남부에 위치한 자신의 빌라에서 편지를 썼다. 그린의 전기 작가 노먼 셰리에 따르면, 두 사람의 이런 미묘한 관계에도 그린은 1991년에 세상을 뜰 때까지 계속해서 영국정부를 위해 일했다고 한다.

이언 플레밍(Ian Fleming, 1908-64) 또한 2차 세계대전 때 스파이로 활동했다. 그러나 1950년대에 소설가로 전향한 그는 임박한 핵절멸의 위기 앞에서 러시아 스파이를 집중적으로 다뤘다. 그의 냉전 첩보소설은 매력적이었다. 세련된 복장과 화려함을 선호하는 제임스 본드의 취향에는 이언 플레밍의 생활방식이 반영돼 있다. 플레밍은 1930년대 거의 내내 빅토리아의 에버리 스트리트에 위치한 독신자 아파트에서 상류 생활을 누리면서 완벽한 식사를 구현하는 것을 목표로 삼고 회원제로 운영되는 남성전용 만찬 클럽까지 만들었다.

본드 이야기를 쓸 무렵에 웨스트민스터의 빅토리아 스퀘어 16번지에 살고 있던 플레밍의 침실에는 초록색 줄무늬가 들어간 섭정시대풍의 벽지가 발라져 있었고 넬슨 제독의 조그만 흉상이 놓여 있었다. 그는 옛날식으로 화려한 것을 좋아해서 완벽하게 그런 분위기를 만들어내려고 했지만 주변에 전후 건축물이 들어서면서 의도대로 되지 않았다. 플레밍은 특히 건축가 에르노 골드핑거가 그 동네 하늘 위로 불쑥 솟아나게 지은 무지막지한 고층 건물들을 끔찍하게 싫어했다. 이에 그는 자신의 작품 속에서 가장 악랄한 악당이자 권력을 미친 듯이 휘두르는 괴짜에게 오릭 골드핑거라는 이름을 붙여서 복수했다.

스파이처럼 먹어보기

메이페어의 스코트 식당

(20 Mount Street, London, W1K)

《다이아몬드는 영원히(Diamonds Are Forever)》에서 본드는 '드레싱을 얹은 게살과 블랙벨벳(샴페인과 흑맥주를 섞은 칵테일–옮긴이) 한 잔'을 먹으러 메이페어의 스코트 식당을 찾는다. 한번은 플레밍이 〈샌프란시스코 크로니클〉의 칼럼니스트와 이 식당을 나서면서 다음과 같이 말했다. "저 창가 쪽 말입니다. 제임스 본드가 런던에 있을 때 늘 저기 구석 자리에서 점심을 먹는답니다. 저기 앉아서 내려다보면 예쁜 아가씨들이 지나가는 게 잘 보이니까요."

윌턴 식당(Wilton's)

(55 Jermyn Street, London, SW1Y)

저민 스트리트에 있는 이 식당은 1742년에 문을 연 오래된 식당이다. 렌 데이턴(Len Deighton)의 《입크레스 파일(The Ipcress File)》에서 비밀정보부 국장 돌비는 이 식당에서 신입 요원에게 푸짐하고 맛있는 점심을 사준다. 미식가인 본인은 '금발의 여종업원처럼 달콤하고 부드러우면서 차가운, 설탕에 절인 이스라엘 멜론'을 먹는다.

로열 카페(Café Royal)

(68 Regent Street, London, W1B)

존 버컨은 정확한 메뉴를 언급하진 않지만 《39계단》의 리처드 해네이는 이곳에서 식사를 마친 직후 포틀랜드 플레이스 근처에 있는 자신의 집으로 돌아가서 시체를 발견한 뒤 음모와 속임수가 난무하는 세계로 던져진다. 오늘날에도 이곳에서 식사를 할 수 있다. 최근에 새로 단장을 하긴 했지만 이전까지 '그릴룸'이었던 '오스카 와일드 바'는 1865년에 장식된 처음 모습 그대로 잘 보존돼 있다.

또 다른 뛰어난 첩보소설 작가 존 르 카레 또한 앞선 시대의 버컨과 플레밍처럼 런던 시내와 웨스트엔드의 여러 장소들을 작품에 활용했다. 그의 소설 속 등장인물들은 첼시의 뒷골목에 살며 남성 클럽에서 많은 시간을 보낸다. 그런데 다른 작품들의 인물들과 다르게 르 카레의 소설에 나오는 인물들은 거의 모두 우울증을 앓고 있고 쉴 새 없이 내리는 비와 싸워야 한다. 그는 더 짙은 그림자가 드리우고 더욱 알 수 없는 일들이 일어나는 런던을 그린다. 독자들은 제일 먼저 명작《팅커, 테일러, 솔저, 스파이(Tinker Tailor Soldier Spy)》(1974)에서 빅토리아에 위치한 플레밍의 옛 집 근처지만 매력이라고는 전혀 없는 환경에서 살고 있는 주인공 조지 스마일리를 보게 된다. 그는 비를 맞아 김이 서린 도수 높은 안경을 끼고 기차역의 '거무죽죽한 상가' 인근의 보도를 허둥지둥 지나간다. 그가 살고 있는 첼시의 바이워터 스트리트는 (런던 일부 지역처럼 범죄가 넘쳐나는 동네는 결코 아니지만) 집집마다 창문이 굳게 닫혀 있고, 차도 가장자리에는 자동차들이 빽빽이 들어차 있는, 어느 모로 보나 살고 싶은 동네는 아니다. (요즈음 스마일리가 이 동네를 찾는다면 엄청난 집값에 깜짝 놀랄 게 뻔하다……).

스마일리가 메이페어에 가긴 하지만 그마저도 1년 내내 커튼이 쳐져 있고 '커다란 금색 액자'를 끼운 '아무런 의미가 없는' 과일 그림이 걸려 있는, 그로스브너 스퀘어 인근의 음침한 카지노 때문이다. 그 밖에는 채링 크로스의 '볼품없는' 약국 건물, 폭격을 맞아 반파된 캠든의 테라스들, 서식스 가든스의 아일레이 호텔 등 음침하고 초라해진 런던을 쏘다닌다. 특히 '어울리지 않는 벽지가 발라져 있는 화로와 동으로 된 전등갓'이 인상적인 아일레이 호텔은 《팅커, 테일러, 솔저, 스파이》에서 스마일리와 그의 요원들이 스파이를 잡을 때까지 작전본부를 설치했던 곳이다. 심지어 영국 정보부 본부도 교통지옥인 섀프츠버리 애버뉴와 채링 크로스 로드의 모퉁이에 자리한 허름한 가게 위층에 있다.

르 카레는 〈데일리 메일〉에서 이와 같은 결정적인 장소는 캠브리지 서커스의 모스 브로스(Moss Bros) 건너편에 있는 소위 '다소 신비스러워 보이는 곡선의 창문들이 다닥다닥 붙은' 건물을 모델로 삼은 것이라고 말했다. 더 자세한 내용을 알고 싶다면 르 카레의 팬이자 언론인 고든 코레라의 설명을 주목할 필요가 있다. 그는 르 카레가 묘사한 건물의 입구는 캠브리지 서커스 바로 북쪽에 자리한 채링 크로스 로드 90번지의 건물과 아주 비슷하다고 말했다. 개리 올드만이 출연한 동명의 영화 속 정보부 건물을 보고 싶다면 폐기된 밀 힐(Mill Hill)의 잉글리스 배럭스(Inglis Barracks)와 켄싱턴 올림피아 근처의 블라이드 로드(Blythe Road)에 있는 블라이드 하우스(Blythe House)로 가야 한다. 영화에서는 대부분 이들 건물의 웅장하고도 칙칙한 외관이 등장했다.

켄싱턴에 간다면 런던 첩보문학의 중요한 장소인 해링턴 로드 50번지(50 Harrington Road)도 들르게 될 것이다. 현재 이곳에는 매력 없는 편의점이 들어서 있지만 2차 세계대전 전까지는 런던 주재 제정 러시아 대사관의 마지막 해군 무관, 니콜라이 월코프 제독이 차린 러시아 찻집이 있었다. 월코프의 딸 애나는 찻집 위층에서 조직된 친나치 단체 '라이트 클럽(Right Club)'의 비서였다. (그녀는 또한 윈저 공작부인으로 더 유명한 친나치 성향 인사 월리스 심슨의 재봉사였다.) 1939년에 애나는 미국 대사관의 암호부에서 근무하는 타일러 켄트라는 젊은이와 친해졌고, 그 직원은 그녀에게 비밀정보를 넘기기 시작했다. 그러나 조앤 밀러라는 이름의 영국국내정보국(M15) 요원이 라이트 클럽에 침투해 월코프의 신임을 얻은 뒤 공직자비밀엄수법 위반으로 러시아 찻집에서 체포당하게 만들면서 그녀의 스파이 활동도 막을 내렸다.

당시 어머니가 러시아 찻집에서 일한 관계로 애나의 체포 장면을 목격한 열한 살짜리 소년이 있었다. 레너드 시릴 데이턴(Leonard Cyril Deighton, 1929-)이라는 이름의 이 소년은 장차 커서 많은 첩보소설을 성공시킨 유명한 작가가 되었다. 그의 대표작 《입크레스 파일》은 해리 팔머라는 인물과 아주 멋지고 음산한 《압승(Game, Set and Match)》 3부작을 세상에 선사했다.

데이턴이 그려낸 전쟁으로 파괴되고 황폐화된 런던은 르 카레의 작품 속 모습보다 훨씬 더럽고 추잡할 것이다. 데이턴의 런던에서는 샬럿 스트리트의 비밀 극장에서 영화가 상영되고 불결한 소호의 클럽에서 사람들을 만난다 ('논스톱 스트립쇼'라는 글귀가 적힌 어느 클럽의 홍보판 가장자리에서는 작은 노란색 알전구가 '선정적으로' 깜빡거린다). 《입크레스 파일》에서 레스터 스퀘어는 세상의 중심이 아닌 추잡한 잡지를 파는 장소에 지나지 않는다.

“무슨 일이든 허용되는 런던에서는 지갑 주인이 따로 없다는 것만 명심하라.”

렌 데이튼

데이턴을 따라서 이런 악의 세계로 들어가는 게 내키지 않아도 걱정할 것 없다. 좀 더 즐거운 이야기들도 많기 때문이다. 그중에서도 데이턴이 음식을 추천하는 내용은 최고다. 예를 들면, 《런던 매치(London Match)》에서 인생을 즐기며 사는 인물 디키 크루이어에게 커피콩을 팔았던 미스터 히긴스의 손자에게서 실제로 커피를 사서 마실 수 있다. 그의 가게는 그로스브너 스퀘어 근처의 듀크 스트리트에 있다. 또한 《입크레스 파일》에 등장하는 윌턴 식당도 찾아갈 수 있다. 저민 스트리트에 있는 이 식당은 1742년에 문을 연 이후로 내내 번창하고 있다. 그러나 안타깝게도 《입크레스 파일》의 화자가 그라파(grappa, 포도로 만드는 이탈리아산 독주-옮긴이)를 마시러 가는 트라토리아 테라자는 방문할 수 없을 것이다. 소호의 로밀리 스트리트에 자리한 이 건물에는 현재 식당 체인점이 들어서 있다. 하지만 한때 이곳은 진짜 이탈리아 음식을 먹을 수 있는 식당으로 유명했다 (1960년대의 영국에서는 이런 식당이 정말 희귀했다). 데이턴은 바로 이곳에서 첫 소설의 대부분을 완성했다. 그는 이 식당에서 ‘신선한 파스타 몇 그릇으로 위안을 받았다’고 말했다. 또한 그와 마이클 케인이 만나 해리 팔머를 영화에서 어떻게 연기할지 의논한 곳도 바로 이 식당이었다. 데이턴은 훗날 이

스파이들의 실제 활동 장소

브로드웨이 54번지(54 Broadway)
(지하철역: St James's Park)
정문 앞 표지판에는 소화기 회사의 사무실이었다고 적혀 있지만 사실 이 건물은 1994년까지 영국국외정보국(M16) 본부였다. 건물 뒤편, 퀸 앤 게이트 21번지에 비밀 통로가 있어서 젊은 시절의 존 르 카레를 포함해 정보국 직원들은 이곳으로 몰래 드나들곤 했다.

앨버트 임뱅크먼트 85번지, 영국국외정보국(M16, 85 Albert Embankment)
(지하철역: Vauxhall)
현재 영국국외정보국 본부는 앨버트 임뱅크먼트 85번지에 있다. 소문에는 이 건물에 지하실이 5층까지 있고, (거금 1700만 파운드를 들여) '폭탄 폭발 저항 장치'를 갖춰놨으며, 화이트홀로 이어지는 비밀 터널이 있다고 한다.

버러 하이 스트리트 296-302번지(296-302 Borough High Street)
(지하철역: London Bridge)
1990년대까지 신입 요원들은 버러 하이 스트리트에 있는 이 평범한 건물로 파견되어 '비현장 기술'을 배웠다. 다시 말해, 이곳은 스파이 훈련소였다.

포틀랜드 플레이스 35번지(35 Portland Place)
(지하철역: Regent's Park, Great Portland Street)
이 무해한 조지 왕조풍 집에는 한때 실제의 큐 박사(Q, 007 시리즈에서 각종 희한한 장치를 만드는 인물-옮긴이) 들이 폭탄 쥐 같은 기이한 장치들을 만들어냈던 비밀 연구소가 있었다.

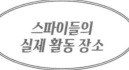

나이츠브리지의 성 삼위일체 교회 예배당
(Holy Trinity Oratory, Knightsbridge)
(지하철역: Knightsbridge)

오른편 문으로 성 삼위일체 교회 안으로 들어가면 바로 오른쪽으로 조그만 피에타 상이 보일 것이다. 거기서 왼쪽으로 두 개의 기둥 뒤편에 구소련의 스파이들이 냉전 시대 내내 비밀 연락 장소로 이용하여 카세트테이프와 마이크로필름을 숨겨두던 작은 예배당이 있다.

켄싱턴의 카페 다키즈(Café Daquise, Kensington)
(지하철역: South Kensington)

켄싱턴의 명소인 이 식당은 1947년부터 한결같은 맛의 따뜻한 폴란드 음식을 제공하고 있다. 이곳은 또한 '캠브리지 5인방'의 일원인 킴 필비와 도널드 매클린을 비롯해 많은 실제 스파이들이 꾸준히 애용해온 식당이기도 하다. 프러퓨모 스캔들(Profumo affair, 1963년 당시 국방장관이었던 존 프러퓨모가 나이트클럽 댄서이자 누드모델인 스무 살의 크리스틴 킬러와 부적절한 관계를 맺고 국가기밀을 누설하고 의회에서 위증한 혐의를 받다가 사임한 사건—옮긴이)의 스타이자 희생자인 크리스틴 킬러 또한 이 식당을 좋아해서 구소련의 비밀요원이자 애인이었던 예브게니 이바노프와 이곳에서 자주 식사를 했다.

세인트 제임스 스트리트 28번지의 부들스(Boodle's, 28 St James's Street)
(지하철역: Green Park)

런던에서 가장 오래된 회원제 클럽 중 한 곳으로 1782년부터 세인트 제임스 스트리트 28번지를 지키고 있는 부들스는 제임스 본드의 작가 이언 플레밍을 포함한 영국국외정보국 요원들의 보급지로 오랫동안 선호돼왔던 곳이다. 본드 시리즈에서 이 클럽은 엠(M)이 좋아하는 '블레이즈'라는 이름의 술집으로 등장한다.

만남에 대해 〈인디펜던트〉지에 이렇게 말했다. "지금도 믿기지 않죠. 하지만 이 영화가 개봉되기 전에 마이클은 아직 뜨지 못한 배우였고 나는 유명한 작가였지요. 물론 순식간에 그가 나보다 훨씬 유명해졌지만 잠시나마 내가 마이클보다 유명했을 때가 있었죠."

명성은 변화무쌍하다. 데이턴의 책들은 적어도 오래 읽힐 것이다. (어쨌든 우리가 아는 한) 데이턴은 실제 스파이도 아닌데 그와 같이 사실적이고, 분노가 뚜렷하게 드러나며, 감각적인 첩보소설을 쓴 작가는 거의 없다.

존 르 카레의 경우는 다르지만, 실제 스파이로 활동했던 이들이라고 해서 언제나 최고의 첩보소설 작가가 되는 것은 아니다. 최근 들어 가장 유명한 런던의 첩보원 출신 작가 중 한 명은 스텔라 리밍턴(Stella Rimington, 1935-)이다. 그녀는 영국국내정보국에서 30년 동안 근무하면서 비서에서 국장의 자리까지 오른 입지전적인 인물이다. 1992년부터 1996년까지 국장으로 재직하는 동안 정보국의 개방성을 높이는 데 주력한 스텔라 리밍턴은 재임 중이던 1993년에 국내정보국 요람 〈비밀정보국〉을 편찬해 처음으로 국내정보국의 상세한 활동과 작전 및 임무를 공개했다. 그러나 퇴직한 뒤 2001년에 작가로 전향해 회고록 《공공연한 비밀(Open Secret)》을 출간하면서 상황이 안 좋아졌다. 애석하게도 이 회고록은 대부분의 언론에서 '지루하다'는 혹평을 받았다. 그나마 첩보소설은 사정이 나았다. 처녀작 《위기(At Risk)》는 런던을 겨냥한 테러리스트의 공격을 저지하려는 영국의 작전을 중심으로 이야기가 전개된다. 〈가디언〉은 이 작품을 두고 '그녀는 마법의 버섯도 그렇고 실리 퍼티(silly putty, 동그란 공 모양의 장난감으로 던지면 튀어 오르기도 하고 고무찰흙처럼 여러 모양을 만들 수 있다-옮긴이)로 폭탄을 만드는 기술도 아주 멋지게 그려냈다'고 인정했다.

주요장소 주소

그리니치 천문대(Greenwich Observatory), SE10 (지하철역: North Greenwich; 기차역: Greenwich)

빅토리아 스트리트 16번지(16 Victoria Street), SW1 (지하철역: St James's Park)

바이워터 스트리트(Bywater Street), SW3 (지하철역: Sloane Square)

서식스 가든스(Sussex Gardens), W2 (지하철역: Paddington)

채링 크로스 로드 90번지(90 Charing Cross Road), W1D (지하철역: Tottenham Court Road)

해링턴 로드 50번지(Harrington Road 50), SW7 (지하철역: South Kensington)

추천도서

엘리자베스 보웬, 《한낮의 열기(The Heat of the Day)》

존 버컨, 《39계단》

G. K. 체스터턴, 《목요일이었던 남자》

조지프 콘래드, 《비밀첩보원》

렌 데이턴,《런던 매치》

이언 플레밍,《카지노 로열》,《골드핑거》

그레이엄 그린,《공포부(The Ministry of Fear)》

존 르 카레,《팅커, 테일러, 솔저, 스파이》,《추운 나라에서 온 스파이》

20

이민자와 국외 추방자들

Immigrants and Expats

고대 아테네 사람들은 대부분 자신들이 도시국가의 직계 혈통인 원주민이라고 믿었다. 런던에서는 이런 생각이 불가능했다. 런던은 늘 국외자들이 몰려들어 오랫동안 다양한 인종과 종교가 어우러진 도시였다. 이 책에 소개한 작가들과 인물들 중 소수만이 실제로 런던에서 태어난 데다 가문 전체가 런던에 오랜 연고가 있는 이들은 훨씬 더 적다. 정말이지 런던은 아주 오래 전부터 이민자들의 도시였다.

런던의 주된 방문객은 늘 프랑스 사람들이었다. 오늘날에도 보르도나 낭트 또는 스트라스부르보다 런던에 프랑스인들이 더 많다는 말이 심심찮게 들린다. 그러나 영국해협을 건너온 이들은 16세기에 종교 박해를 피해 프랑스를 도망쳐 나온 위그노교도들이 런던에 터를 잡은 후부터, 아니 어쩌면 1066년에 노르만족이 해럴드 왕을 죽이고 승리를 거둔 뒤 정복자 윌리엄이 런던에 터전을 세운 이후부터 런던의 음식에 대해 불평해왔다.

그러나 이 와중에도 오히려 이런 실정을 최대한 활용하기 위해 런던에 도착한 프랑스인이 있었으니, 다름 아닌 볼테르(Voltaire, 1694-

1778)다. 이 《캉디드(Candide)》의 저자는 1726년에 런던에 위세 좋게 도착하더니 (기이하게도) '근사한' 날씨가 아주 마음에 든다며 프랑스의 '지하 감옥'(좀 더 콕 집어 말하자면, 얼마 전까지 죄수로 갇혀 있었던 바스티유 감옥)을 탈출하길 잘했다고 말했다. 볼테르는 런던의 원즈워스(상세한 주소는 알려지지 않음)에 살면서 그 지역 퀘이커교 학교의 교사였던 에드워드 히긴슨과 라틴어로 물 세례식에 대해 논쟁을 벌이는 것을 좋아했다고 한다. 또한 드루어리 레인 극장에서 셰익스피어의 연극을 보고 당대의 유명한 여배우 앤 올드필드(Anne Oldfield, 1683-1730)에게 추파를 던지며 많은 시간을 보낸 덕분에 석 달 만에 영어를 수준급으로 구사하게 되었다. 볼테르는 여러 사교계 인사들을 비롯해 알렉산더 포프와 존 게이 그리고 아일랜드에서 런던을 찾은 조너선 스위프트(Jonathan Swift, 1667-1745)와 만났다. 하지만 1728년에 횡령과 수표 변조로 고발당한 뒤 의혹만 남긴 채 런던을 떠나면서 볼테르의 짧은 방문은 갑자기 끝나고 말았다.

1765년에 장 자크 루소(Jean-Jacques Rousseau, 1712-78) 또한 《사회계약론(The Social Contract)》과 《에밀(Emile)》의 출간으로 불상사가 일어난 뒤 영국해협을 건넜다. 그는 처음에 스트랜드 바로 근처의 버킹엄 스트리트 10번지에서 살았지만 그곳의 '검은 증기'에 질려 곧 치스윅으로 거처를 옮겼다. 불행히도 치스윅 역시 마음에 들지 않았던 루소는 1766년에 런던을 떠났다.

폴 베를렌(Paul Verlaine, 1844-96)은 런던을 좀 더 좋아했다. 1872

런던 최초의 아프리카 작가로 널리 알려진 이그나티우스 산초(Ignatius Sancho)는 (오늘날의 킹 찰스 스트리트) 찰스 스트리트 19번지에서 1773년부터 1780년에 세상을 뜰 때까지 식료품점을 운영하면서 담배와 설탕과 차를 팔았다. 그는 이전에 노예였지만 고전 교육을 받고, (작곡은 말할 것도 없고) 시와 희곡을 썼으며, 존슨 박사 및 로런스 스턴과 친구로 지냈고, 게인즈버러의 초상화 모델이 되기도 했다. 세상을 뜬 뒤 출간된 그의 편지들은 주요 베스트셀러가 되었다.

년 가을에 애인이자 동료 시인 아르튀르 랭보(Arthur Rimbaud, 1854-91)와 함께 방문했던 그는 런던을 '성서의 도시'라고 불렀다. 베를렌 커플은 현재 브리티시 텔레콤 타워 자리인 피츠로비아의 하울런드 스트리트 34번지에 보금자리를 마련했다. 랭보 또한 처음에는 런던에 호의적이었는데 특히 소호에서 맘껏 압생트를 마실 수 있는 것과 브리티시 라이브러리의 시설들을 좋아했다. 가난에 시달리는 시인 입장에서는 도서관에서 '난방과 조명은 물론 펜과 잉크까지 무료로' 이용할 수 있는 점이 꽤 마음에 들었던 모양이다. 그러나 애석하게도 랭보와 베를렌은 저녁으로 먹을 청어를 두고 언쟁을 벌인 끝에 결별한 뒤 1873년 5월에 런던을 떠났다. 1922년에 이들이 살았던 집 외벽에 명판이 붙었지만 베를렌의 이름만 적혀 있었다. 고상한 체하는 당국이 '도덕성의 이유'를 들어 랭보의 이름을 뺐기 때문이다. (이 명판이 붙고 얼마 지나지 않아 또 다른 작가이자 예술가 니나 햄넷이 이 집으로 이사를 들어왔다. 그녀는 이가 들끓고 쥐똥이 널려 있는 불결한 그곳에서 신문지를 침구 삼아 한동안 살았다.)

에밀 졸라(Emile Zola, 1840-1902)는 육군 장교 알프레드 드레퓌스를 억울하게 투옥시킨 부패와 반유대주의를 향해 '나는 고발한다'는 유명한 글을 기고한 뒤 실형을 선고받고 1898년에 런던으로 도피했다. 졸라는 수정궁에서 가까운 어퍼 노우드의 처치 로드에서 살았다. 하지만 졸라의 런던 시절과 관련해 가장 많이 떠도는 이야기는 포드 매덕스 포드가 전한 일화다. 포드는 하이드 파크에서 '침울한 표정으로 땅바닥을 쳐다보며 지팡이 끝으로 모래를 파내고 있는' 졸라를 목격했다. 결국 졸라는 1899년에 프랑스로 돌아갈 수 있게 되자 곧바로 귀국했다.

표도르 도스토옙스키 역시 수정궁과 부정적으로 연루된 적이 있었다. 1862년 7월에 런던을 방문한 그는 대영 박람회가 폐막된 지 11년이나 지난 후였는데도 대영 박람회를 가리켜 '전세계에서 런던으로 온 모든 사람들을 뭉뚱그려 단일한 군중으로 만들어놓은 끔찍한 완력'이라고 맹렬히 비난했다. 런던의 나머지 부분도 마음에 안 들기는 마찬가지였다. 헤이마켓에 간 도스토옙스키는 그 지역 사람들이 일요일에 밤부터 새벽 5시까지 깨어 있는 풍경과 수많은 매춘부들과 '그들의 딸들'을 보고 경악했다. 또한 어떤 사람이 로마 가톨릭 교회로 초청하는 전단지를 주면서 그곳에 있는 사람들의 '몰상식한 냉소주의'를 비난할 때도 큰 충격을 받았다. 화이트채플에 갔을 때는 '야만스럽게

반 벌거숭이 상태로 굶주려 있는 사람들' 때문에 더욱 화가 났다. 그는 '모두가 술에 취했다'고 불평했다. 어느 날 밤에는 길을 잃어 '침울한 사람들'이 우글거리는 동네를 헤매기도 했다. 이때의 인상은 도스토옙스키의 뇌리에 박혀 내내 그를 괴롭혔다. 결국 그는 런던을 영원히 떠났다. 런던에서 8일밖에 머물지 않았지만 그의 책《겨울에 쓴 여름의 기록(Winter Notes on Summer Impressions)》에서 한 챕터를 통째로 할애해 런던의 이야기를 담았다. 이 챕터의 제목은 구약성서에 나오는 거짓 신의 이름을 따서 '바알 신'이라고 붙였다.

런던에 왔던 모든 작가들이 이렇게 부정적이었던 것은 아니다. 특히 19세기에 물밀듯이 몰려오기 시작한 미국인들은 런던에 찬사를 보냈다. 랠프 왈도 에머슨(Ralph Waldo Emerson, 1803-82)은 1833년에 런던에서 머문 뒤 다음과 같이 말했다.

> "오늘날 런던이 상상력에 던져주는 최고의 미끼는 이토록 다양한 사람들과 환경 속에서 낭만적인 성향의 개인들이 존재할 여지를 주어 누구든지 시인이나 신비주의자나 영웅이 상대편과 맞서길 바란다고 믿게 만드는 것이다."

1849년에 런던에 도착한 허먼 멜빌(Herman Melville, 1819-91) 또한 즐거운 시간을 보냈다. 그는 스트랜드 근처 크레이븐 스트리트 25번지의 하숙집에서 지냈지만 멜빌에게 중요한 의미가 있었던 실제 장소는 타워 힐이었다. 그곳에서 그는 조잡하게 고래가 그려진 포스터를 목에 건 거지를 만났다. 포스터 속 고래는 그의 배를 파괴하고 신세를 망치게 한 고래였다. 그 순간《모비딕(Moby-Dick)》의 아이디어가 떠올랐다.

'사람들이 아주 감쪽같이 사라질 수 있는 곳이 세상에 두 군데가 있는데, 바로 런던과 남태평양이다'라고 말한 사람 또한 멜빌이다. 1897년에 미국의 많은 편집자들은 이 말을 너무 곧이곧대로 받아들였다. 순회강연차 런던을 찾은 마크 트웨인(Mark Twain, 1835-1910)은 내심 많은 돈을 벌어서 본국에 돌아가 빚을 갚을 수 있기를 바랐다. 그런데 미국에서는 그가 죽었다는 소문이 돌기 시작했다. 결국 〈뉴욕 저널(New York Journal)〉의 기자가 두 가지 전보를 지닌 채 테드워스 스퀘어에 있는 그의 집 문을 두드렸다. 첫 번째 전보에는 '마크 트웨인이 궁핍하게 죽어가고 있으면 500자로 써서 보낼 것', 두 번째 전보에는 '마크 트웨인이 궁핍한 상태로 사망했으면 1000자로 써서 보낼 것'이라고 적혀 있었다. 트웨인은 자신의 사망 오보 기사에 대해 '내 사망 기사는 과장됐다'고 말한 것으로 유명하다.

런던을 방문한 미국인 작가들의 명단에 없어서는 안 되는 인물이 바로 잭 런던(Jack London)이다. 그는 런던에서 보낸 시간을 바탕으로《밑바닥 사람들(The People of Abyss)》을 썼다. 그는 이 작품에서 '이런 게 최고의 문명국이 할 수 있는 것이라면 우리에게 벌거벗고 울부짖는 야만성을 달라'고 말했다. 잭 런던은 대부분의 시간을 런던 이스트엔드의 구빈원과 슬럼가에서 보냈다. 그 결과 (또 다른 이민자 겸 런던 거주자였던) 프리드리히 엥겔스가 1845년에 《영국 노동자 계급의 상황(The Condition of the Working Class in England)》을 출간한 이후로 대다수의 런던 시민들이 겪어야만 했던 끝도 없이 계속되는 가난을 보고 그런 엄청난 악담을 퍼부었다.

몇 년 후, 1860년대에 영국으로 다시 이주해 왔던 헨리 제임스(1843-1916, 미국의 소설가 및 비평가)는 나름의 런던 안내서를 집필하느라 고군분투했다. 그는 140쪽에 달하는 노트를 구입했지만 단편적인 메모로 36쪽밖에 채우지 못했다. 게다가 타워 브리지를 '흉측하고' 저속한 유물로 표현하는 등 여러 다양한 명소를 비난하는 내용이었다. 그는 또한 이렇게 적기도 했다. "런던에 대해 적당하거나 올바르게 말하기 어렵다. 이 도시는 유쾌한 곳이 아니다. 쾌적하지도 않고 상쾌하거나 편안하지도 않은 그야말로 비난을 피하기 어려운 곳이다. 이 도시는 그저 거대하기만 할 뿐이다. 런던은 전반적으로 가장 예상 가능한 삶의 형식을 드러낸다." 헨리 제임스는 또한 산책을 그다지 추천하지 않는다.

> "런던은 너무 단조로워서, 아니, 좀더 쉬운 영어로 말하자면 너무 볼품없어서 관찰력이 뛰어난 보행자는 기대하는 만큼의 즐거운 산책을 누릴 수 없다. 허름한 지역들은 너무 우중충하고 음울하며, 영국의 하층민들이 사는 곳은 야외 미관 따위는 기대할 수도 없어 일상의 풍경으로 삼기도 어렵다……반면에 스퀘어, 크레슨트, 로드, 가

든 등으로 표시되는 지역들은 너무 엄격하고 노골적일 정도로 고상한 티를 낸다……버킹엄 궁전은 애처로울 만큼 볼품없다. 세인트 제임스 궁전은 그나마 허세를 덜 부리기 때문에 조금 봐줄 만하다. 말버러 하우스(영국 왕실의 별궁)는 뜰에 숨겨져 있어서 어느 방향으로도 그 모습이 보이지 않는다."

여행안내서 저자들이란 이렇듯 변덕이 죽 끓듯 한다.

물론 20세기에도 미국인들은 계속해서 런던을 찾았다. 뉴잉글랜드 지방의 눈 덮인 시골에서 살았던 대시인 로버트 프로스트(Robert Frost, 1874-1963)마저도 보스웰 스트리트 35번지에 자리한 유명한 시 전문 서점을 방문했다. 당시 서점주인 해럴드 먼로는 로버트 프로스트에게 신발을 보고 그가 미국인임을 알아봤다고 말했다. 그러면서 로버트 프로스트에게 에즈라 파운드를 들어봤는지 물었다. 프로스트가 못 들어봤다고 대답하자 먼로는 그에게 꼭 파운드의 면전에서 그렇게 말하라고 알려주었다.

20세기에는 미국인 외에도 런던을 찾는 외국인들이 많아졌는데, 특히 카리브 해 출신들이 눈에 띄었다. 카리브 해 지역에서 맨 처음 런던을 찾은 작가에 속하는 진 리스는 급속히 가산이 기울고 있던 집안의 딸(서인도 제도에 이주한 백인의 자손)이었다. 그녀는 1916년에 도미니카를 떠나와서 처음에는 캠브리지의 퍼스 스쿨에서 기숙사 생활을 하다가 이후 영국왕립연극원으로 옮겨 두 학기를 지내면서 아주 강한 억

양의 영어 때문에 교사와 학생들에게 괴롭힘을 당했다. 리스를 떠올리면 1920년대의 파리가 자주 연상되지만 사실 그녀는 자금 상태에 따라 (그리고 당시 결혼한 배우자를 따라) 우중충한 하숙집을 거쳐 켄싱턴의 좀 더 예쁜 집에 살면서 런던에서 더 많은 시간을 보냈다. 그녀가 살았던 첼시의 폴턴스 스퀘어에 자리한 폴턴스 하우스에는 파란색 명판이 붙어 있다(새뮤얼 베케트가 살았던 곳과 같은 동네다). 진 리스는 처음 회색빛 하늘과 음산한 도로변의 런던을 보고 실망했던 일을 결코 잊지 못했다. 당시 그녀는 '런던은 춥고 깜깜한 꿈 같다'고 썼다. 그녀가 런던 사회의 속물근성과 부당한 대우뿐만 아니라 가난에 시달린 점을 고려하면 어느 정도 타당한 말이다.

카리브 해 출신의 흑인 작가가 쓴 것으로 영국에서 출간된 최초의 소설은 트리니다드 섬 출신의 시릴 라이어넬 로버트 제임스

런던을 오랫동안 떠나 있었던 진 리스는 처음으로 자신의 편집자 다이애나 앳힐을 만나서 거의 마무리단계에 들어간 걸작 《광막한 사르가소 바다》의 집필을 축하하기 위해 1964년에 다시 돌아왔다. 애초 계획은 리스가 머무는 호텔에서 함께 샴페인을 마시기로 했다. 하지만 호텔에 도착한 앳힐은 크게 당황한 여자지배인에게서 리스에게 심장마비가 왔다는 소리를 들었다. 따라서 앳힐은 병원에서 리스를 만나야 했다. 이후 건강을 회복한 리스는 1966년에 이 소설이 출간되는 것도 목격하고 마침내 자신의 천재성을 널리 인정받았다.

(Trinidadian C. L. R. James, 1901-89)의 1936년작 《박하 향이 나는 골목(Minty Alley)》이다. 1933년에 런던으로 이주한 제임스는 죽을 때까지 수년 동안 런던 안팎에서 거주하며 크리켓과 문화와 좌파 정치 등을 주제로 글을 썼으며 때로는 (서인도 제도의 크리켓을 설명한 책으로 유명한 《경계를 넘어(Beyond a Boundary)》처럼) 이 세 가지를 엮어 눈부신 작품을 탄생시켰다. 제임스는 1989년에 브릭스톤에서 사망했지만 그와 관련된 최고의 기념물은 해크니의 달스턴 레인에 있는 C. L. R. 제임스 도서관(C. L. R. James Library)이다. 제임스가 1985년에 개관식에 참석했던 이 도서관은 최근에 현대적인 건물로 거듭났다.

C. L. R. 제임스의 뒤를 이어 곧바로 자메이카 출신의 시인 제임스 베리(1924-)가 등장했다. 1940년대에 런던으로 이주한 그는 표준영어와 자메이카의 크리올어를 섞어서 글을 썼다. 제임스 베리는 훗날 이렇게 말했다. '런던과 내가 궁합이 잘 맞을 줄 알았다. 런던에는 책과 언제든 갈 수 있는 도서관들이 있었다'고 말했다.

새뮤얼 셀본(Samuel Selvon, 1923-94)은 더 나아가 1956년작 《외로운 런던 사람들(The Lonely Londoners)》에서 대화뿐만 아니라 서술까지 혼성영어를 사용하고 영국에 이주한 서인도인들을 집중적으로 그려 신기원을 열었다. 그는 처음에 표준영어로 이 책을 쓰기 위해 6개월 동안 고군분투하다가 돌파구를 찾아 언어를 바꿨다. 새뮤얼 셀본은 런던에 걸맞게 버스를 타는 것에 빗대어 이러한 과정을 설명했다. "나는 승객처럼 앉아서……언어가 글을 써나가게 했다."

"대니얼은 그에게 프랑스에서 어떻게 온갖 사람들이 책을 써서 베스트셀러를 만드는지 말하고 있었다. 택시기사, 수위, 거리 청소부 등등 직업이 뭐든 상관없었다. 어느 날 공장에서 땀을 뻘뻘 흘리며 일하던 사람이 다음 날에는 각종 신문에 이름과 사진이 실린 채 새로운 문학의 거장으로 불린다."

새뮤얼 셀본, 《외로운 런던 사람들》

1968년에 시인이자 대학교수였던 에드워드 브래스웨이트(Edward Brathwaite, 1930-)는 한 수필에서 《외로운 런던 사람들》이 출간되고 채 10년이 지나지 않아 '서인도 제도 출신의 유명 소설가들은 거의 모두가 런던에 왔다'고 말했다. 그는 또한 이런 소설가들이 1950년부터 100권이 넘는 책을 냈는데 영국 대중들은 이와 같은 공헌도의 가치를 거의 모르는 것 같다고 지적했다. 이에 대응하여 그는 (몇십 년 전 레너드 울프와 버지니아 울프의 집이었던) 메클렌버러 스퀘어에 있는 자신의 집에 카리브 예술 운동(Caribbean Artists Movements) 단체를 설립했다. 곧바로 〈뉴 레프트 리뷰〉의 설립자 스튜어트 홀(Stewart Hall, 1932-2014) 같은 다른 유명 인사들도 합류했다. 이후 이 단체는 브릭스톤에 터를 잡고 활동하면서 자메이카 출신의 흑인 시인으로는 최초로 펭귄 클래식에서 책을 출간한 린튼 퀘시 존슨(Linton Kwesi Johnson, 1952-) 같은 젊은 작가들에게 큰 힘이 돼줬다.

트리니다드토바고 출신의 비디아다르 나이폴(V. S. Naipaul, 1932-)

은 오히려 독자적인 길을 가고 있었다. 그는 이렇게 말했다. "나는 [1954년에] 런던에 왔다. 나에게 런던은 세상의 중심이었기 때문에 이곳에 오기 위해 열심히 일했다. 그리고 나는 패배했다." 정말로 그가 패배를 했든 안 했든, 2001년에 그에게 노벨 문학상을 안겨준 책들의 대부분은 런던에 살 때 출간된 것들이었다.

20세기 말에도 런던에 사는 인도 아대륙의 이민자 출신 가정의 경험을 다룬 책들이 봇물처럼 쏟아졌다. 그 가운데서도 하니프 쿠레이시(Hanif Kureishi, 1954-)의 《시골뜨기 부처(The Buddha of Suburbia)》에 나오는 가정은 특히 재밌다. 이 소설의 주요 배경인 브롬리는 '비참한 언데드(undead)'들의 고향으로 물에 빠져 죽어가는 사람들이 자신들의 삶 대신 눈앞에 있는 이중 유리창의 빗물막이 장치를 보는 곳이다. 주인공 카림 마미르와 그의 아버지가 베커넘 하이스트리트의 랫과 패럿에서 목격하는 폭발적인 예술과 음악을 묘사하는 대목은 더욱 돋보인다. 쿠레시시는 실제로 데이비드 보위(David Bowie, 1947-2016)와 그가 1960년대 말에 베크넘에 설립한 베크넘 예술 연구소를 높이 평가했다.

제이디 스미스(Zadie Smith, 1975-) 또한 압도적인 작품 《하얀 이빨(White Teeth)》과 《북서부(NW)》에서 애정 어린 시선으로 런던 북서부의 교외지역인 윌러스덴을 유머 넘치게 담아냈다. 그녀는 이들 작품에서 다양한 이민자 가정과 함께 '무슨 이유 때문인지' 부드러운 백사장과 에메랄드빛 바다가 있는 고국에서 아주 먼 런던 북서부 지역으로 온 뒤 술집에서 일하며 혼란스러워하는 호주 사람들을 그렸다.

런던의 중심부에 가까이 다가간 모니카 알리(Monica Ali, 1967-)는 2003년작《브릭레인(Brick Lane)》에서 방글라데시 이민자들을 그려 부커상 최종후보에 올랐다. 물론 이보다 한참 전에 인도계 영국인으로 런던에 거주하는 살만 루시디(Salman Rushdie, 1947-)가《한밤의 아이들(Midnight's Children)》로 부커상을 수상했다. 참고로 이 작품은 살만 루시디가 워털루의 광고대행사 오길비 앤 매더에서 일할 때 쓴 소설이다. 당시 그는 소설만큼은 아니지만 나름 유명한 '공기방울을 거부할 수 없는(irresistibubble, 공기방울이 가득 들어 있는 초콜릿의 특성에 착안해 irresistible에서 -ible 대신에 bubble을 붙여서 만든 광고 카피로 30년이 지난 지금까지도 쓰이고 있다-옮긴이)'이라는 에어로 초콜릿의 광고카피도 만들어냈다. 결국 여러 종류의 사람들이 모여 세상을 만든다.

주요장소 주소

하울런드 스트리트 34번지(34 Howland Street), Fitzrovia, W1T (지하철역: Goodge Street)

크레이븐 스트리트 25번지(25 Craven Street), WC2N (지하철역: Embankment)

메클렌버러 스퀘어 37번지(37 Mecklenburgh Square), WC1N (지하철역: Russell Square)

폴턴스 하우스(Paultons House), 289 King's Road, SW3 (지하철역: Sloane Street)

킹 찰스 스트리트 19번지(19 King Charles Street), SW1A (지하철역:

Westminster)

추천도서

모니카 알리, 《브릭레인(Brick Lane)》

표도르 도스토옙스키, 《겨울에 쓴 여름의 기록(Winter Notes on Summer Impressions)》

C. L. R. 제임스, 《박하 향이 나는 골목(Minty Alley)》, 《경계를 넘어(Beyond a Boundary)》

잭 런던, 《밑바닥 사람들》

새뮤얼 셀본, 《외로운 런던 사람들(The Lonely Londoners)》

제이디 스미스, 《하얀 이빨》, 《북서부(NW)》

볼테르, 《캉디드》

21

괴물과 묵시록 기록자들

Monsters and Apocalyptics

조지프 콘래드의《암흑의 심장》에서 화자는 '이 땅도 세상의 어두운 곳들 중 하나였다'고 말한다. 말로는 바다로 뻗어 있는 템스 강을 내려다보면서 '아주 오랜 옛날, 1900년 전에 로마인들이 처음 이곳에 왔을 때'를 생각한다. 그러나 그는 문명의 덧없음도 곱씹는다. "우리는 아주 잠깐 살다 갈 뿐이다. 오래된 세상이여, 부디 오래오래 이어지기를! 그러나 어제 어둠이 찾아왔다……."

작가들은 어둠이 내일도 찾아올 수 있다는 것을 깨닫기 시작했다. 말로가 문명 이전의 런던을 생각했듯, H. G. 웰스는 런던의 종말을 상상하고 있었다. 그는《우주전쟁(The War of the Worlds)》에서 화성인들에게 파괴되어 검게 그을린 채 연기를 내뿜는 폐허 상태의 런던을 그렸다.

1897년에 출간된 웰스의 이 걸작은 공상과학소설의 신호탄 역할을 한 동시에 런던의 침공을 그려온 작가들의 전통을 더욱 탄탄하게 이어주었다.

기이하게도 런던을 맹렬히 공격하는 이러한 풍습은 스위스의 제네바 호수변에서 시작됐다. 1816년에 메리 셸리와 그녀의 남편 퍼시 셸리 그리고 친구 존 폴리도리는 바이런이 살고 있는 호화로운 빌라 디오다티를 방문했다. 그해 여름에는 지구 반대쪽의 탬보라 화산이 폭발하면서 생긴 먼지구름 때문에 춥고 궂은 날씨가 이어졌다. 어쩔 수 없이 집 안에만 머물게 된 메리 일행은 어떻게든 지루함을 달래기 위해 아편팅크를 마시며 누가 가장 오싹한 유령 이야기를 들려주는지 시합을 벌였다. 바이런은 자기 차례가 오자 발칸 반도에서 들었던 도시 괴담과 흡혈귀 이야기를 꺼냈다. 그리고 폴리도리는 이때 들었던 바이런의 이야기를 바탕으로《뱀파이어(The Vampyre)》를 써서 1819년에 발표했다.《뱀파이어》에 등장하는 태생을 알 수 없는 남자 러스벤 경은 런던 사교계의 최고 명사들을 유혹하고……그들의 피를 빨아먹는다. 이 소설에 영감을 받아 수십 편의 뱀파이어 아류작이 탄생됐다.

메리 셸리의《프랑켄슈타인(Frankenstein; or, The Modern Prometheus)》 또한 같은 이야기 시합을 계기로 집필된 작품으로 많은 작가들에게 영감을 줬다.《프랑켄슈타인》의 주요 배경은 제네바 호수변이지만 그녀의 후기작 중 하나로서 1826년에 발표된《최후의 인간(The Last Man)》은 라이오넬이라는 인물이 21세기 말에……그리고 인류의 종말을 맞아 런던을 빠져나가는 이야기를 들려준다. 라이오넬은 런던의 여러 명소들을 방문하는데 그중에서도 특히 역병이 덮치기 전에 들른 드루어리레인 극장에서 감정을 자극하고 징조로 가득한 〈맥베스〉 공연을 관람한다. 곧이어 찾은 웨스트민스터 사원에서는 서둘러 개봉한 지하 납

골실로 성가대원이 떨어져 죽고 불쌍한 이 소년에게 '한두 마디 기도문을 웅얼거리는 장면'을 목격한다. ('앞서 간 수천 명의 사람들의 거처인 [이 납골실은] 이제 장례식을 수행한 모든 사람들마저 받아들이기 위해 입을 크게 벌리고 있다'). 눈을 떼지 못하게 하는 이 소름끼치는 소설에서 메리는 '고요한 거리'마다 귀신이 나올 것 같으며 '길들이기 힘든 슬픔'이 덮친 '무시무시한 시절'의 런던을 그리고 있다. 이후 많은 작가들이 기꺼이 이런 런던의 풍경을 본떠왔다.

> "런던의 인구는 1천 명이 넘지 않았다. 그리고 이 수치마저도 계속해서 줄어들고 있었다. 런던에 남은 사람들은 대부분이 변화를 꾀하고자 시골에서 올라온 이들이었다. 정작 런던에 살던 사람들은 시골을 찾아 떠났다. 붐비던 런던의 동쪽 지역은 고요했다. 보이는 것이라고는 절반은 탐욕 때문에, 절반은 호기심 때문에 창고마다 약탈이 아닌 뒤짐을 당해 값비싼 인도산 물품들과 값나가는 숄, 보석, 향신료 등이 포장이 뜯겨진 채 바닥에 흩뿌려져 있는 광경뿐이었다."
>
> 메리 셸리, 《최후의 인간》

《최후의 인간》이 발표되고 1년이 지난 1827년에 제인 루던(Jane C. Loudon)은 《미라!(The Mummy!)》라는 제목의 소설을 출간했다. '21세기의 이야기'인 이 작품은 작가가 실제로 1821년에 피카딜리 인근의 한 극장에서 열렸던 '이집트 미라의 붕대를 푸는 쇼'를 보고 일정 부분 영감을 받아서 집필한 것이다. 하지만 다음과 같은 《프랑켄슈타인》 속 문장에서 이 작품이 시작됐다. "미라가 다시 살아난다고 해도 이 악마 같은 놈만큼 소름끼칠 리 없었다."

루던은 분명 미라가 프랑켄슈타인만큼 무시무시할 수 있다고 생각한 것 같다. 그래서 《미라!》에서 붕대를 칭칭 감은 시체를 살아 움직이게 한다. 첩스라는 이름의 이 '악마'는 이승으로 돌아와서 대부분의 시간을 정치와 인권에 대해 충고하는 일에 쓴다(이런 점 때문에 이 소설은 매혹적인 초기 공상과학소설로 불릴 뿐만 아니라 선구적인 초창기 페미니즘 작품으로 꼽힌다).

1840년대에 런던 사람들이 '통속적인 싸구려 소설'을 더 많이 찾기 시작하자 괴물들이 다시 흉측한 머리를 쳐들었다. 이런 소책자들의 유행은 새로운 현상이 아니었다. 런던에서는 16세기부터 선정적인 광고와 기사들이 유포되면서 많은 인기를 끌며 악마나 마녀 또는 극악무도한 살인자들이 등장하는 충격적인 이야기들을 좋아하는 대중들의 욕구를 채워줬다. 그러나 19세기 중반에는 인쇄비용이 싸진 틈을 노려 출판업자들이 돈을 더 벌기 위해 책의 분량을 늘리면서 이러한 이야기들이 부활의 조짐을 보였다. (매주 1회분의 이야기가 실리는) 인기 있는 '통속잡지'가 나오는 날마다 가게는 들떠서 제멋대로 구는 손님들의 행렬로 몸살을 앓았다. 작가 조지 살라(George A. Sala, 1828-95)는 이들 이야기들의 주제에 대해 다음과 같이 설명했다. "활동을 멈춘 귀족,

살인을 저지르려는 준남작, 독성학 연구에 몰두하는 귀족 부인, 집시와 도둑 두목, 복면을 한 남자와 단도를 품은 여자, 납치된 아이들, 쭈글쭈글한 노파, 비정한 도박꾼의 세계를 그린다."

당시 특히 인기를 끌었던 연재물은 제임스 맬컴 라이머(James Malcolm Rymer)와 토머스 페킷 프레스트(Thomas Peckett Prest)의 〈뱀파이어 바니(Barney The Vampire)〉였다. 연재를 마칠 무렵 이 이야기의 분량은 876쪽에 달했다. 제목에서 예상했겠지만, 줄거리는 런던의 거리에 잇달아 흡혈귀가 나타난다는 내용이다. (라이머와 프레스트는 또한 바니에게 송곳니, 최면을 일으키는 눈, 초인간적인 힘 등 장차 흡혈귀 전설의 핵심이 될 여러 능력들을 부여했다.)

1885년에 리처드 제프리즈(Richard Jeffries)는 《런던 이후(After London)》에서 런던을 물속에 가라앉혀 또 하나의 인기 소재를 선보였다. 이 작품에서 (불분명한 이유로) 문명이 붕괴된 런던은 유독한 늪 속에 잠긴다. 다음은 이 소설의 주인공이 카누를 타고 런던이 있던 자리를 지나가는 장면으로 물에 잠긴 도시의 모습이 생생하게 묘사돼 있다.

> "……그는 이제야 마침내 자신의 처지를 깨닫기 시작했다. 검게 그을린 돈 더미를 발견하는 순간 기억이 물밀듯 되살아났다. 이 해골들은 옛날에 가장 강력했던 도시가 가라앉은 죽음의 늪으로 고대 보물을 찾아 모험에 나섰던 사람들의 비참한 자취였다. 사람이 살지 않는 완전히 멸망한 도시, 런던이 그의 발 아래에 있었다."

아아, 슬프도다!

이듬해 또 다른 괴물이 런던을 돌아다니며 흉측한 표정을 지은 채 지팡이로 무고한 사람들을 후려치자 훨씬 더 무시무시했다. 이런 모습은 로버트 루이스 스티븐슨(Robert Louis Stevenson)의 《지킬박사와 하이드(The Strange Case of Dr Jekyll and Mr Hyde)》에 나오는 이중인격 주인공의 바람직하지 않은 절반의 인격에서 비롯된 것이었다.

잘 알다시피, 하이드 씨는 소호의 '악몽에 나오는 도시의 어느 지역처럼……진흙투성이 길에 부정한 사람들이 오가는……음산한 동네'에 산다. 이 소설 속에 등장하는 런던의 다른 지역들도 별반 나을 게 없어서 런던의 녹지공간조차 피난처 구실을 거의 못한다. "리젠츠 파크는 겨울새들의 지저귀는 소리가 넘쳐나는 가운데 향긋한 봄의 향기가 실려 왔다. 나는 벤치에 앉아 햇빛을 쬐었다. 내 안에 있는 동물이 추억을 떠올리며 입맛을 다셨다."

하이드 씨가 나타나 불안에 떨게 한 지 채 2년도 지나지 않아 잭 더 리퍼가 이스트엔드에서 한바탕 살인을 저지르기 시작했다. 이번에 등장한 괴물은 너무나 현실적이었고 소설과 달리 해피엔딩을 용납하지 않았다. 그의 범죄가 처벌을 당하지 않으면서 이후 끊임없이 그와 관련된 음모 이론과 영화와 소설들이 등장했고 급기야 앨런 무어(Allan Moore, 1953-)의 《프롬 헬(From Hell)》이 탄생됐다.

젊은 여성들을 좋아하고 잔인하게 손발을 절단하는 잭 더 리퍼의 성향은 역대 가장 유명한 공포 소설인 브램 스토커(Bram Stoker)의 《드라큘라(Dracula)》에도 영향을 미쳤다. 스토커는 스트랜드 바로 인근에 있는 (현재 디즈니의 〈라이언 킹〉 런던 제작사인)헨리 어빙의 라이시엄 극장에서 흥행주로 일할 때 《드라큘라》를 썼다. 그는 1870년대 말에 런던으로 이주해 첼시의 앨버트 브리지 인근에 위치한 체인 워크 27번지에서 살았다. 어느 날 스토커는 템스 강에서 물에 빠져 허우적거리는 남자를 보고 강물로 뛰어들어 그를 물 밖으로 끌어낸 뒤 그를 추슬러 자신의 집으로 데려갔다. 그런데 불행히도 이 남자는 체인 워크에 도착했을 때 숨이 끊어지고 말았다. 스토커가 이 남자를 부엌 식탁에 눕히는 순간 스토커의 아내가 들어왔다. 밥을 먹는 식탁에 시체가 있는 것을 보고 당황한 그녀는 더 이상 단 한 순간도 그 집에 있으려고 하지 않았다. 그래서 이들 부부는 다른 거처를 찾아봐야만 했다.

이런 문제들만 빼면 런던이라는 도시는 브램 스토커의 가장 유명한 작품을 낳게 해준 곳이자 아일랜드 출신의 이 젊은 작가에게 활기를 북돋아준 곳이었다. 드라큘라는 소설 속에서 조너선 하커에게 이렇게 말한다. "나는 당신네들의 막강한 런던의 번화가를 지나 인간이 소용돌이치고 감정이 격렬히 타오르는 현장에 가서 그들의 삶과 변화와 죽음 등 인간이 겪는 모든 것들을 함께 하고 싶다."

그리고 드라큘라는 여러 모로 인간과 평생을 함께한다. 하커는 처음에 드라큘라에게 런던의 동쪽 끝에 자리한 (레인필드라는 수용자가 파리를 즐겨 먹는 정신병원 근처인) 퍼플릿에 거처를 마련해 주지만 결국 드라큘라는 런던의 중심가에 정착한다. 하커는 피카딜리를 걸어가다가 예쁜 아가씨를 뚫어져라 쳐다보고 있는 '키가 크고 마른 남자'를 보고 기겁을 한다. "그의 얼굴은 선한 얼굴이 아니었다. 굳은 표정의 잔인하고 음탕한 얼굴이었다……."

드라큘라는 피카딜리에서 상류층과 어울릴 뿐만 아니라 이스트엔드의 화이트채플과 (우연치 않게도) 잭 더 리퍼의 사냥터 주변을 어슬렁거린다. 드라큘라 때문에 런던 동물원에서 늑대 한 마리가 탈출한다. 또한 그의 '노예' 루시 웨스튼라는 밤에 아이들을 햄스테드 히스로 유인해 피를 빨아먹는다. 드라큘라는 흙이 든 상자들을 버몬지의 자메이카 레인으로 보낸다. 등장인물들은 해러즈 백화점에서 쇼핑을 한다. 드라큘라는 그린 파크와 (다우 스트리트 인근에 있는 '주니어 아테네움 클럽'을 모델로 삼은 것 같은) '주니어 컨스티튜셔널 클럽'이 내려다보이는 집을 얻는다. 드라큘라는 여기저기 명소들을 돌아다니는데, 소설은 그가 이렇게 익숙한 장소들을 침범하는 대목에서 엄청난 힘을 이끌어낸다. 드라큘라의 런던은 즉시 알아볼 수 있다. 유명한 거리를 오가는 그의 흐릿한 형체는 그를 더욱 더 진짜처럼 보이게 하는 동시에……아주 낯선 사람처럼 보이게 만든다.

H. G. 웰스 또한 앞서 소개한 작품이자 《드라큘라》와 같은 해에 발표한 《우주전쟁》에서 익숙한 것과 충격적인 것을 적절히 섞었다. 실제로 웰스의 소설에서 외계인의 침공은 맨 처음 (당시 그가 살고 있던) 서리(Surrey)의 워킹(Woking) 인근 공터에서 시작된 뒤, 곧이어 템스 강으로 이동하여 햄튼 코트 궁전을 지나 트위크넘(Twickenham)과 리치

몬드(Richmond, 화자는 이곳의 다리가 화성의 붉은색 잡초로 뒤덮인 것을 목격한다)를 거쳐 로햄튼(Roehampton)과 쉰(Sheen)으로 이어진다. 그리고 여기서 화자는 어느 집 지하에서 며칠 동안 숨어 있다가 나온 뒤 안전하고 오래된 동네로 지체 높은 사람들이 살았던 퍼트니에서 '대폭풍이 지나가 초토화된 광경'을 목격한다.

이후 화자는 강을 조심조심 건너 첼시로 간 뒤 켄싱턴에 도착한다. 웰스는 친구에게 보낸 편지에서 매우 들뜬 어조로 '색다른 잔혹함의 진수를 보여주기 위해' 특별히 이 지역을 선택했다고 말했다. 그의 말마따나 이 동네 사람들은 샴페인을 마시다가 목숨을 잃는다. 또한 이곳에서 화자는 자연사박물관에 아주 가까이 왔을 때 처음으로 죽어가는 화성인들의 울음소리를 듣는다. 그는 삼각대처럼 생긴 화성인들의 장치가 텅 빈 상태로 황폐화된 거리 위로 높이 솟아 있는 것을 보고 외계인들이 결국 패배했음을 깨닫기 시작한다. 화자는 곧바로 프림로즈 힐로 이동해 산산조각 난 도시를 한참 동안 내려다본다. 리젠츠 파크의 '녹색 물결' 너머로 '들쭉날쭉하게 부서진' 웨스트민스터 사원과 서쪽 부분에 '아주 커다란 구멍이 생겨' 떠오르는 태양과 대조적으로 어두컴컴한 세인트 폴 대성당의 돔이 보인다.

"일요일 밤에 다 잊고 죽은 듯 잠자리에 들었던 런던은 생생한 위기감을 느끼고 월요일 이른 새벽에 깨어났다."

H. G. 웰스, 《우주전쟁》

이와 같은 충격적인 광경이 등장하고 난 뒤 런던을 배경으로 하는 소설마다 런던을 반이상향과 종말을 맞은 도시로 그렸다. 이후 파괴되거나 변화된 런던을 담은 책들이 수백 권이나 나왔고 그중 상당수가 명작이 되었다.

그중에서도 단연 으뜸은 '제1 활주로'의 수도로서 빅브라더의 감시를 받고 전쟁과 전체주의의 만행으로 피폐해졌지만 여전히 알아볼 수 있는 반이상향적인 런던을 그린 《1984(Nineteen Eighty-Four)》다. 이 소설에서 트라팔가 광장은 승리 광장으로 등장한다(2장 참조). 말레 스트리트의 (런던대학교의 일부인) 거대한 평의원 회관은 진리부가 되었다(이는 2차 세계대전 때 이곳에 차려진 정보부에서 오웰의 아내 에일린 블레어가 몇 년 동안 근무했던 데에서 영향을 받아 설정된 대목이다). 101호는 오웰이 재직할 때 정치 기사 원고 때문에 끝없이 계속되는 회의를 견디며 앉아 있었을 포틀랜드 플레이스의 BBC 방송국 내 장소를 본뜬 것이다.

《1984》는 1949년에 출간됐다. 오웰의 섬뜩한 미래상이 공개되고 2년 후에 발표된 존 윈덤(John Wyndham, 1903-69)의 《트리피드의 날(The Day of the Triffids)》에서는 런던이 좀 더 편안한 재앙을 맞는다. 이 소설에서는 유성에서 뿜어져 나온 초록빛에 대다수의 시민들이 시력을 잃으면서 런던은 무정부상태가 돼버린다. 설상가상으로 트리피드라는 이름의 거대한 식충식물들이 사방으로 퍼져나가기 시작한다. 이 소설에서도 런던대학교의 평의회 회관은 또 다시 결정적인 역할을 한다. 하지만 이번에는 좀 더 자애로운 역할로 등장한다. 평의원 회관 지붕에서 반짝이는 빛은 (주인공 빌 메이슨과 그가 리젠트 스트리트 중간 지점에서 만난 그의 연인 조셀라를 포함해) 시력을 잃지 않은 소수의 사람들에게 안전한 만남의 장소를 알려줘 결국 이들이 런던을 탈출해 새로운 삶을 꾸려갈 수 있게 해준다.

1956년에 발표된 존 크리스토퍼(John Christopher, 1922-2012)의 《풀의 죽음(The Death of Grass)》은 치명적인 식물균의 개념을 뒤엎는다. 이 소설에서는 식물이 부족하다는 게 문제가 된다. '청리(Chung-Li) 바이러스'가 모든 작물과 풀에 퍼지면서 세계는 식량 위기에 처한다. 영국 정부는 소수의 사람들을 보호하고 먹이기 위해 나머지 사람들을 모두 죽이기로 결정하고 가련한 런던에 수소 폭탄을 떨어뜨릴 계획을 세운다. 교외 지역에 방어벽이 설치되고, 런던의 에이원(A1) 지역에서는 총격전이 벌어지며, 소설의 주인공은 북쪽으로 도망친다.

런던을 버리고 도망가는 것은 핵무기 시대의 인기 있는 설정이었지만 종말 후의 런던은 단지 탈출하는 장소로만 그려진 것은 아니다. 제임스 그레이엄 밸러드(J. G. Ballard)가 만들어낸 가장 유명한 등장인물들의 대부분은 이러한 혼돈을 적극적으로 받아들인다.

공상과학소설계의 현자 밸러드는 셰퍼튼의 올드 찰스턴 로드에 두 채를 이어지은 자신의 집에서 리처드 제프리스의 뒤를 이어 물에 잠긴 런던을 그린 《물에 잠긴 세계(The Drowned World)》를 쓰고 있었다. 1962년에 발표된 이 작품에서는 대재앙 이후 살아남은 일부의 사람들이 버려진 리츠 호텔에서 아주 즐겁게 떠들고 놀며 물에 잠긴 런던 중심가의 명소들을 배를 타고 지나간다. 주인공 케런스 박사는 런던에서 물을 빼내고 쓰레기를 치우려고 하자 오히려 화를 낸다.

그 외에도 밸러드의 《크래시(Crash)》에서는 사람들이 웨스트웨이 인근과 히스로 공항 주변의 콘크리트로 뒤덮인 황폐한 지역에서 일어난 자동차충돌을 기꺼이 받아들인다. 또한 《하이라이즈(High-Rise)》에서는 런던의 동쪽 변두리 지역에 자리한 초고층 아파트가 야만의 상태로 되돌아가는 이유가 더 많은 파티를 벌이기 위한 구실로만 비춰진다.

그러나 킴 뉴먼(Kim Newman, 1959-)이 1992년에 쓴 런던 배경의 대체역사물 《아노 드라큘라(Anno Dracula)》에서 드라큘라 백작과 그의 아내 빅토리아 여왕 주변에 모여든 괴물들과 정치가들 그리고 방탕한 귀족들은 더욱 쾌락적이다. 버킹엄 궁전은 피가 낭자한 술판의 장이 되고, 잭 더 리퍼는 뱀파이어 매춘부를 잇달아 죽이며, 지킬 박사와 하이드 씨, 또한 오스카 와일드와 베아트릭스 포터 그리고 수십 명의 다른 반영웅들, 작가들, 그리고 빅토리아시대 런던의 망나니들이 등장한다.

그러나 《브이 포 벤데타(V for Vendetta)》의 주인공은 뒤집힌 세상에서 자유를 만끽할 수 있는 인물이 아니다. 앨런 무어의 유명한 '브이'는 웃는 얼굴이 그려진 하얀색 가면을 쓰고 1982년에 만화에서 처음으로 등장했다. 그러나 가면 속 미소는 가짜다. 브이는 화가 나 있다, 그것도 아주 많이. 핵전쟁 이후의 세상에서 파시스트들이 정부를 장악했고 폭력으로 혼란을 일으키는 것만이 유일한 저항 방법이다. 브이는 국회 의사당을 파괴할 음모를 꾸미고 우체국 탑 같은 명소들을 폭파한다. 그는 어둠이 짙게 드리운 위험한 런던을 누비고 다니며 빅토리아 기차역 아래의 지하 은신처, 섀도 갤러리에 산다.

지하세계 런던은 1990년대 중반에 출간된 닐 게이먼(Neil Gaiman, 1960-)의 명작 《네버웨어(Neverwhere)》에도 등장한다. 이 책은 '세상에 생긴 틈으로' 떨어져 결국 원래의 도시 아래에 있는 대안 도시에 살게 된 사람들의 이야기다. 게이먼은 지하철을 타고 오갈 때마다 자문하곤 했던 질문들을 바탕으로 이 작품을 썼다. 얼스코트 역(Earl's Court Station)에는 진짜 백작(earl)이 있을까? 다운 스트리트(Down Street)는 얼마나 아래로 내려가야 할까? ('다운 스트리트'는 메이페어에 있는 폐기된 역으로 윈스턴 처칠의 전시 벙커로 이용됐던 곳이다.)

좀 더 최근 사례를 들자면, 루이즈 웰시(Louise Welsh, 1965-)는 2014년 작 《타오르는 멋진 방법(A Lovely Way to Burn)》에서 새로운 형태의 역병으로 런던을 초토화한다. 런던은 또한 매기 지(Maggie Gee, 1948-)의 2004년 작 《홍수(The Flood)》와 윌 셀프(Will Self)의 2006년 소설 《데이브의 책(The Book of Dave)》에서도 물바다가 된다.

이렇게 문학은 런던을 물에 잠긴 폐허와 암흑에 갇힌 곳처럼 태초의 상태로 되돌려놓는다. 그리고 그곳에 살던 모든 사람들, 모든 추억, 모든 말과 책들은 무(無)로 돌아간다……

감사의 말과
추가 참고도서 목록

휴 바커와 가브리엘라 네메스 그리고 마이클 오마라 북스의 모든 이들과 수전 스미스와 엠비에이 출판에이전시의 모든 친구들에게 감사의 말을 전한다. 또한 우리에게 비트족과 20세기 후반에 런던에 존재했던 근사한 것들과 관련해 좋은 정보를 준 스티브 핀보우에게 감사드린다. 아울러 앞선 세대 작가들의 연구와 노고가 없었다면 이와 같은 책을 쓸 수 없었을 것이다. 우리는 원작 소설과 희곡과 시와 일기뿐만 아니라 빼어난 여러 런던 안내서들의 도움을 받았다. 다음은 그중에서 가장 유용하고 재미있는 책들을 추려서 소개해놓은 것이다. 이 책들에도 경의를 표하며 감사의 마음을 전한다.

추가도서 목록

- 피터 애크로이드(Peter Ackroyd), 《런던(London: A Biography)》
- 해럴드 블룸(Harold Bloom), 《블룸의 런던(Bloom's London)》
- 이언 커닝엄(Ian Cunningham), 《작가가 쓴 문학의 도시 런던 안내서(A Writer's Guide to Literary London)》

- 에드 글리너트(Ed Glinert), 《런던 문학 기행(A Literary Guide to London)》; 《런던 개요서(The London Compendium)》, 《웨스트엔드 연대기(West End Chronicles)》
- 러디거 고너(Rudiger Gorner), 《파편적인 런던(London in Fragments)》
- 대니얼 한(Daniel Hahn)과 니컬러스 로빈스(Nicholas Robins), 《옥스퍼드의 문학의 나라 영국 안내서(The Oxford Guide to Literary Britain)》
- 스티븐 할리데이(Stephen Halliday), 《베이커 스트리트 221번지부터 골동품점까지(From 221B Baker Street to the Old Curiosity Shop)》
- 배리 마일즈(Barry Miles), 《런던 콜링(London Calling: A Countercultural History of London Since 1945)》
- 애나 퀸들런(Anna Quindlen), 《상상의 런던(Imagined London)》
- 데이비드 존 테일러(David John Taylor), 《산문 제작소(The Prose Factory)》
- 버지니아 울프, 《런던 풍경(The London Scene)》

놓쳐서는 안 될 특정한 시기와 학파 그리고 특정한 작가들에 관한 책

- 피터 애크로이드, 《블레이크(Blake)》
- 알렉산더 라먼(Alexander Larman), 《타오르는 별(Blazing Star: The Life and Times of John Wilmot, Earl of Rochester)》
- 허마이어니 리(Hermione Lee), 《버지니아 울프(Virginia Woolf)》
- 앤드류 리셋(Andrew Lycett), 《러디어드 키플링(Rudyard Kipling)》
- 버지니아 니컬슨(Virginia Nicholson), 《보헤미안들 사이에서(Among

the Bohemians: Experiments in Living 1900-1939)》

- 노먼 셰리(Norman Sherry), 《그레이엄 그린의 생애(The Life of Graham Greene)》
- 데이비드 존 테일러, 《조지 오웰(George Owell)》
- 클레어 토멀린(Claire Tomalin), 《찰스 디킨스 생애(Charles Dickens: A Life)》, 《메리 울스턴크래프트의 삶과 죽음(The Life and Death of Mary Wollstonecraft)》

유용한 인터넷 사이트

- The Londonist: www.londonist.com
- David Perdue's www.charlesdickenspage.com
- Exploring Twentieth Century London: http://www.20thcenturylondon.or.uk
- The Shady Old Lady's Guide to London: www.shadyoldlady.com
- The Deighton Dossier: www.deightondossier.blogspot.co.uk

인문, 심리학

평범한 듯 평범하지 않은 남다른 나

베아트리스 밀레트르 지음 | 김교신 옮김
216쪽 | 12,000원

미녀들의 초상화가 들려주는 욕망의 세계사

기무라 다이지 지음 | 황미숙 옮김
240쪽 | 14,000원

나는 사십에 소울메이트를 만났다

아리엘 포드 지음 | 손성화 옮김
312쪽 | 13,500원

성공 비즈니스, 이제는 뇌과학이다

하기와라 잇페이 지음 | 황미숙 옮김
256쪽 | 13,500원

당신이 알지 못했던 걸작의 비밀

존 B. 니키 지음 | 홍주연 옮김
472쪽 | 17,000원

신이 인간과 함께 한 시절

천시후이 지음 | 정호운 옮김
488쪽 | 19,800원

여성, 가족

페미니즘 소설
완벽한 여자를 찾아서

안느 브레스트 지음 | 김혜영 옮김
272쪽 | 12,800원

일흔 넘은 부모를 보살피는 72가지 방법

오타 사에코 지음 | 오시연 옮김
256쪽 | 13,900원

뉴욕 최고의 퍼스널 쇼퍼가 알려주는
패션 테라피

베티 할브레이치 지음 | 최유경 옮김
272쪽 | 13,900원

문학의 도시, 런던

초판 1쇄 발행 2018년 7월 2일

지은이 엘로이즈 밀러, 샘 조디슨
옮긴이 이정아
본문 편집 디자인 디자인 잔
인쇄 · 제본 한영문화사

펴낸이 이영미
펴낸곳 올댓북스
출판등록 2012년 12월 4일(제 2012-000386호)
주소 서울시 마포구 연희로 19-1, 6층(동교동)
전화 02)702-3993
팩스 02)3482-3994

ISBN 979-11-86732-37-3 (03920)